A Voz Articulada Pelo Coração

Coleção Estudos
Dirigida por J. Guinsburg

Equipe de realização – Edição de Texto: Marcio Honorio de Godoy; Revisão: Luiz Henrique Soares; Sobrecapa: Sergio Kon; Produção: Ricardo W. Neves, Raquel Fernandes Abranches, Sergio Kon, Elen Durando, Mariana Munhoz e Luiz Henrique Soares.

Meran Vargens

A VOZ ARTICULADA PELO CORAÇÃO
OU A EXPRESSÃO VOCAL PARA O ALCANCE DA VERDADE CÊNICA

cip-Brasil – Catalogação na Publicação
Sindicato Nacional dos Editores de Livros, rj, Brasil

v428v

Vargens, Meran, 1962-
A voz articulada pelo coração: ou a expressão vocal para o alcance da verdade cênica / Meran Vargens. – 1. ed. – São Paulo : Perspectiva ; Salvador, ba: ppgac/ufba, 2013.
240 p. ; 23 cm. (Estudos ; 321)

Inclui bibliografia
isbn 978-85-273-0997-4

1. Teatro brasileiro (Literatura). i. Universidade Federal da Bahia. ii. Título. iii. Série.

13-07900

CDD: 869.92
CDU: 821.134.3(81)-2

11/12/2013   12/12/2013

Direitos reservados em língua portuguesa à
EDITORA PERSPECTIVA S.A.

Av. Brigadeiro Luís Antônio, 3025
01401-000 São Paulo sp Brasil
Telefax: (011) 3885-8388
www.editoraperspectiva.com.br

2013

Sumário

Agradecimentos. XIII

Apresentação XV

Quem Sou, Onde Estou, de Onde Vim, Para Onde Vou . . XIX

1. DAS DIVAGAÇÕES. 1

    A Verdade em Jogo ou O Papel da Palavra "Verdade"
    no Jogo do Faz de Conta. 1

    As Palavras-Chave Para os Conceitos ou Palavras
    Entrecruzadas. 17

    Glossário 24

    Sobre o Referencial Teórico ou Adivinha! Adivinha!
    Onde Está o Livro na Estante?. 43

2. DAS CONSIDERAÇÕES. 59

    O Planejamento da Pesquisa ou Água Mole em
    Pedra Dura Tanto Bate Até Que Fura 59

A Construção de Uma Proposta Metodológica Para
a Formação do Ator ou Os Três Princípios Capitais.. 66

Criando a Estrutura Para Que o Aprendizado Possa
se Desenvolver ou *Uma Trilogia Baiana*........... 119

3. A PROVA DOS NOVE 127

Relato da Experiência de *Uma Trilogia Baiana* ou
Colocando Algumas Cartas na Mesa de Jogo 127

Aquecendo o Ponto de Vista 129

A Carta Magna: O Tempo, o Rei 132

A Carta-Chave: O Ás de Ouro da Autoria 163

A Carta Coringa: Perseguição Camaleão das Ideias . 198

Sim. E.. 205

Bibliografia..................................... 207

Ao meu pai Jonga e à minha mãe Neusa

Pousa sobre esses espetáculos infatigáveis
Uma sonora ou silenciosa canção:
Flor do espírito, desinteressada ou efêmera.
Por ela, os homens te conhecerão.

Por ela, os tempos versáteis saberão
que o mundo ficou mais belo, ainda que inutilmente,
quando por ele andou teu coração.

CECÍLIA MEIRELES, Epígrama 1

Agradecimentos

Foram tantas as colaborações recebidas e os incentivos durante esta jornada!

O que seria de mim sem a dedicação carinhosa, competente e amiga do meu professor, ator e amigo Sergio Farias? A ele meu especialíssimo muito obrigado.

Sara Lopes e Ewald Hackler me apontaram caminhos, lendo atentamente o material que produzia durante a pesquisa e depois ainda seguiram *de olho em mim* até a redação final de um texto que aqui se torna um livro; agradeço de coração.

A Leda Muhana e Ângelo Serpa, que aceitaram o convite para se debruçarem sobre esta pesquisa, imprimindo o olhar da interdisciplinaridade que nela se configura, agradeço pela generosidade.

Este trabalho só foi possível porque pude contar com uma equipe enorme na fase do experimento. A essa gangue de atores, artistas e técnicos vai o meu agradecimento *rasgado*, fruto da convivência diária e íntima. Ei-la:

Fabio Araújo, Iara Castro, Jacyan Castilho, Rafael Moraes, Cátia Martins, Geovane Nascimento, Jorge Baía, Tânia Soares, Flávia Marco Antônio, Manhã Ortiz, Mariana Freire, Márcio Nonato,

Rino Carvalho, Marcus Barbosa, Juliana Rangel, Patrick Campbell, Jussara Miranda, Luciano Bahia, Fernanda Paquelet, Thais Mensitieri, Zélia Uchôa, Élson Rosário, Ana Rúbia de Melo, Silvana Paturcci.

Graças aos atores João Lima, Cláudio Machado, Isabela Silveira, Janaína Carvalho foi possível voltar em cartaz com *Uma Trilogia Baiana* para a apresentação pública da conclusão da pesquisa e de sua documentação em vídeo. Nesse retorno, Mariana Serrão foi meu braço direito, organizando as atividades, e Zélia Uchoa tranquilizou meu coração, ao assumir a produção.

O Teatro Castro Alves abriu as portas da Sala do Coro para abrigar essa empreitada. Agradeço a atenção e o apoio que recebi de Theodomiro Queiroz e a prontidão de Silvinha.

Há amigos com participação especial neste livro: Virgínia Yoemi fez a programação visual das *palavras entrecruzadas*, Solange Miguel e Fátima Sta. Rosa deram palpites no *glossário*, Margarita Gaudenz e Isis da Silva Pristed leram alguns trechos e teceram comentários construtivos. Jussara Miranda e Sara Lopes foram interlocutoras via internet.

Há amigos que continuam amigos e presentes mesmo quando ficamos por anos girando na órbita do *planeta pesquisa*. Estes são indispensáveis à nossa saúde física e mental. A eles meu *muitíssimo obrigado* regado a taças de vinho.

Tenho uma família enorme que mesmo de longe me dá alegria, conforto e carinho. Um beijo a todos: minha irmã, meus irmãos, sobrinhos e sobrinhas, tios e tias, primos e primas e lá se vai...

Agradeço publicamente a Lia Mara. Sem ela creio que jamais teria enveredado pelo território da voz para o ator.

Apresentação

> Me encanta no teatro esta possibilidade de escolher. Assim, escolho para mim o Teatro Essencial. E o estabeleço como meu. [...] Com raiva conclamo fim de excesso. A pirotecnia mente. Quero sinceridade. No lixo o broche. No palco o peito[1].

Aqui se encontra o resultado de uma pesquisa que focalizou o universo vocal expressivo do ator e sua repercussão na cena sob o ponto de vista de sua formação técnica e artística e especificamente de seu desenvolvimento vocal. A intenção foi abrir caminhos que conduzam, facilitem e instrumentalizem o ator a alcançar a *verdade vocal* na construção da personagem, atendendo a uma determinada necessidade artística e estética da obra. Isso é considerado fundamental para que o espetáculo alcance a *verdade cênica*, princípio básico de Stanislávski que afirmava haver

dois tipos de verdade e de sentimento de crença. Primeiro: o que é criado automaticamente e no plano dos fatos reais; segundo: o tipo cênico, que é igualmente verdadeiro, mas tem origem no plano da ficção

---

1 D. Stoklos, *Teatro Essencial*, p. 5-6.

XVI   A VOZ ARTICULADA PELO CORAÇÃO

imaginativa e artística. [...] Tudo o que acontece no palco deve ser convincente para o ator, para os seus associados e para os espectadores[2].

No presente estudo, considera-se que esse *sentimento de crença e de verdade* independe do estilo ou da convenção teatral utilizada. É um *sentimento de verdade* que está inserido no contexto da obra.

Trata-se de uma pesquisa desenvolvida com um grupo de trabalho cooperativo composto de doze atores e mais seis artistas e técnicos.

Dela resulta o presente livro e a encenação do espetáculo *Uma Trilogia Baiana: Cidade Real; Cidade Fantástica; Cidade Expressa*. A explanação escrita se dá em três capítulos, assim como a trilogia em três cidades. É o número da criação. Também cada capítulo tem uma tríade interna: A, B e C. Até os princípios, que eram sete, por perspicaz orientação alheia à minha percepção e vontade se tornaram *três princípios capitais*.

No primeiro capítulo está tudo que se refere à fundamentação teórica e à maneira como eu lido com os conceitos. Tento uma narrativa que aproxime o conteúdo teórico da forma como lido com ele no trabalho prático com o ator ou o aluno-ator, digamos, um estilo pedagógico.

No segundo capítulo, encontram-se as metodologias, tanto a utilizada na pesquisa como a que dela resulta: a proposta metodológica a ser aplicada na formação vocal do ator. Nele busco a objetividade. Tento unir a clareza à simplicidade. A voz para o ator se torna verdadeiramente o foco. Qualquer outra coisa que apareça está em função dela.

No terceiro capítulo relato o experimento. Aqui, esbanjo subjetividade. Faço isso por crença, por convicção. No trabalho vocal, considero a aplicação da subjetividade fundamental. Arrisco-me a falar pelas entrelinhas na tentativa insólita de revelar o que se passa num processo de trabalho criativo, e nele delineio o desenvolvimento vocal. Muitas vezes a voz deixa de ser, com evidência, o centro da questão: apresenta-se como pano de fundo, mas *se escutares o silêncio impresso nas páginas, ouvirás seus ecos.*

2   *A Preparação do Ator*, p. 152.

Por fim, concluo com um *Sim. E...*, afinal, "tudo no mundo começou com um *sim*"[3] e o *fim* nada mais é que um começo. Por isso, na conclusão, exponho minha proposta de continuidade a esta pesquisa. Tudo pronto, e ainda assim me pergunto: "como começar pelo início se as coisas acontecem antes de acontecer?"[4]

A todos nós, por esta aventura, que há muito teve início, desejo sorte.

---

3   C. Lispector, *A Hora da Estrela*, p. 11.
4   Ibidem.

Quem Sou, Onde Estou, de Onde Vim, Para Onde Vou

> *Paw Nokoko fala do crescimento interior.*
> *Toda noite um grilo cantava no jardim da casa de*
> *Paw Nokoko. Boundha irritado, perguntou:*
> *- Mestre, por que este grilo chato*
> *canta sempre a mesma coisa?*
> *- Porque você é sempre o mesmo,*
> *respondeu Paw Nokoko.*[1]

Venho trabalhando como professora de expressão vocal para o ator desde 1990. Esse trabalho ganhou um direcionamento específico quando, no ano seguinte, ingressei na Escola de Teatro da UFBA como professora e passei a ser responsável pelas disciplinas pertencentes à cadeia de voz, em especial as de Expressão Vocal I e II. Dessa experiência nasce o sentido do que propus nesta pesquisa.

Uma das minhas observações mais constantes no teatro profissional baiano e nos alunos em suas mostras de cena ou nos exercícios em sala de aula é o *sentimento* de falta de *verdade vocal*. Isso significa a falta de capacidade em fazer com que o espectador *acredite no que está ouvindo*, independente da linha ou estilo de interpretação na qual se dê a construção da personagem ou do espetáculo. Muitas vezes quase tudo é crível, inclusive a construção física da personagem, mas quando o ator abre a boca, toda essa *realidade virtual* na qual o espectador embarca é destruída. Observo que muitas vezes a voz que está em cena não é nem a voz do ator nem a da personagem, gerando um hiato na comunicação com o espectador.

---

1   S.D. Prashanto, *O Dragão Com Asas de Borboleta e Outras Estórias Zen-Taoístas*, p. 56.

Diante disso formulei inúmeras perguntas relacionadas: à mecânica da fala; à apropriação do texto pelo ator; à relação que o ator estabelece com seu próprio imaginário e com as imagens provocadas pela linguagem oral e/ou escrita; à relação que se estabelece com a imagem que o ator provoca no espectador através das informações das ações físicas contidas na cena; e às imagens provocadas na mente do espectador através da construção e informação verbal do texto.

A partir de algumas considerações, percebi a falta de conexão entre as disciplinas de interpretação, análise de texto e consciência/preparação corporal na sistemática do trabalho vocal do ator, e constatei a dificuldade do ator em realizar por si e em si mesmo essa conexão, ou seja, de estabelecer, na sua prática durante um processo criativo, a relação entre esses elementos. E de todas essas questões uma tornou-se foco para os procedimentos que comecei a desenvolver em sala de aula: *pode a voz, no caso do ator, ser explorada, desenvolvida e exercitada tecnicamente sem a aproximação direta de outras disciplinas?* Então comecei a investigar o que chamei de entrelaçamento técnico entre corpo, voz, movimento, sentimento e pensamento.

Em 1996, ao ingressar no mestrado no Goldsmiths College da Universidade de Londres, cuja parte teórica dediquei à observação do trabalho vocal, à pesquisa dos teóricos da voz para o ator na Inglaterra, e a cursos, *workshops* e simpósios que me aproximassem do tema, desenvolvi questões mais abrangentes e precisas sobre o estudo da voz para a cena, para o ator, e sobre os procedimentos do professor de voz no que se refere à pedagogia e metodologia de ensino da voz para o ator. Uma das conclusões a que cheguei foi determinante para o rumo que tracei para a pesquisa que apresento aqui: os princípios da mecânica da fala e da comunicação são os mesmos em qualquer lugar do mundo, afinal, somos seres humanos com idêntico aparelho fonador; no entanto, há um diferencial grande quando falamos de cultura e sua influência na expressividade do indivíduo, idioma, tradição das linhas de interpretação teatral, ou ainda quando discutimos o que é teatro e qual o papel do ator no teatro. E todos esses fatores interferem na maneira de abordarmos o trabalho do ator e em especial aquele ligado à sua expressividade vocal.

Ao regressar, com maior experiência e conhecimento de uma gama mais significativa de exercícios, e até mesmo com outra percepção na observação do aluno-ator, comecei, ao entrar novamente em sala de aula, a formular as bases de uma proposta metodológica que testei no Curso de Doutorado em Artes Cênicas do Programa de Pós-Graduação da UFBA. Além de integrar os elementos que compõem a fala e o trabalho vocal do ator ao jogo cênico, busquei integrar os elementos de sua expressividade individual e sociocultural à capacidade de relacionar-se com a sociedade em que vive, observando-a e comunicando-se com ela. Isso revela outro fator determinante nesta abordagem: em se tratando da expressão vocal do ator é necessário aliar, de forma concreta e simples, o desenvolvimento do *ator-artesão* (técnico) e do *ator-artista* (necessidade de expressar-se através da obra). Assim, no experimento prático realizado busquei promover o exercício e a aprendizagem de uma linguagem de *vida* que vai além do cotidiano do indivíduo/ator, dando-lhe ferramentas para que possa, com maior propriedade, refletir, espelhar, criticar, provocar, celebrar, ou o que mais queira expressar para essa sociedade no âmbito da cena teatral.

A voz para o ator vem se tornando uma temática significativa no campo da pesquisa teatral no tocante a processos de criação e de exercício técnico. O teatro tem passado por muitas modificações, impostas pela realidade e pelo avanço tecnológico. O advento do rádio, cinema, vídeo, a tecnologia dos bastidores, com microfones, cenografias, figurinos, novos tipos de arquitetura teatral imprimiram no ator diferentes aspectos e necessidades para o seu exercício vocal. Além disso, o teatro começou a desenvolver técnicas e estilos de interpretação que demandam outras habilidades do ator no que se refere ao uso da voz. A própria riqueza de variedade na linguagem dramatúrgica – realista, épica, expressionista, intimista – é fator determinante para a necessidade de mudanças na abordagem da expressão e criação vocal de um espetáculo.

Por outro lado, a ciência tem levado a voz, a fala e sua expressividade a um novo patamar de pesquisa, incluindo o desenvolvimento do papel do corpo, da consciência corporal, e o surgimento e desenvolvimento dos tratamentos ligados à

XXII A VOZ ARTICULADA PELO CORAÇÃO

correção da fala e aos distúrbios fisiológicos desta. É importante salientar que esses processos têm sido permeados pela difusão dos conhecimentos, das práticas e filosofias orientais, interferindo na visão de mundo e nas abordagens físicas e metafísicas, psicológicas e da ordem do espírito.

Obviamente, isso interferiu e influenciou a arte teatral. Os atores, que antes contavam com uma preparação vocal vinda dos campos da retórica e do canto, começaram a exigir uma área de conhecimento teórico e prático específica, direcionada para as suas habilidades e demandas. A necessidade do domínio da expressividade, da riqueza de informações objetivas e subjetivas que podem estar contidas na voz, começou a ser uma constante. Esses fatores promoveram, no século xx, um bom número de experimentações partidas dessas necessidades e vislumbrando caminhos muito abrangentes em vários lugares do mundo. Especialmente, têm chegado a nós pesquisas realizadas na Inglaterra, França, Alemanha e Estados Unidos. No entanto, essas pesquisas ainda são tímidas no Brasil. O ator brasileiro ainda vive com uma lacuna grande no que se refere à preparação e ao exercício da expressividade vocal direcionada e pensada especificamente para ele.

Acredito que seja de grande relevância para a Bahia e para a Escola de Teatro da UFBA abrigar um centro de estudos e pesquisa da fala, ou da expressão vocal, para o ator. A pesquisa que realizei pode se tornar um dos passos para inseri-la nesse contexto de discussão nacional e internacional com maior propriedade.

Gostaria de fazer um adendo histórico que me parece importante. Depois de ter conhecido alguns dos considerados *mestres* atuais da voz para o ator, vi o quanto a professora de expressão vocal Lia Mara é importante para a nossa história e formação teatral. Creio que ela nos colocou numa linha de ponta para esse trabalho sem que tivéssemos muita consciência disso. Hebe Alves e Iami Rebouças Freire, Carlos Nascimento[2] e eu mesma tivemos a formação vocal desenvolvida por ela, cujo trabalho, até hoje sem publicação, atingiu um grau de complexidade imenso. Lia Mara partiu do teatro e entrou na fonoaudiologia quando essa ciência ainda estava sendo introduzida no Brasil, e tornou-se a

2 Todos professores da Escola de Teatro da UFBA, que respondem por disciplinas na área de voz.

primeira pessoa na Bahia (quiçá no Brasil), a incorporar essas duas funções tão organicamente no seu trabalho: fonoaudióloga e preparadora vocal de atores. Hoje, essa junção da fonoaudiologia com o trabalho de expressão vocal para o ator é o grande desafio para algumas das comunidades de pesquisa em ambas as áreas. Lia Mara foi também pioneira no desenvolvimento do trabalho vocal para a televisão, não só no plano jornalístico, mas no publicitário e no de depoimentos pessoais e políticos. Então temos aqui, na Bahia, uma semente rica plantada há muitos anos.

A pesquisa no âmbito da formação do profissional da voz e da fala é muito difícil, uma vez que requer a experiência prática para o aprendizado em dois níveis: a aplicação dos exercícios e o conhecimento deles em si, e a metodologia para lidar com esse conhecimento no outro, que irá receber e experimentar esse conhecimento. Muito se pode ler sobre voz, mas o que se aprenderá virá do contato prático com o indivíduo ou grupo. Além disso, é um trabalho que requer longa duração e aplicação prática.

A Escola de Teatro da UFBA, como escola regular de disciplinas de teatro, e centro de encontro de atores profissionais na cidade de Salvador, proporcionou as condições necessárias para a realização desta pesquisa com profundidade. Por exemplo: uma das dificuldades que tive durante o período em que estive estudando e pesquisando em Londres foi conseguir um grupo de atores com experiência para realizar os *workshops* que ministrei, onde experimentava o que vinha pesquisando. Em três anos, após meu retorno à Bahia, à UFBA, e às salas de aula, pude fazer muitos desses experimentos, em caráter exploratório. Através do curso de doutorado pude submetê-los a uma metodologia de pesquisa e organizá-los de forma sistemática.

Acredito que esta pesquisa também se mostrou capaz de integrar a graduação e a pós-graduação em atividades teórico-práticas e, na medida em que trabalhou com a integração de disciplinas associadas ao trabalho vocal, também estabeleceu uma relação interdisciplinar na própria Escola de Teatro da UFBA– vide a equipe técnica envolvida diretamente na aplicação do experimento.

Certa de que tudo isso bastaria, dei início ao doutorado. Já no primeiro passo, a primeira queda.

1. Das Divagações

A VERDADE EM JOGO
OU O PAPEL DA PALAVRA "VERDADE"
NO JOGO DO FAZ DE CONTA

> *O homem está eternamente estabelecendo uma correlação entre si mesmo e o mundo [...]*
>
> *Na inatingibilidade de tal fusão [...] encontra-se a fonte perpétua da dor e da insatisfação humanas.*
>
> *E assim a arte, como a ciência, é um meio de assimilação do mundo, um instrumento para conhecê-lo ao longo da jornada do homem em direção ao que é chamado de verdade absoluta.*
>
> *Aqui, porém, termina toda e qualquer semelhança entre essas duas formas de materialização do espírito criativo do homem, nas quais ele não apenas descobre, mas também cria. [...]*
>
> *Através da arte o homem conquista a realidade mediante uma experiência subjetiva.*
>
> *Na ciência, o conhecimento que o homem tem do mundo ascende através de uma escada sem fim, [...] cada nova descoberta sendo, o mais das vezes, invalidada pela seguinte, em nome de uma verdade objetiva específica.*

> *Uma descoberta artística ocorre cada vez como uma imagem nova e insubstituível do mundo, um hieróglifo de absoluta verdade. Ela surge como uma revelação, como um desejo transitório e apaixonado de apreender, intuitivamente e de uma só vez, todas as leis deste mundo.*[1]

Breve Histórico de Motivações do Ser

No momento em que comecei a refletir sobre as necessidades de desenvolvimento de um trabalho vocal para o ator, no sentido da sua formação, para dedicar-me a um estudo sistematizado e a uma proposta de pesquisa, escorreguei e caí abraçada na palavra *verdade*. Mal poderia imaginar que isso me levaria a um abismo: discutir de maneira mais forte ou mais aprofundada o significado de *verdade*. Para mim sempre foi muito claro como Stanislávski, em sua obra *A Preparação do Ator*, estabeleceu os conceitos de *verdade cênica*, *sentimento de verdade* e *fé cênica*. Por ele ser tão respeitado no meio teatral me senti segura ao citá-lo e em apoiar-me nele para expressar a minha observação sobre o trabalho vocal do ator, ou para revelar o que via e do que sentia falta nesse trabalho. Por outro lado, foi muito eficaz quando, ao trabalhar com Lia Mara, ouvi a licença poética da expressão *verdade vocal*. Essa é uma palavra comumente escutada nos corredores dos teatros, nas salas de ensaio, nos comentários de um ator para outro sobre a atuação, as cenas, os espetáculos. É uma palavra que vem sempre vestindo expressões como: "não convence", "soa falso", "está deslocado do contexto", "falta alma", entre outras. Não sabia que havia uma pedra sobre ela a ser levantada. Por isso vivi um verdadeiro drama para decidir utilizá-la na redação dos resultados que geraram este livro. Ela assumiu a feição de palavra proibida e inconveniente na academia.

Meu primeiro choque foi o comentário: será possível usar essa palavra na pós-modernidade? Ora pois... pois... Congelei, tremi, tive dor de barriga, sofri de dores de estômago por dias a fio. A pós-modernidade e a sua indigesta relação com valores! Mas neste trabalho, qual é mesmo o valor da palavra *verdade*?

---

1 A. Tarkovski, *Esculpir o Tempo*, p. 39-40.

O que significa verdade no teatro no contexto do exercício do ator, da criação e da construção da personagem e da cena, da elaboração de um espetáculo e na relação deste com o público?

Meu estômago doía tanto que tentei arrancar o termo do corpo teórico-prático da investigação, especialmente de sua escrita, depois de ler um número sem fim de textos considerando a verdade e a obra de arte. Eles relacionavam os termos verdade com *A Verdade*, verdade como reprodução da realidade, verdade como realidade. E assim o fiz. Retirei-a do título da pesquisa, evitei-a nos ensaios da *Trilogia*[2], a substituí por expressões como: "falta senso de realidade", "falta conexão com o que é mais sincero em você", "não está orgânico", entre outras. Convivi bem com a sombra da palavra *verdade* acompanhando cada uma das expressões. No entanto, no momento de escrever sobre o universo pesquisado, o estômago voltou a doer. Empaquei. Foi quando percebi que, talvez, para a cura da minha angústia, fosse necessário o movimento contrário: meu estômago seria salvo à medida que me curvasse à palavra *verdade* e assumisse aqui o papel de resgatar o direito de seu uso pelas pessoas que praticam teatro, que mantêm uma tradição milenar e usufruem dela e de seu poder inerente, por todo o envolvimento filosófico e prático de trabalho que ela proporciona, e com a qual se relaciona desde os idos tempos de todo o sempre teatral.

Por isso começo por instalar a metáfora da criação do teatro inscrita em todas as bíblias ocidentais de sua história: um dia um homem na Grécia, em meio à festa de Dionísio, provavelmente em meio a uvas e vinhos, grita: "Eu sou Dionísio". E assim passa a agir e a considerar-se e, também assim, a multidão à sua volta o considera pegando a *bola em jogo*, e vão, por meio da festa, eles e seu Deus, conversando, cantando, dançando etc. Até que acaba a festa e o tal homem volta a ser o simples mortal. Por que terá começado aí o teatro e não em uma religião xamânica ou num candomblé? Por que teria sido aí, segundo as historinhas contadas, que nasceu o ator? E, com

---

2   *Uma Trilogia Baiana: Cidade Real, Cidade Fantástica, Cidade Expressa* – espetáculos que compõem a parte prática desta pesquisa e que tiveram suas temporadas realizadas no Espaço Xisto Bahia (dezembro e janeiro de 2004) e na Sala do Coro do Teatro Casto Alves (agosto de 2005).

4   A VOZ ARTICULADA PELO CORAÇÃO

ele, o teatro? Arrisco dizer: porque se sabia que ali se jogava um jogo da representação. Um jogo que sempre permitiu à humanidade experimentar-se. O jogo que permite à criança aprender sobre o mundo e a vida. Experimentá-lo antes de viver os papéis que a vida lhe designará. "Agora eu era o herói e meu cavalo só falava inglês!"[3], cantarola Chico Buarque em "João e Maria". Ensaiar suas possibilidades de experiência por meio de uma observação ativa e motivada por desejos de aprendizado, de comunicação, de estabelecimento de relação com o mundo e as coisas. Uma brincadeira enraizada no instinto de sobrevivência do *homem-animal*. Portanto, esse *jogo do faz de conta* que permite ao *homem-criança* desenvolver-se, torna-se também uma escolha consciente do *homem-adulto* como uma possibilidade de desenvolvimento, de experimentação da vida, das relações, de *poetização* e reflexão sobre suas experiências vividas e aquelas por viver, suas projeções do porvir.

Então, vou jogar aqui com estes dois conceitos no teatro: verdade e jogo.

Faz de Conta

Vou começar pelo jogo para que, entendendo as regras inerentes a ele, se possa captar a seguinte palavra: *verdade*. Alguns podem achar um sacrilégio chamar o teatro de um *jogo do faz de conta*, afinal estamos na pós-modernidade. E a performance? e o teatro ritual? e o *reality show*? e o teatro invisível? e...? Justamente por estarmos na pós-modernidade é que é preciso fazer escolhas. As verdades são muitas. A diversidade é muito grande e corremos o risco de ficar sem assumir a responsabilidade de escolher. Diria que é um exercício que a pós-modernidade nos impõe. Então, escolho a óptica do jogo no espírito brincante e de performance da criança: faz de conta. Caso este estudo fosse sob o ponto de vista da Meran-diretora, ou da Meran-atriz, talvez escolhesse um dos outros termos associados ao teatro, ao espetáculo e à relação com a plateia.

---

3   Trecho da letra da música de Chico Buarque e Sivuca, do disco *A Arte de Nara Leão*, 2005.

Como o olhar que aqui se lança é sob a perspectiva da Meran-professora-de-voz, a escolha é feita com bastante clareza: teatro como jogo.

Para o estudo da voz e do trabalho vocal do ator, considerar o teatro como um grande jogo é, no mínimo, saudável. Com todas as implicações que existem na atitude de incorporação presente na estrutura do trabalho do ator, considerá-la um jogo, trabalhá-la na perspectiva de entrar e sair do jogo, do *faz de conta* associado ao espírito da criança, facilita o caminho. É produtivo reavivar esse espírito no ator adulto, já com tantas resistências e dificuldades expressivas impostas pela sociedade e que muitas vezes não gosta de se ver mascarada em uma cena, representada na circulação sanguínea de uma personagem. A voz como é tratada aqui: resultado de um complexo sistema que atua no homem, produzida fisicamente por órgãos do corpo humano, todos em segunda função; fruto da combinação de ativações diversas dos campos físicos e *não físicos*, ou seja, os chamados campos humanos de energia sutil como as emoções, os pensamentos, o imaginário, materializando-se em sons articulados, em linguagem falada. Por isso, a voz e a fala, para serem ativadas, exigem do ser humano uma integração grande desses sistemas. Na atitude de jogo essa integração é mais fácil. A combinação do corpo físico com os campos da energia sutil flui melhor no espírito de jogo. Propor ao ator trabalhar a voz na dinâmica de jogo envolve-o no prazer, e esse envolvimento é capaz de atuar favoravelmente em relação à sua expressividade, abrindo portas para uma gama maior de experimentações na sua esfera física, mental, energética, estético-poética.

Então vamos conhecer as regras do jogo. De que é feito esse jogo? Quem são seus jogadores? O ator e o espectador, Dionísio e o público da festa, a cena no palco e o público na plateia. Em que consiste esse jogo? Uma das suas características gerais é a inexistência da disputa: ganhar ou perder. O jogo tem uma intencionalidade clara: estabelecer elos entre suas partes. Inclusive, a graça do jogo é o que floresce em cada uma delas, promovido por esses elos. Quem propõe o elo comunicativo do jogo ao público é o ator na cena, ou seja, o jogo acontece em primeira instância no palco. Mesmo no teatro interativo, em que a plateia sugere a cena, seu conflito e suas personagens, há

6 A VOZ ARTICULADA PELO CORAÇÃO

uma *engrenagem anterior ao momento do jogo* que propõe um espaço cênico onde os atores estarão disponíveis para atender aos desejos de uma plateia. E assim por diante.

Nesse elo de comunicação, atores e espectadores têm consciência de que estão no território do *faz de conta*. Num jogo, como o proposto pelo *teatro invisível* de Augusto Boal, em que os atores jogam em lugares públicos e os espectadores ignoram que se trata de uma representação, agindo e reagindo à cena como agem e reagem na sua realidade cotidiana, desaparece o que para mim é muito importante: a recepção sob o ponto de vista reflexivo e estético num estado de consciência diferente do contexto do cotidiano. Nesse caso o jogo deixa de ser uma experiência estética.

Pois é... Um *jogo de faz de conta*... Até mesmo quando se conta uma história real ali se *faz de conta que*. Por exemplo: em *Extraordinárias Maneiras de Amar* (espetáculo solo inspirado na obra *Contos de Eva Luna*, de Isabel Allende, em que assino a criação, texto, direção e atuo)[4] uma das personagens era a Meran, com o meu próprio nome e a minha própria história, mas no momento em que foi colocada em cena, ganhou estrutura de personagem e entrou no território do jogo. As cenas precisavam passar pelo processo de repetição e alcançar os objetivos propostos por elas próprias e pelo espetáculo

---

4 *Extraordinárias Maneiras de Amar* é um espetáculo solo, feminino, que foi criado para celebrar os vinte anos de minha carreira como atriz e diretora. Nele, sintetizo minhas pesquisas artísticas e técnicas e me proponho a suscitar na audiência o desejo de dividir experiências, somar emoções e criar novos significados através de um jogo cênico interligando as histórias de três personagens contadoras de histórias: Meran Vargens (uma atriz apaixonada pelos escritos de Isabel Allende), Eva Luna (uma romancista criada por Isabel Allende) e Belisa Crepusculário (uma vendedora de palavras criada por Eva Luna no livro *Contos de Eva Luna*). São histórias dentro de histórias, e aqui, a figura mítica do *contador de histórias* é investigada artisticamente, resgatando o prazer do teatro em compartilhar histórias que ouvimos, inventamos, presenciamos e vivemos. Pela interpretação em *Extraordinárias Maneiras de Amar*, recebi o prêmio Copene de Teatro – Melhor Atriz 2001. O espetáculo realizou turnê pelo interior do Estado da Bahia (2006), estados do nordeste (2002) e, na sua versão em espanhol, realizou curta temporada no Chile, na cidade de Santiago, numa colaboração com a Universidade Finis Terrae (2006). É uma produção da Cia. de Teatro Os Bobos da Corte integrando o projeto Falar Sozinho é Coisa de Bobo no qual cada ator da companhia cria um espetáculo solo buscando desenvolver sua própria linguagem cênica e seu processo de criação.

DAS DIVAGAÇÕES

como um todo. Lembro-me que ao apresentar o espetáculo em Aracaju, as pessoas me perguntaram se aquelas histórias eram minhas mesmo, porque poderiam não ser. E eu disse: "É... poderiam não ser, mas são". E por *serem*, ou por *sugerirem que são*, causam um determinado efeito no espectador. Como a cena de sexo explícito em *Apocalipse 1,11* do grupo Teatro da Vertigem dirigida por Antonio Araújo, ou os atores fazendo xixi em cena, de *Ubu Rei: Efemérides Patafísicas* dirigida por Paulo Dourado[5], ou a opção de linguagem mais *teatral* das personagens Macabéa e Olímpico tomando cafezinho numa lanchonete de vento, com xícaras, café, açucareiro e guardanapo de ventos em *A Hora da Estrela*, dirigida por mim[6]. Isso faz parte do jogo ético e estético do teatro. E quem joga o jogo sabe que está inserido nesse contexto. Desde as cenas mais simbólicas até as cenas mais realistas, o território é o da representação poética, do *arte-fício*, do faz de conta. E como estrutura de jogo instala-se uma relação específica com a plateia. Cada espetáculo pode estabelecer uma.

Ambos, atores e espectadores, fazem o pacto para o jogo. Por saberem ser um *faz de conta* se permitem uma entrega e um envolvimento que lhes possibilitam desfrutar a experiência proposta da vida na *vida* da obra. Por saberem ser um *faz de conta*, ambos instalam em si condições específicas de estado de consciência. E a qualquer momento que houver dúvida em relação a esse *faz de conta*, a regra do jogo é abalada. Então forma-se um pacto visceral com a *mentira*. Sabe-se do *faz de conta*. Sabe-se do jogo. Então por que a palavra *verdade* se instala nesse jogo de maneira tão própria? Com tanta intimidade para seus jogadores, ator e espectador? Por que ambos a usam com tanta facilidade e com tanta propriedade e sem nenhum pudor filosófico? Usam-na de maneira mundana, bem aos

---

5   Espetáculo que resultou do IV Curso Livre do Teatro Castro Alves que estreou na Sala do Coro – TCA em 1981 e do qual eu fui aluna. Esse curso introduziu-me no mercado profissional do Teatro na Bahia.

6   Uma produção da Cia. de Teatro Os Bobos da Corte integrando o projeto Os Bobos da Corte na Literatura Brasileira no qual realizaram-se as montagens de *Gregório Mattos: Recital de Poesias Satíricas*, *Dom Casmurro*, de Machado de Assis, *Brasil Pau Brasil*, de Oswald de Andrade. *A Hora da Estrela* estreou em 2002 e fez turnê por doze cidades do interior da Bahia, além de participar do X Porto Alegre EnCena, em 2003.

moldes metafóricos do rebelde cidadão que em meio à procissão de Dionísio gritou "Eu sou Dionísio" e que despudoradamente a multidão à sua volta aceitou-o como se verdade fosse e o seguiram felizes, procissão afora, divertindo-se e embriagando-se diante de seu deus corporificado num grande pacto de *jogo de faz de conta*? Pois é... A primeira razão para a presença da palavra *verdade* é a presença desse *enigma*: será que se o homem que gritou "sou Dionísio" estivesse aparentando sobriedade, com um corpo endurecido, sem nenhum remelexo na cintura ou proferindo palavras por demais apolíneas, a multidão teria embarcado no jogo? Ou será que a multidão teria deixado a brincadeira de lado, seguindo a procissão com o seu *deus imaginário*, dispensando esse *deus-corporificado* tão destoante do *imaginado*?

Primeiro Papel da Palavra "Verdade"

Esse é o primeiro papel com que a palavra *verdade* atua no e entra em jogo: há que se corresponder aos códigos de linguagem que determinam uma possibilidade de verdade no que se refere à semelhança entre as experiências vividas e a sua representação. Só assim a brincadeira faz sentido, tem graça, é possível jogar o jogo envolvido em espírito de jogo e desfrutar do que ele proporciona. E o que o jogo do teatro proporciona? Para cada integrante há de ser algo específico e único, pois a experiência é individual. No entanto, nele há uma intencionalidade inerente que pode nos ligar quanto ao usufruto da experiência.

Diferentemente do *faz de conta* da criança que joga consigo própria sem dividir esse laboratório de experimentação da vida com um espectador, o *Faz de Conta* do adulto requer a presença do espectador, para partilhar algo, pois ele quer o elo de comunicação da experiência vivida e da experiência proposta.

O *faz de conta* do adulto busca e proporciona uma reflexão sobre a vida. Veja bem, escolho aqui a palavra vida. Porque a vida contém mais do que a realidade, e mais do que se diz sobre as verdades dos fatos. Essa conexão com a representação sempre traz à tona o conceito de realidade. O conceito de *vida* engloba a totalidade das nossas experiências e potencialidades e complexidades de nossas muitas dimensões. Assim como as verdades contêm uma dose muito maior de mistério do que se pode supor. Assim como diante do que se sabe aparece um mar sem fim do que é ignorado. A *realidade* é *muito pouco* perto da *vida*, ou melhor, é apenas uma *fatia da vida*, ou quem sabe, uma *colheita* que cada um faz da vida. Por isso me vinculo a Clarice Lispector quando diz, em *A Hora da Estrela*, que Macabéa não sabe inventar a realidade, que a palavra realidade para ela não significa nada. No entanto é uma palavra que tem um efeito eficaz no momento em que falamos de verdade, de experiência de vida, de jogos de representação, pois traz em si um elemento de materialidade às experiências mais sutis, às do campo das emoções e às do imaginário. Elas passam a ter senso de realidade ou senso de verdade quando são capazes de afetar nossas sensações físicas. Por isso o jogo do teatro tem um pacto maior com o que chamamos de vida e sua dinâmica, do que simplesmente com o que chamamos de realidade. Então, num aspecto subliminar do uso da palavra *verdade* está a busca para tornar o jogo *vivo*, a busca por uma interação *viva* entre suas partes, palco-plateia, ou seja, entre os atores, no jogo que fazem entre si, construindo a vida da obra, e a obra assim vivida por eles no jogo de partilha com a plateia.

Portanto, a palavra *verdade*, aqui, pressupõe a possibilidade de identificação, seja no plano mais emocional e inconsciente da cena, seja no plano mais intelectual e de apreciação do uso da linguagem na sua faceta poética e estética. É uma linha tênue que, como um córrego de energia, vai ligando os pactos estabelecidos de verdade ao rio maior do espetáculo, onde se instala a verdade cênica da obra da qual o público bebe.

Na época em que Stanislávski, em sua obra já referida, no final do século XIX, escreveu sua metodologia, considerou como eixo o aspecto de duas verdades: a da vida e a da ficção. A esta última chamou de *verdade cênica*. Ele nomeou e emitiu um novo olhar ao que já pertencia à tradição e à prática do teatro e o relacionou à estética da época: realista. No entanto, essa ideia pode ser aplicada a qualquer outra estética, uma vez que, segundo o próprio Stanislávski, essa *verdade cênica* existe apenas no contexto da obra, seguindo as regras de sua coerência interna e com o objetivo de envolver o espectador. E quanto mais se chegasse a uma *verdade cênica* mais se teria a capacidade de envolver o espectador no jogo.

Mas o que pressupõe a *verdade cênica* para alcançar o envolvimento da plateia? Primeiro, ela é uma realidade paralela criada a partir da linguagem e que contém códigos comuns aos dois lados: ator/cena e espectador/plateia. Depois, existe um sentimento de verdade que envolve a atmosfera do jogo, um sentimento que se instala nos jogadores nos seguintes níveis: do ator consigo mesmo na construção da personagem, dos atores entre si nas relações de construção da cena, e do grupo de atores – associado ao conjunto dos outros elementos da construção do espetáculo – com o espectador. Deseja-se, em especial, que o espectador se sinta participante de uma *outra realidade viva*. Esse sentimento de verdade é uma dose subjetiva e só poderá ter força pelo envolvimento das subjetividades subjacentes: social e individual. É matéria extremamente delicada e só pode ser, de fato, medida no instante em que a relação se estabelece, ou seja, quando o espetáculo está acontecendo. Como sugere Stanislávski, é como lançar mão de um diapasão. Podemos e precisamos desenvolver a capacidade de percepção desse *sentimento de verdade* assim como se desenvolve a percepção de um dos sentidos. Lanço a pergunta: teria o *sentimento de verdade* alguma conexão com o nosso sexto sentido ou, ainda, seria uma percepção extrassensorial?

Digamos simplesmente que esse é um motor acionado pelos códigos da cultura de cada lugar, cultura instalada no interior de cada indivíduo, enraizada em seus instintos.

Na tragédia grega, buscava-se gerar o sentimento de verdade para promover a identificação e então realizar uma catarse no público, permitindo a este purgar-se de algum mal. Ela estava diretamente associada à cura dos males do espírito, e do corpo físico, quando afetado pelo espírito. Um dos códigos de linguagem capazes de promover isso era a voz. Ela desempenhava um papel importante porque além de ter a força das palavras, nela estava contida a reverberação arquetípica das emoções. Supõe-se que a voz na tragédia grega dilacerava corações de maneira mais próxima ao que Artaud, em sua obra *O Teatro e Seu Duplo*, propõe do que por meio da beleza apolínea utilizada na ópera. Era mais visceral pelo seu propósito

DAS DIVAGAÇÕES

enraizado de revelação da semelhança com os estados emocionais das situações propostas: promovendo a identificação, realiza a catarse.

Por exemplo, levei muito tempo para gostar dos espetáculos que assistia em Londres. Lembro que ia para o teatro e dizia: "Meu Deus, o que é isto!" E não gostava de nada, nada, nada. Não me identificava com nada daquilo. Quando comecei a entender os ingleses, seu modo de vida, sua filosofia cotidiana, seus ritmos, o significado cultural de palavras simples como *love*, isso se tornou possível. *Amor* e *love* são diferentes. A tradução é uma aproximação que nos permite comunicar e compartilhar coisas que temos e sentimos em comum. No entanto, a maneira como o inglês vivencia, enxerga e lida com o amor é diferente da nossa. Então, quando ele diz *love*, traz consigo toda uma referência que muitas vezes para nós parece estranha e que a torna, em alguma medida, diferente da palavra *amor*. Isso me fez crer e observar como o teatro é uma das artes mais reveladoras dos aspectos culturais de um povo. Porque nela está a corporificação do inevitável de cada cultura presente no *corpo-voz* do ator.

Algo parecido aconteceu às avessas quando voltei de Londres. Ao assistir a montagem de um texto de Harold Pinter produzida aqui, fui invadida pela sensação de que, para um casal de brasileiros, tudo aquilo que era dito e vivido não caía tão bem. Como se aquelas palavras, aqueles sentimentos e emoções, ações e reações ficassem um pouco desajustados no corpo daqueles atores. Supus que se havia algo de errado esse *algo* estava em mim, no meu estado de percepção. Talvez alguém que não estivesse acabando de voltar de um longo período em Londres não sentisse essa diferença. Seria isso mesmo?

De qualquer modo, essa experiência despertou em mim a consciência para o fato de que esses códigos de linguagem que permitem a entrada, a integração e a interação das duas partes dos jogadores no jogo são muito importantes e têm um componente cultural determinante. Por isso dependem de uma grande capacidade de assimilação e apropriação por parte do ator, assim como do diretor, no alinhamento da costura de significados na composição espetacular. É uma teia onde uma coisa se soma a outra. O desajuste em um pequeno ponto da teia se reflete no todo. Por outro lado, essa mesma experiência suscitou uma nova pergunta: por que essa sensação de desajuste não aconteceu quando assisti ao espetáculo *A Resistível Ascensão de Arturo Ui*, de Bertolt Brecht, em Berlim, mesmo sem falar uma só palavra de alemão? Ou quando me vi totalmente envolvida pela montagem japonesa de *Sonhos de Uma Noite de Verão*? Afinal de contas era o texto de um inglês, representado por japoneses, em japonês, assistido por uma brasileira.

Talvez tudo seja bem mais simples: como desabrochar o sentimento de verdade ao representar uma *prostituta* sem nunca ter sido uma ou convivido com elas? Isso também é cultural.

Dentro dessa simplicidade complexa é que se estabelecem as relações entre os códigos de linguagem e a experiência de vida do ator na construção da personagem, na tentativa de fazer a reverberação desse sentimento de verdade.

Eis, sob essa perspectiva, as partes da verdade da teia com que se tece o jogo. Temos a verdade do que se refere aos códigos de representação e temos a verdade no que se refere às experiências individuais e coletivas que tornam capaz a apropriação viva e dinâmica dos códigos da representação, em primeira instância, pelos atores. É um pouco o que Artaud diz sobre o teatro ser mais que o ato de "desenvolver virtual e simbolicamente um mito", pois ele é a verdadeira carne em que se apresenta "fisicamente e ao natural o ato mítico de fazer um corpo"[7]. Isso porque no ato de apropriar-se dos códigos o ator instala-os em seu próprio corpo nas suas dimensões físicas, emocionais, mentais e energéticas. Já Stanislávski, ao colocar o ator e seu processo criativo como objeto central de pesquisa sistematizada, tornou-se um divisor de águas nesse campo. Ele desenvolveu um método propondo técnicas como o uso da *memória emotiva*, do *como se*, das *ações físicas*, da *análise ativa* entre outras. De certa maneira, ele também destrinchou processos físicos e psicológicos que os atores sempre utilizaram de modo intuitivo, ou por um saber "ontológico", ou por uma sabedoria que passava de ator para ator numa cultura de transmissão oral e pela prática teatral. Até hoje seu método é utilizado e serve de referência em todo o mundo para diferentes *escolas* e estilos teatrais; e para

---

7 Apud A. Virmaux, *Artaud e o Teatro*, p. 231.

DAS DIVAGAÇÕES

culturas teatrais distintas; especialmente, tem sido útil no que se refere a estabelecer a ponte entre as experiências do ator e as da personagem para a apropriação da linguagem.

Mesmo Brecht, ao propor esteticamente o distanciamento, admite que o ator precisa, antes de se distanciar, envolver-se e apropriar-se da experiência, ou da força vital da experiência, para que o estranhamento armazene em si essa força de verdade que sustenta o poder de magnetização do espectador.

Seria isso o suficiente para assegurar a magnetização do espectador?

Artaud, ao falar sobre a técnica desenvolvida para o ofício do ator, sugere que esta deve pertencer a poucos, e chama a atenção: "é uma técnica que não deve ser divulgada"[8]. Por quê?

Segundo Papel da Palavra "Verdade"

Eis que a palavra *verdade* assume seu segundo papel no jogo, e entra em ação: qualquer obra exala uma Verdade, profere uma máxima. Gostemos ou não disso. Tenhamos ou não consciência disso. Tomemos para nós ou não essa responsabilidade: da poderosa técnica de que os jogadores do palco dispõem para manipular e se apropriar da linguagem nasce a capacidade de criar verdades. Em alguma medida, não é essa a técnica utilizada pela publicidade para nos fazer comprar coca-cola ou pelos políticos em suas campanhas para conquistar os votos de seus eleitores? Aristóteles *ensinava* em sua retórica o poder de persuasão e da empatia associado à manipulação da verdade. Ensinava como convencer alguém de uma Verdade, assim como convencer alguém de uma Mentira como se verdade fosse. Qual é mesmo a história do Brasil? A que Verdade devemos recorrer para contá-la: a dos índios ou a dos portugueses?

No teatro o jogo do *faz de conta* é ao vivo. Isso tem um poder de *Verdade de corpo presente*. Com ela, há a dimensão do porvir que todo ato presente instala. Creio que isso a torna mais poderosa. Por que o teatro onde se apresentava *Roda Viva* foi invadido pela polícia nos tempos da ditadura? Por que o Estado

8   O Teatro e Seu Duplo, p. 98.

e as grandes multinacionais patrocinam espetáculos *mais ao gosto* do freguês capitalista?

Artaud, em *O Teatro e Seu Duplo*, nos lembra que, inserido no poder das técnicas e do fazer teatral no jogo adulto do *faz de conta*, está a construção de um *novo corpo* no corpo do ator. Pode-se também aqui associar a palavra *verdade* às suas dimensões de um porvir, e isso encontra materialidade na possibilidade dos corpos dos atores se transformarem ao longo de cada processo criativo. Segundo Eugenio Barba, em *Além das Ilhas Flutuantes*, o teatro é mais importante e mais transformador para os jogadores que jogam do lado do palco do que para os da plateia. Na obra *Em Busca de um Teatro Pobre*, Grotowski desvinculou-se do teatro de produção para investir com mais liberdade nessas dimensões transformadoras do Homem na busca das memórias perdidas, das verdades ancestrais. Por isso, em sua última fase de trabalhos, seus espetáculos eram assistidos apenas por plateias convidadas.

Por todas essas razões, a palavra *verdade*, aqui, ao invés de associar-se aos códigos de linguagem, associa-se aos códigos de ética. E como estamos na pós-modernidade, tudo isso parece estar situado no território do salve-se quem puder. Novamente um momento de escolha: considero os códigos de ética essenciais ao jogo do teatro. Pedagogicamente trato disso como eixo fundamental da metodologia. Para que se faz teatro? O ator precisa responder a essa pergunta a cada dia, com *sinceridade de coração*. Isso terá uma força determinante no efeito de *sentimento de verdade* da cena. Esse aspecto presente no sentimento de verdade é muito sutil, mas perceptível aos sensíveis. Mesmo quando o ator consegue chegar a desenvolver as personagens com grande habilidade técnica, apropriando-se dos códigos de linguagem com precisão, se ele, por alguma razão, não defender a ideia da cena, a máxima que o espetáculo propõe, se não jogar o jogo com inteireza, isso será percebido. Em alguma medida a apropriação dos códigos de linguagem precisa vincular-se às suas crenças individuais, sejam elas quais forem. Por isso digo, com veemência de dona da verdade: o ator precisa perguntar-se a cada dia *por que* e *para que* está atuando em determinada obra. Afinal, as crenças são dinâmicas, modificam-se com o correr diário da vida. E nesse aspecto somente ele, em sua solidão,

DAS DIVAGAÇÕES

na consulta aos seus silêncios, saberá quais são os caminhos que o permitirão tornar-se veículo, servir à obra, servir àquela obra específica. E só então sua voz, através da voz da personagem, poderá vibrar no diapasão da sua individualidade artística.

Terceiro Papel da Palavra "Verdade"

Tudo pronto. Agora é hora de abrir a cortina. O jogo de faz de conta do espetáculo vai começar. Agora a verdade assume o papel daquilo que é em seu tempo presente, como ato único da vida: ser. A metáfora da criação do homem pode ser útil aqui, e obviamente escolho a versão católica: Deus faz um boneco de barro todo cheinho de detalhes, nariz, boca, olhos, costelas, músculos, a quem chama de Adão. Boneco-Adão pronto, Deus lhe dá um sopro de vida. É apenas um sopro, mas sem ele continuará sendo um boneco.

No paralelo com o teatro: tudo está inscrito no corpo dos atores e no espaço e tempo das cenas, como as margens de um canal construído para receber a água, como as veias preparadas do corpo, mas ainda sem sangue. Precisa agora apenas deixar penetrar e circular a energia vital. No processo todo, é como apenas um sopro de efeito continuado. Digamos que é 5% do trabalho, mas estes 5% são simplesmente a energia vital. No teatro indiano chama-se *rasa*. Eles acreditam que *rasa* vem de outra dimensão e instala-se ou não. Por isso, ao final da apresentação, se diz: "hoje tivemos *rasa*".

Para nós a energia vital está vinculada ao estado de presença. É quando todas as dimensões do indivíduo estão focadas no tempo presente e na ação presente. É algo próximo do estado de manifestação. A diferença é que a manifestação é um estado alterado de consciência onde se perde o vínculo com a identidade pessoal do ego e no teatro esse estado de manifestação de consciência alterada mantém o vínculo com a consciência e com a presença do ego. O indivíduo se mantém *senhor* de suas ações.

Se falamos pela perspectiva de Stanislávski em *A Preparação do Ator*, estamos sugerindo a coexistência de duas verdades: a da vida real e a da ficção (verdade cênica), que atuam simultaneamente e são inseparáveis no momento do jogo. Numa linguagem contemporânea, diria: realidades paralelas. Os jogadores estão, durante o seu momento de vida real, escolhendo estar ali no teatro, jogando aquele jogo, e, na dinâmica do jogo, constroem uma realidade de faz de conta que vivenciam com inteireza pela capacidade de envolvimento do jogo. O espectador poderá sentir e ver ao mesmo tempo a personagem sofrendo suas dores e o prazer do ator de estar ali atuando no seu faz de conta.

Sob minha perspectiva, neste ensaio de verdades: de acordo com a sinceridade interna, individual e coletiva com que cada um se entrega ao ato de jogar o jogo e ao desfrute do ato de jogar o jogo, as portas para *rasa* se abrem e o estado de presença se manifesta.

Nesse terceiro papel só resta à verdade *ser*. Ou *é* ou *não é*. Ponto.

Um Pingo Num i

Por tudo isso é que a palavra *verdade* é tão útil ao teatro, pois ao ser proferida traz consigo estas três dimensões inerentes a ela:

1. verdade como utilização dos códigos de linguagem (a semelhança entre o que É e o símbolo que a representa, e os procedimentos e artifícios técnicos que a instalam);
2. verdade como a máxima da obra vinculada ao que se quer expressar/comunicar e sua conexão com o porvir e as crenças;
3. verdade como estado de presença no ato vivo do teatro.

Portanto, quando uso da licença poética da expressão *verdade vocal* quero invocar essas três dimensões da palavra que estão vinculadas diretamente ao ofício da preparação vocal do ator.

DAS DIVAGAÇÕES 17

AS PALAVRAS-CHAVE PARA OS CONCEITOS
OU PALAVRAS ENTRECRUZADAS

> *Minha tarefa é muito difícil, porque como instrumento tenho as palavras e a minha mensagem principal é de não crer nunca nas palavras. Não creiam nas palavras. Quando se encontra uma definição que se fecha, não na prática, mas na terminologia, em um caso desses, não se diz nada, não se compreende nada, somente se fazem malabares com boas palavras, o que dá uma emoção agradável, mas que é totalmente inútil. Quer dizer, encontra-se as leis do trabalho na prática, alguma coisa de tangível e de preciso. Disso, sai um conhecimento, uma sabedoria. Esse é um caminho natural.*[9]

Apresentarei aqui algumas palavras que vão aparecer várias vezes ao longo deste livro, assim como apareceram ao longo do trabalho desenvolvido com os atores. Todas elas estão rodeadas / associadas / impregnadas de conceitos, pré-conceitos e experiências pessoais que podem levar a inúmeras leituras ou pontos de vista. Por isso aqui, como num jogo de palavras cruzadas, passo a contar como elas se instalaram em mim e na metodologia proposta. Como num jogo, desafio o leitor a pegá-las e também ordená-las em sua poética teórico-prática pessoal num dia em que esteja à deriva, sem nada de importante para fazer. Será um bom passatempo. Aos leitores professores, alunos, atores, gente de teatro, proponho uma leitura descompromissada da *verdade dos conceitos*, como um jogo de criança onde se demora a descobrir o truque:

Avô: eram dois irmãos: Grapete e Repete. Grapete morreu, quem ficou?
Neta: Repete.
Avô: eram dois irmãos: Grapete e Repete. Grapete morreu, quem ficou?
Neta: Repete.

---

9 Fragmentos do texto "O Perigo das Palavras", de Grotowski, apresentado no Simpósio Internacional Sobre a Arte Como Veículo – São Paulo, set.-out. 1996. Disponível em: < http://teatrosaladistar.com/grimorio/baker-street/exercicio-ilustracao#more-161 >.

Avô: eram dois irmãos: Grapete e Repete. Grapete morreu, quem ficou?
Neta: Para de repetir.
Avô: Ué... não é você que está pedindo para eu repetir?
Neta: ...

Diria que as próximas páginas foram colocadas para serem *vistas* mais do que para serem lidas em detalhes. Na primeira página as palavras se põem à minha / nossa espera. Na segunda elas se dispõem a se casar umas com as outras, movidas por inquietações variáveis. Elas se exibem, dançam, provocam, seduzem. Enfim, na terceira, misturo-me poeticamente com elas e oferecemo-nos à leitura. No entanto, solicito a leitura como num fôlego único ao estilo Saramago. Então, como num ensaio cego, como se a visão falhasse, sugiro a leitura feita *pelo tato* e que ao se ler essa página que se a *escute*.

O que desejo é usufruir do poder das palavras. Levantar suspeitas, impressões, memórias, conexões no leitor. Que a palavra, antes de ser minha, seja dele. Inclusive, sugiro permitir-se tomar posse de um delírio, de um desassossego, de um mergulho no conhecido e no desconhecido, no óbvio e no misterioso. Só depois, então, colocar as palavras a serviço do teatro, da expressão comunicativa da experiência no trato com a linguagem teatral, por simples escolha de uma razão de ser da voz e da fala na formação do ator.

Todas as pessoas que lidam com outras pessoas sabem o poder das palavras. Apesar de serem apenas em 7% responsáveis pelo que estabelece a comunicação, as palavras são capazes de gerar enormes equívocos. Como me disse certa feita Lia Mara, em uma de nossas aulas particulares: "as palavras são uma fonte de mal-entendidos". Por isso é que considero fundamental o manuseio e a escolha das palavras para o trabalho em sala de aula e nos ensaios no que diz respeito ao trabalho vocal. A maneira como se explica o exercício, as palavras escolhidas e ordenadas em seus sentidos, determinará a qualidade do desempenho do aluno.

Também elas são determinantes nos processos de irrigar os espíritos, os corpos e construir as atmosferas de trabalho. Cada palavra já tem um histórico no indivíduo. Faz-se importante para o professor perceber como suas palavras tocam os

DAS DIVAGAÇÕES

alunos e, aos poucos, ir identificando os vocabulários que se tem em comum, identificando aqueles que facilitam e aqueles que bloqueiam os caminhos.

Então, este jogo de palavras[10] terminará por se transformar num glossário. Como todo glossário, ele poderá ser lido de *cabo a rabo* ou aleatoriamente, ou simplesmente poderá não ser lido, ou será retomado quando, na leitura dos outros capítulos, se fizer necessário. No entanto, asseguro que aqui vai como eu percebo e uso estas palavras, e como manipulo e direciono seus conceitos a favor das minhas metas.

Bem, este é um convite ao jogo. Digamos que todo este *escrito* é um pouco interativo e este tópico tem a característica de um almanaque. Ao virar esta página, lá estando elas, as palavras, esperando... pegue-as ou deixe-se pegar por elas ou passe para a próxima. De qualquer sorte, espero me encontrar novamente com o leitor lá adiante.

---

10 A programação visual das três próximas páginas foi realizada por Virginia Yoemi Fujiwara, artista gráfica que atua na área editorial desde 1969, tendo prestado serviços em diversos veículos de comunicação e realizado projetos em várias empresas de São Paulo, Bahia, Brasília e Angola.

Princípio Estrutura emocional e de sentimento **Poética**

Improvisação Voz interior

Jogo e Espírito Brincante **Coletividade** **Estrutura física**

Liberar Atmosfera Verdade

Irradiação Fala **Movimento Externo**

Experiência Fluência verbal Produzir **SIM**

Estruturas de suporte **Consciente**

SIM *Imaginário* Inconsciente Imaginação

Corpo etérico **Campo interno**

Intimidade **Recordação** Corpofisico

Voz *Corpo Mental* Subconsciente **CONSCIÊNCIA** SIM

Corpo Espiritual

Imagem

Foco do olhar Individualidade Manifestação Integração

Espaço interno Memória

Expressão e Comunicação

Campo externo Espaço externo Metáfora

Intuição **CORPO EMOCIONAL** Aventura
Instinto

Estrutura de pensamento Mistério

Respiração
Estados alterados de consciência Confiança Razão

Energia *Estrutura de Avaliação*

MOVIMENTO INTERNO

Silêncio Permissão

Elaboração artística Percepção

Pausa Matéria

PRINCÍPIO   INCONSCIENTE

MOVIMENTO EXTERNO SUBCONSCIENTE

VERDADE

CAMPO INTERNO

IMAGINAÇÃO

ESTRUTURA DE PENSAMENTO

FOCO DO OLHAR   IMPROVISAÇÃO

Produzir

RECORDAÇÃO

CONSCIENTE

EXPERIÊNCIA Estrutura de Avaliação Corpo Mental

CONSCIÊNCIA

LIBERAR METÁFORA   PERMISSÃO

INTEGRAÇÃO

CORPO ETÉRICO

VOZ-INTERIOR ESPAÇO INTERNO

CAMPO EXTERNO

PAUSA

CONFIANÇA EXPRESSÃO E COMUNICAÇÃO

INSTINTO CORPO ESPIRITUAL

PERCEPÇÃO   MANIFESTAÇÃO

Individualidade

MISTÉRIO

ELABORAÇÃO ARTÍSTICA

IRRADIAÇÃO

FLUÊNCIA VERBAL

VOZ

SILÊNCIO

FALA

SIM

JOGO E ESPÍRITO BRINCANTE

ESTRUTURA FÍSICA

SIM

ESPAÇO EXTERNO

ESTRUTURA EMOCIONAL E DE SENTIMENTO

RESPIRAÇÃO

SIM

INTIMIDADE

MEMÓRIA

IMAGINÁRIO

CORPO EMOCIONAL

INTUIÇÃO

ESTADOS ALTERADOS DE CONSCIÊNCIA

MATÉRIA

RAZÃO

Palavras em Curso

Sim o **Princípio** conduz a **Experiência** que revela uma **Verdade** fruto da **Intimidade** com a **Individualidade** em sintonia com a **Coletividade** no ato espontâneo da **Improvisação** onde há sempre um **Liberar** que aprende a **Produzir** com **Fluência verbal** a **Voz** e a **Fala** presente do **Imaginário** numa vinculação com a **Imagem** enraizada que mobilizada passa a irrigar a **Imaginação** de onde a **Memória** enriquecida expõe uma **Recordação** abraçada pela **Consciência** e então o **Consciente** beija o **Inconsciente** que voa pelo **Subconsciente** até tocar o **Corpo físico** em reverberação constante com o **Corpo etérico** acordando o **Corpo emocional** que em sintonia fina é capturado pelo **Corpo mental** abre-se então a fresta para lançar-se ao **Corpo espiritual** e construir a **Atmosfera** donde a **Irradiação** dos corpos é visível no **Foco do olhar** espelhando a **Voz-interior** na **Metáfora** acolhedora que ergue a **Estrutura de pensamento** e a faz encontrar o impulso vital da **Estrutura emocional e de sentimento** podendo fazer-se presente na **Estrutura física** numa conspiração que constrói **Estruturas de suporte** para a **Integração** dos corpos cujo **Jogo e Espírito brincante** são os meios mágicos **Respiração** para o **Campo interno** abrir-se ao **Espaço interno** gerando **Movimento interno** que sendo irradiado para o **Campo externo** instalando o **Silêncio** no **Espaço externo** para que o **Movimento externo** ganhe **Expressão e comunicação** na veia **Poética** do mundo vivo **Respiração** donde **Sim** a **Manifestação** dos corpos mobilizados no **Silêncio** promovem **Estados alterados de consciência** capazes de interferir na lógica da **Razão** num salto quântico que a **Intuição** dá movida por algum **Instinto** cuja **Permissão** desobstrui os canais da **Percepção** que agora nutrida de **Confiança** se **Aventura** no **Silêncio** e mergulha no vazio da **Pausa** beijando a face oculta do **Mistério** numa secreta **Estrutura de avaliação** que em tudo é **Respiração** inspirando e expirando desde a pura **Matéria** até a bruta **Energia** que enfim em sutil abandono entrega-se à cama luxuriosa e ardente da **Elaboração artística** numa *to--tao* reverência ao SIM.

GLOSSÁRIO

1. **Princípio:** que conduz a vida, fator que move em determinada direção, aquilo que impulsiona, mas não é o movimento gerado, é o início de tudo, é o ponto por trás de toda ação e manifestação. É a base que rege. Todo processo tem um princípio subjacente. Através do processo é que se vê o princípio.

2. **Experiência:** aquilo que retiramos da vida, colhemos como fruto. O que nos dá a sensação de realidade. O que fica marcado na nossa memória celular, envolvendo a totalidade do corpo. Fruto daquilo que experimentamos na prática. Está relacionado diretamente às ações vivenciadas, às práticas vivenciadas, tornadas e tomadas concretamente na fisicalidade do corpo individual e do meio. Podem ser subjetivas e objetivas, mas delas sempre resulta uma marca concreta capaz de afetar o físico.

3. **Verdade:** daquilo que experimentamos nascem as nossas crenças mais pessoais ou individuais, e elas se tornam as nossas verdades. A verdade do que É, da consciência que temos em expressar o que é. O oposto da mentira. A irmã gêmea da sinceridade. A possibilidade de honestidade com as experiências vividas. O que conquistamos na relação com o outro que ecoa como verdadeiro. Momento de integração entre a linguagem e a realidade. Quando se associa à palavra sentimento é que se encontra sua verdadeira ressonância. Sentimento de verdade. É passível de ser sentida, mas nem sempre de ser comprovada. São muitas e muitas as verdades. Para cada um, inúmeras verdades, para cada cultura, outras tantas, para o plano da energia, apenas uma lei cega: sobrevivência. Sobrevivência de quê? E novamente inúmeras verdades aparecem. Para a voz: essa possibilidade de estar em sintonia com o todo de uma obra, de uma

DAS DIVAGAÇÕES 25

personagem, da ação enraizada nas propostas de linguagem de uma obra, na possibilidade do ato vivo do teatro, ao vivo, de verdade, na cena de mentira.

4. **Intimidade:** fruto da experiência consigo mesmo que leva à consciência de si com cumplicidade sobre si mesmo. Este *si* é feito de intimidades físicas, com o funcionamento do organismo. Está associada a conhecer-se. A conhecer o outro. Desfrutar de intimidade significa ser capaz de compartilhar, em muitos planos e dimensões, a própria experiência e a experiência que se tem do outro ou com o outro. Intimidade consigo mesmo, intimidade com o outro, intimidade com o meio. Que conhece segredos e caminhos secretos. A quem se permite revelar o irrevelável. A quem se dá confiança. Em quem se pode confiar. Pertinho do colo. Pertinho da briga sem temores da dor. Pertinho de ferir bem e de bem curar feridas. Capacidade única de tocar com precisão consciente. A linguagem feita no silêncio, a linguagem feita de silêncio. Intimidade, um profundo silêncio cheio de si. Território propício para plantar sementes do devir.

5. **Individualidade:** onde mora a nossa essência. Do que é feita a nossa essência. Nossas qualidades únicas. O que nos torna um indivíduo único neste planeta. Ninguém há igual a mim. Propriedade própria e intransferível. Onde as coisas ainda são unas, destituídas de polaridades e dualidades, são o que são e pedem expressão. Valores para além do bem e do mal. Onde ecoam nossos dons, talentos, vínculos com a nossa missão. Impressão digital energética. Princípio de cada ser. Onde vibra a energia pessoal. Ponto de conexão com o todo, ou de nascimento a partir do todo. Pede corporificação e expressão. Área mais permanente, por isso essência. Características básicas de um indivíduo no território das qualidades.

6. **Coletividade:** a energia essencial de um grupo. A soma das qualidades dos indivíduos que formam o grupo. Está em muitas dimensões e conexões. As coletividades são muitas e mutáveis. Sofrem as inúmeras interferências individuais e

do meio. A coletividade está sujeita ao meio onde o grupo se instala. A todas as interferências que vinculam aquelas pessoas entre si. É constelação que se faz e se desfaz. Ela acontece também em dimensões diferentes, físicas e não físicas. Contém códigos comuns. Pertence a coletivos como Brasil, Bahia, Salvador, Federação, família, falantes de português, pertencentes à mesma religião, pertencentes a nenhuma religião. Coletividade do incomum: qual o ponto que une uma coletividade? O importante aqui é encontrar a energia que circunda a coletividade do grupo sobre o qual se atua. As frequências em que vibram e onde ecoam suas essências individuais em combinação umas com as outras. O si mesmo, o outro e o meio em interação, construindo um corpo outro que adquire características próprias. Passa a criar uma linguagem, a ter referências próprias, desenvolve imaginário, cultura, dinâmicas, ritmos, objetivos, subjetividades. A coletividade se constrói de maneira inconsciente. Podemos tomar consciência dela, mas é um tecido que se tece por baixo do pano, no escuro. Está feita segundo a nossa vontade, porém faz-se alheia à nossa vontade. Dessa formação não se tem controle, apenas instala-se a permissão para sua existência. Está enraizada nos princípios que movem os indivíduos.

7. **Improvisação:** fruto do ato espontâneo. Aquilo que é feito na hora. Normalmente se utilizam os ingredientes que se tem à mão. O ato de improvisar relaciona-se com a habilidade para lidar com o imprevisto, o inusitado, o acaso. Em todos esses atos pode-se desenvolver a habilidade de seguir na direção de alcançar a meta desejada. O teatro requer estruturas de jogo que conduzam à ação improvisada. Transforma-se em meio de acessar o desconhecido tornando-o conhecido. Está situado no tempo presente. A improvisação em si dispensa a repetição. No entanto, quando utilizada em processos criativos teatrais, a depender do objetivo que encerra, solicita a possibilidade de repetição, mantendo a qualidade da ação no momento em que esta se deu improvisada. Isso requer uma habilidade, ou um outro estado de prontidão, específico do improvisador

DAS DIVAGAÇÕES

no ato de improvisar. Ela pode ser livre ou dirigida, mas em ambos os casos o que a sustenta é a clareza das regras do jogo e a obediência às regras do jogo. Por isso a improvisação no teatro precisa ser constituída de propósitos claros. Mesmo quando os propósitos ainda estão escuros inventa-se uma regra para dar-lhes clareza ou aspecto de clareza.

8. **Liberar:** algo que está ali e simplesmente deixa-se sair. Algo que se encontra com a passagem impedida, para fluir para fora, e que desobstrui a passagem sem esforço. Deixar vir à tona. Algo que já existe e sai, se manifesta, se expressa. Liberar o som é dar passagem a um som que, mesmo desconhecido, nos habita naquele instante. Deixá-lo manifestar-se. Seguir o impulso vindo de outra ordem que não a do cérebro no mecanismo de fazer som. O som que já existe latente em algum ponto do nosso corpo em suas muitas dimensões. Pode-se liberar som, palavra, movimento, pensamento, sentimento, emoção, ideias, poesias, textos. Para cada ato de liberar, deve-se acompanhar uma forma e uma linguagem de expressão. Tem vínculo direto com o movimento interno do indivíduo. Mesmo o que está muito vinculado ao meio, para ser liberado já passou por algum processo interno de formulação espontânea, consciente ou inconscientemente. Mantém um vínculo direto com a capacidade de escutar a voz interior e ser capaz de obedecer-lhe na direção expressiva.

9. **Produzir:** algo que é feito com *certo planejamento*. Sabe-se o que se quer fazer e então se produz o desejado. Muitas vezes não sai exatamente igual ao planejado, mas há uma intencionalidade, como algo que contém uma forma anterior mais ou menos consciente e ganha expressão. Também é um ato de colocar para fora, expressar, ter forma e capacidade de atuar e interferir no mundo físico. Pode ser uma ideia, um pensamento, um sentimento, mas que ao ser expresso já passou por alguma "elaboração formal". Quando se produz um som, significa que ele é feito a partir de um comando mental e, em alguma dimensão, ele é escutado antes de ser expressado. Trata-se de um som conhecido, ele é pensado e

ouvido antes, e só depois produzido, expressado. Em alguma medida sabe-se o que se vai fazer.

10. **Fluência verbal:** capacidade de verbalizar experiências, de liberar e produzir texto na linguagem oral, de responder ao meio e aos outros através de palavras ou frases ou expressões idiomáticas expressas oralmente. No teatro, está associada à capacidade dramatúrgica de interagir verbalmente em improvisações, de ser capaz de criar texto quando se vivencia uma personagem, de criar a linguagem verbal de expressões e vocabulário de uma personagem.

11. **Voz:** formada de sons emitidos pelo ser humano com suas frequências e qualidades rítmicas, melódicas, de timbre e volume. Recheada de significados sensoriais, emotivos. Está vinculada, em primeira instância, à parte mais primitiva do cérebro, ou seja, ao cérebro reptiliano. No estudo da fala, ou quando associada à fala, é chamada de melopeia e encontra passagem mais fluida e expressiva nas vogais.

12. **Fala:** o som humano articulado em palavras. Requer conexão com o córtex cerebral onde é formada a linguagem. Está associada diretamente à construção de significados, à formulação da experiência, sua expressão e comunicação. É um fator rico de expressão e comunicação porque inclui o significado da vibração sonora aos sentidos das palavras. É fruto da articulação do pensamento desde o seu movimento mais impulsivo, instintivo e espontâneo ao mais elaborado. Nos estudos da voz, a fala articula os discursos que são chamados de prosódia. Está mais apoiada nas consoantes, que são o esqueleto da estruturação dos significados verbais.

13. **Imaginário:** é o depósito e armazém de todo o universo de imagens, símbolos. Também é o território de produção de imagens e símbolos da subjetividade humana. Tem um vínculo muito grande com o inconsciente e a memória. É fruto das heranças culturais e das experiências de vida, das mais remotas às mais recentes. Está em constante evolução. Todo o material do imaginário está conectado com os

DAS DIVAGAÇÕES 29

estados emocionais e sensoriais das experiências vividas, quer no plano da realidade, quer no plano do imaginário. Acreditou-se por muito tempo ser simplesmente o oposto do real. Hoje se sabe que o imaginário tem uma realidade própria e afeta a vida cotidiana do indivíduo e da comunidade com muita concretude, desencadeando consequências diretas sobre a realidade da matéria.

14. **Imagem:** acessada pelo sentido da visão. Quando no plano da realidade concreta vê-se a imagem. Quando no plano da realidade imaginária, visualiza-se a imagem. No universo da interpretação teatral, a visualização de imagens ajuda a construir realidades; a incorporação de imagens propicia modificar a realidade visível de um corpo; a construção de imagens, tendo como foco os atores e a criação de caminhos de transição entre essas imagens, torna-se essência da linguagem, um jogo poético. Para a voz, a imagem corporificada torna-se arquitetonicamente um ponto acústico de ressonância. As imagens nos saltam à frente, por trás, pelos lados direito e esquerdo, vêm em nossa direção, se afastam de nós, por seus caminhos traçam diagonais ascendentes e descendentes. E mesmo assim é mais comum se atribuir ao cérebro o papel de sede das imagens. Nos estudos dos campos humanos da energia, as imagens moram no corpo etérico[11] e circundam a nossa atmosfera.

15. **Imaginação:** ato de imaginar. *Ação imaginante*, segundo Gaston Bachelard. Capacidade de imaginar, de projetar na mente imagens em ação. Ação de deformar imagens colocando-as em movimento, associando-as a outras imagens, provocando uma profusão de imagens. Tem movimento e direção espacial no território do imaginário, área psíquica

---

11 Apesar de a palavra "etérico" não ser dicionarizada em português com essa acepção, este termo é utilizado por aqueles que praticam *healing* no Brasil, com a seguinte definição: "Corpo Etérico: também chamado 'o duplo etérico', porque duplica o corpo físico na mesma locação e com tamanho somente um pouco maior; faz a diferença entre um corpo dormindo e um corpo morto; sua função básica é segurar a vida, a procriação, o metabolismo e o processo vital; tem anatomia e fisiologia próprias, incluindo os chacras, as oito correntes etéricas, os cinco sentidos físicos, a memória etc." Cf. I. da S. Pristed (org.), *Elos*, n. 2).

do indivíduo. Seu território de existência e de manifestação é o cérebro. É um ato ativo e criativo. Uma maneira de ler, perceber e expressar a realidade interna e externa. Atua no indivíduo de maneira consciente e inconsciente. "Para uma psicologia completa a imaginação é um tipo de mobilidade espiritual."[12] Poderia a imaginação *imaginar som*? Poderia a imaginação atuar com o sentido da audição? *Falar* na linguagem sonora em vez de na linguagem icônica de imagens? Neste trabalho sim, quando se consegue ouvir vozes, sons que estão no campo do imaginário, do *não real*, no sentido de produção criativa da mente, muitas vezes em resgate da memória, muitas vezes em profusão criativa na mesma proporção que as imagens. Existem pessoas que são perseguidas por sons. A *imaginação auditiva* tem poder tão forte quanto a de imagens, no entanto, de um modo geral é menos percebida conscientemente. No processo da imaginação há imagens seguidas e acompanhadas de sons/sonoridades, palavras, vozes. E há palavras, sons, vozes, músicas, falas, textos cuja ressonância vibratória acaba por associar-se a imagens. Pertenceriam então a regiões diferentes do cérebro por atuarem algumas vezes com a presença da linguagem verbal? Que importa? Atuam integradas no psiquismo humano. Uma voz no imaginário pode ser um *eco parado* como uma imagem sem ação. Por isso se faz necessário colocar a *voz imaginante* em movimento. Talvez voz e imagem atuem como elo entre as áreas do cérebro na articulação/ distinção do pensamento. Força criadora e mobilizadora da palavra proferida, da imagem expressa. Donde o verbo associado a uma intenção tem a capacidade de criar. "Se o homem vive sinceramente suas imagens e suas palavras, recebe delas um benefício ontológico."[13]

16. **Memória:** num primeiro momento, fala-se dela como compartimento geral do cérebro que armazena todas as experiências vividas pelo indivíduo. Na medida em que nos aprofundamos um pouco mais, chegamos aos códigos genéticos e podemos dizer que a memória armazena experiências

12 G. Bachelard, *O Ar e os Sonhos*, p. 2.
13 Ibidem, p. 12.

da ancestralidade do indivíduo. Então se desce do cérebro para o nível celular. Nossas células são afetadas e guardam, registram em si, essas experiências, esses afetos sofridos, vividos, nossas cicatrizes. E quando se chega às células, entendemos melhor por que uma atitude física pode detonar o processo psicológico de uma memória ou recordação. Parece que isso fica registrado em primeira instância na célula e ela convoca o sistema nervoso, este responde em determinada área do cérebro ao revelá-lo. Só que as células também são fruto de cruzamentos energéticos, vibrações atômicas em suas formas de magnetização, de atração e repulsão. Existe no nosso campo atmosférico um número sem fim de vibrações e elas trazem uma gama de memórias vibratórias ou de padrões vibratórios aos quais respondemos de maneira sutil e ao mesmo tempo brutal pela força de penetração que têm. Então o registro da memória sai do plano apenas físico e entra no *não físico*, ou do plano grosseiro para o plano de energia sutil, o qual percorre e habita o corpo etérico e astral. Nesse nível, além de mantermos a ligação com a ancestralidade genética, entramos na ancestralidade cósmica. A memória, em todos esses níveis, revela ter um apoio ou uma conexão direta com os vínculos emocionais das experiências seja no nível consciente seja no inconsciente. Em outras palavras, vai para o registro geral aquilo que nos afeta emocionalmente. No trabalho do ator esse manuseio das emoções e das referências de experiência encontra suporte em todos esses *armazéns de memórias*. Mesmo as memórias virtuais, fruto da nossa experiência com o nosso imaginário, lá estão e são passíveis de serem ativadas. O que deixa a medicina intrigada é que se podem apagar muitos registros com certa facilidade, mas as memórias têm um poder enorme de retornar. Como se quebra um padrão se a sua memória mantém-se viva em algum ponto e pode retornar a qualquer momento? Por estarem vibrando na atmosfera pode-se perguntar se é possível ter uma memória do porvir. "Para os navegantes com desejo de vento, a memória é um ponto de partida."[14]

---

14 E. Galeano, *As Palavras Andantes*, p. 96.

32 A VOZ ARTICULADA PELO CORAÇÃO

17. **Recordação:** uma lembrança específica colhida da memória. Um fato vivido no tempo passado, no plano individual, que retorna à lembrança no tempo presente. É o material mais palpável da memória, que chegou ou está atuando no plano consciente.

18. **Consciência:** instrumental de primeira grandeza. Despertador e ancoradouro da maneira como abordamos e registramos as experiências. Dá-se no tempo presente. Podemos dizer que está ligada ao estado de presença em tempo presente. De uma maneira mais simples, diz-se: daquilo que temos ciência. Em alguma medida é o que sabemos ou apreendemos da existência em nós, no outro, ou no meio. Tudo a partir da nossa experiência. É como uma luz cujo foco luminoso pode estar direcionado ou disperso, cujo interruptor pode estar ligado ou desligado. Às vezes é confundida com a razão e seus estados de lógica. No entanto, dela difere justamente pela dimensão da sua percepção, que vai muito além da lógica racional, englobando a totalidade do ser, a totalidade da percepção: a sensorial e a misteriosa extrassensorial. De alguma forma delimitamos o que chega à nossa consciência para tornar-se consciente, através de um sensor interno e inconsciente. Por isso, normalmente, permitimos que nos chegue à consciência apenas as coisas das quais podemos *dar conta* em determinado momento da vida. Temos a consciência e a consciência pode ter-nos. Podemos acessar a consciência. Pelas áreas onde derramamos a luz da consciência temos a possibilidade de maior acesso. Por isso dizemos consciência corporal, consciência emocional, consciência ecológica, consciência vocal. Onde temos consciência ficamos menos vulneráveis, ou podemos desfrutar melhor da inevitabilidade da vulnerabilidade tão presente nos estados de ser vivo e dinâmico. Para o budismo, a única arma capaz de vencer qualquer luta: consciência. Vence o mais consciente. Aquele que sabe como as coisas acontecem, que estabelece vínculos conscientes em todos os planos e dimensões da existência. Que tem consciência de si, do outro e do meio, dos campos internos e externos. Para a filosofia budista existe

a consciência individual, a coletiva e a cósmica. A percepção consciente, aquela feita através da incidência da luz da consciência, tem uma conexão direta com a capacidade de escutar o silêncio e penetrar no vazio. Para o ator ela é condição *sine qua non* de sobrevivência artística, uma vez que o corpo físico, onde são ancoradas todas as outras dimensões do ser, é seu instrumento expressivo, ou seja, é o veículo direto de sua obra, por ser o veículo direto da manifestação da vida. Só a consciência pode, em alguma medida, tornar o ator proprietário de seu corpo em suas múltiplas dimensões. Desprovido do contato íntimo com a consciência o ator perde a propriedade de combinar criativa, expressiva e comunicativamente os materiais de linguagem de sua arte, de acionar os impulsos propulsores de sua ação criativa. Perde até a possibilidade de desfrutar dos mistérios que sua arte envolve, pois o desfrutar do desconhecido é um prazer consciente, ou seja, capaz de identificar e relacionar-se com o desconhecido.

19. **Consciente:** área do corpo mental que contém o arquivo-território onde moram as experiências das quais temos consciência, as conhecidas. Experiências, ações e interações sobre as quais já se incidiu a luz da consciência, consciente ou inconscientemente. O que somos capazes de acessar com certa autonomia. Quando usamos como adjetivo em relação a um indivíduo, queremos dizer que é alguém que tem noção da dimensão dos seus atos. Será isso mesmo possível? Aquilo que chega à superfície da terra. A ponta visível do *iceberg*. Existe o individual (ligado à sua experiência de vida e aos laços com a sua ancestralidade familiar), o coletivo (ligado à memória e às experiências de toda a espécie humana, e aos seres vivos, animais e vegetais), o cósmico (ligado às memórias e experiências da matéria inanimada, átomos e moléculas). Estado acordado. Caminha-se na luz.

20. **Inconsciente:** feito de imagens, símbolos, códigos, memórias, dos quais não temos consciência. Compõe o arsenal mais rico das nossas informações. É onde reside a maior parte do nosso desconhecido. Também é a nossa maior fonte

de motivações. Na maioria das vezes agimos por motivos inconscientes. Na mesma linha de pensamento budista há o inconsciente individual, o coletivo e o cósmico. Na linguagem figurada é o que está mais profundo, por isso oculto. Por isso dentro da terra. É a parte do iceberg incapaz de ser vista a olho nu. Estado de sono profundo. Por ele caminha- -se no escuro. Nos estudos da percepção física e não física o inconsciente perde a localização espacial de profundo, é simplesmente aquilo cujo acesso está impedido, e pode- -se não ter acesso a uma imagem que está bem próxima ao rosto, do lado direito, ou a uma memória grudada em uma cicatriz na perna esquerda, ou a uma imagem de um futuro distante que se vislumbra em algum passado que se situa a três passos, bem diante do peito. Ou num vazio percebido entre o estômago e os intestinos. Para essas linhas de abordagem, o cérebro decodifica as informações ao invés de ser o seu produtor ou a localidade onde se armazenam. Tenho inconsciente, subconsciente e consciente no físico e em toda a minha atmosfera. Por isso, nas improvisações, imagens nos chegam de cima, de baixo, por trás, pela frente, de dentro da gente e de fora da gente.

21. **Subconsciente:** é a área de passagem e de comunicação entre o inconsciente e o consciente. Território onde o sensor que filtra a passagem torna-se difuso, fica mais permeável. É onde o material inconsciente começa a receber a luz da consciência. Onde há um trânsito entre os materiais conscientes e inconscientes. Estado de sonolência. Caminha-se na penumbra.

22. **Corpo físico:** constituído de ossos, músculos, sangue, linfa; de órgãos organizados em sistemas: respiratório, circulatório, digestivo, linfático, glandular, nervoso; e de órgãos dos sentidos: visão-olhos, audição-ouvidos, olfato-nariz, paladar-língua, tato-pele, algum mais? De tudo aquilo que podemos chamar de, ou identificar como, material da nossa constituição corporal, o que inclui todas as células e átomos em combinações moleculares compondo a nossa matéria em seus estados sólido, líquido e gasoso. Quais

são os nossos outros *estados de matéria*? ...tralari-trala-ra...[15] E a voz? Para produzir a voz e a fala os pulmões, o diafragma, a faringe, a laringe, as cordas vocais, o palato mole e o duro, a língua, os dentes, a mandíbula, os lábios, o nariz e os ossos com cavidades ressonantes organizam--se num sistema batizado com nome bastante físico-mecânico: *aparelho fonador*. No entanto, hoje, temos o Teatro Físico, que *por* e *a* princípio caracterizou-se pela destituição da voz e da fala em sua linguagem cênico-poética. Seria a voz e a fala então *não física*? ...tralari-tralara... Numa tentativa imaginária, podemos ir em busca da resposta, criando/inventando o Teatro Químico, afinal, a química estuda a transformação das substâncias, da matéria. O que é a voz senão a transformação do ar em som? E o teatro químico abarcaria o teatro que busca a transformação. De maneira simples seria a emoção que despeja a adrenalina e faz nascer um grito. Uma visão no território imaginário que dispara um impulso nervoso e descompassa o coração que se derrete num suspiro sonoro. Mas que substância é essa: emoção? E que matéria é essa: *visão imaginária*? Mistério? A voz teria mesmo vez nesse Teatro Químico? ...tralari-tralara... Numa outra tentativa da imaginação podemos partir do princípio de que nada dessa matéria física ou química teria valor se não respirassem, e a respiração é o primeiro aspecto mecânico da fala. O que é a voz senão a transformação do ar em som? Ar, respiração, vida. Matéria e substância viva. Portanto, talvez melhor para a nossa busca seja que inventemos o Teatro Biológico. Com o aspecto *bio* teríamos a possibilidade de incluir, aceitar e desfrutar de todos os mistérios que a penetração da *vida* encerra no *físico*. Assim entraríamos no território do biológico da nossa composição, e para abarcarmos nossa totalidade física criaríamos o Teatro Bio-Químico-Físico em que a probabilidade da voz e da fala/palavra serem inerentes torna-se maior. Em resumo, ...tralari-tralara...neste trabalho, ...tralari-tralara... ao se deparar com a palavra corpo físico ...tralari-tralara...imediatamente aciona-se a

---

15 Esta estratégia de narrativa utilizando o ...tralari-tralara... é inspirada na obra *Pedagogia Profana*, de Jorge Larrosa.

A VOZ ARTICULADA PELO CORAÇÃO

percepção de corpo bio-químico-físico. Portanto o *corpo físico* será para nós aqui um corpo *bio-químico-físico* e a *ação física*será uma *ação bio-químico-física*.

23. **Corpo etérico:** o duplo energético do corpo físico. Estende-se mais ou menos dois ou três dedos além da pele e penetra o corpo até os ossos. Nele estão impressas muitas memórias individuais, coletivas e ancestrais, como um duplo de toda a matéria que nos compõe. É através dele que as energias sutis que nos circundam ganham a possibilidade de penetrar no corpo físico. Por isso também funciona como *escudo de proteção* e *elo de comunicação energética* entre o corpo físico e o meio. Quando se usa a expressão *fechar o corpo*, está-se buscando fortalecer o corpo etérico para que este filtre as interferências energéticas capazes de atingir o corpo físico. Através do etérico toca-se no físico e através do físico toca-se no etérico. Eles se interpenetram como pares. Os pontos de conexão encontram-se nos mapas da medicina chinesa, hindu e, neste trabalho, utilizo os estudos referendados pelo *healing*[16]. No estudo da medicina holística as doenças instalam-se primeiro no etérico. Há um número sem fim de terapias e de massagens que preferem atuar sobre o *tecido* etérico antes que sobre o *tecido* muscular. Em algumas dessas linhas a vibração sonora é o meio utilizado para mobilizar e alterar frequências vibratórias no corpo etérico e com isso causar um efeito sobre o físico. Para os estudos da voz, interessa-nos essa correspondência. Outro aspecto importante é a percepção da localização espacial das imagens que nos assolam e, assim como delas, de certos *ecos sonoros*. Por exemplo: quando somos tomados por uma imagem, normalmente a percebemos

---

16 *Healing*, que em inglês significa cura, mas também plenitude, tornou-se a expressão utilizada entre nós para nominar uma prática de desenvolvimento humano, vinculada a um novo conceito da vida e do mundo, com velhas raízes, mas também com muitas ligações com a "nova era". A metodologia do *healing* utiliza práticas que abrangem vivências da energia na anatomia e fisiologia humanas e suas ressonâncias nos campos energéticos: físico, vegeto-sensorial, emocional, mental, espiritual e, consequentemente, social. Ele é aplicado, em especial, nos campos da saúde (individual, grupal e organizacional), educação, consciência individual, social e ambiental e nas artes. Cf. I. da S. Pristed (org.), *Elos*, n. 2.

DAS DIVAGAÇÕES 37

vindo de algum local específico, apesar de darmos pouca importância a isso, ou seja, a imagem ou o *eco sonoro aparece* próximo ao rosto, ou por trás da nuca, ou à altura da cintura, à frente pelo lado esquerdo do corpo, revelando aspectos de sua origem e penetrando o corpo físico através desses pontos de conexão com o etérico.

24. **Corpo Emocional:** localiza-se ao redor do corpo etérico e em muitos estudos é chamado de corpo astral. Por isso as expressões *alto astral* e *baixo astral* que delineiam a qualidade energética que circunda o indivíduo no seu campo emocional, nas temperaturas do seu humor. Nas referências dos estudos do *healing*, por ser uma área muito volátil e com grande movimento, observa-se tratar-se de um campo aberto sem as delimitações tão claras como o corpo etérico e o corpo mental. É um campo de energia mais sutil que o etérico, inclusive por estar um pouco mais distante do físico. O centro energético catalisador do corpo emocional é o plexo solar situado à altura do estômago. Por isso nossas reações físicas às emoções afetam logo os órgãos situados nessa área do corpo e têm uma relação direta com o diafragma, que afeta e é afetado pela respiração.

Toda emoção tem bases orgânicas. É cultivando sua emoção em seu corpo que o ator recarrega sua densidade voltaica. Saber antecipadamente quais pontos do corpo é preciso tocar significa jogar o espectador em transes mágicos. É dessa espécie preciosa de ciência que a poesia do teatro há muito se desacostumou.[17]

25. **Corpo Espiritual:** nem me atrevo a tentar defini-lo. Ficará sempre a critério da experiência de cada um. Certamente me compete incentivar a experimentá-lo. E para isso posso estabelecer relações que o mobilizem. Para a voz, em português ou inglês, gosto de pensar na palavra espírito/*spirit*. Ela é a raiz para a palavra inspiração/*inspiration*. Conexão direta com o ato de respirar. A entrada do ar no corpo. A entrada do espírito no corpo? *Inspiration*: *in* (para dentro), *spirit* (espírito), *action* (ação): assim a palavra traduz a ação

17   A. Artaud, op. cit., p. 160.

de trazer para dentro o espírito. *Inspiração* também é a palavra que define o contato com a fonte da criação. Inspirar-se.

26. **Atmosfera:** é *o ar que se respira*. Ela envolve os corpos. O planeta Terra tem uma atmosfera, assim como cada cidade, cada bairro, cada indivíduo. Para cada situação em que o indivíduo se encontra certamente instala-se uma atmosfera. A expressão *o ar que se respira* se traduz por toda a qualidade energética que circunda os corpos. Na percepção da atmosfera vemos cores, texturas, ritmos, imagens, ondas em frequência. Logo esse *ar que se respira* revela aspectos do meio e interage conosco. A atmosfera pessoal interage com a atmosfera do meio. No teatro, é elemento fundamental da criação. Instalamos atmosferas o tempo inteiro, cena após cena, e fazemos atmosferas interagirem. A cor de um espetáculo está na capacidade de transitar por atmosferas diferentes. Assim como se pinta. Num momento, é relaxada e impera um ritmo tranquilo ao invadir uma personagem agitada que traz a notícia de uma morte. A temperatura muda e o ar fica pesado, mas o ritmo ainda é lento. Pouco depois se descobre que se trata de um crime, e a atmosfera se agita novamente, agora infectando o ar com tensão e densidade, e *a cor que se respira* é o vermelho. O momento de se perceber uma atmosfera é um momento misterioso. É quando entramos num palco vazio e respiramos, respiramos, respiramos e *sentimos*. Somente isso: *sentimos*. É quando abrimos a porta de um apartamento e respiramos, respiramos e *sentimos* a forma como somos tocados por ele. Sob a perspectiva pedagógica, é fundamental a instalação da atmosfera de trabalho. Que ar queremos que se respire durante nossos processos de desenvolvimento e exploração do indivíduo e da coletividade em ação? Creio que a atmosfera de trabalho é a principal responsável pela *qualidade* da aprendizagem. Portanto, há que se adquirir habilidade em instalar, provocar e alterar atmosferas de acordo com a necessidade pedagógica individual e grupal.

27. **Voz interior:** é aquela que expressa a demanda dos impulsos internos. Ela é parceira íntima do silêncio interior. Só

DAS DIVAGAÇÕES 39

se pode ouvir a voz interior a partir da instalação do silêncio interior, porque nele se percebe o movimento interno e suas demandas. Está vinculada ao subconsciente e à sabedoria interior instaladas pelas experiências vividas. Seguir a voz interior durante um processo de criação ou de improvisação significa agir em obediência a essa sabedoria interna e abandonar os critérios de julgamento do certo e do errado que a razão impõe às lógicas das ações. Desenvolver a escuta interior permite dar *saltos no escuro*. Adquire-se confiança e capacidade de integrar as várias dimensões humanas na ação poética.

28. **Metáfora:**

A atividade da metáfora também pode ser observada de uma perspectiva neuropsicológica. Isso coloca implicações quanto ao sinergismo dinâmico que existe entre os hemisférios cerebrais (direito e esquerdo), que mediam a integração do imaginário, emoção e pensamento. A metáfora poética exerce seu efeito de síntese ao construir uma ponte ligando o modo icônico do hemisfério direito ao modo linguístico do esquerdo. Assim também realça e favorece o intercâmbio entre os domínios da consciência e do inconsciente. Ajuda, dessa forma, no estabelecimento da intuição genuína.[18]

Eu ainda prefiro dizer que a metáfora tem uma ótima qualidade: ela permite que tenhamos leituras ambíguas, mas no fundo todas elas nos conduzem a lugares muito mais comuns do que a gente imagina. Ela nos libera da obrigação de compreender tudo perfeitamente e, assim sendo, aceitar diferentes pontos de vista, facilitando um acordo comum para *a vida continuar*. Não precisamos compreender tudo quando estamos falando em metáforas. Às vezes é melhor que a metáfora continue sendo uma metáfora, o que importa é que ela nos engaje totalmente com o outro e com nós mesmos.

29. **Integração:** qualidade de relacionamento entre as partes integrantes de um sistema, ou organismo, em que há

---

18 M. Cox; A. Theilgaard, *Mutative Metaphors in Psychotherapy*, p. 96.

colaboração entre elas feita a partir de um elevado grau de intimidade. A integração proporciona harmonia. A ela juntam-se as palavras inclusão e aceitação. Na integração *fala mais alto* o Todo por ser resultado da, e por estar em consonância com, a expressão de suas partes em conexão *inter-ativa* e *cooper-ativa*. "Seja egoísta para que se crie uma boa qualidade de solidariedade".[19] O espetáculo teatral, como todo organismo vivo, requer integração em suas dimensões macro e micro. Na verdade, toda a atividade teatral está associada a uma ação de integração. Integração em vários níveis. Entre a macroequipe de trabalho, envolvendo os técnicos, e a microequipe, envolvendo os atores entre si. Integração entre os *macroelementos* de linguagem (cenografia, figurino, estilo de interpretação, dramaturgia, iluminação, ambientação sonora ou sonoplastia) e os *microelementos* de linguagem (cada palavra vinculada à sua ação cênica; a respiração, o gesto, a pausa; o número de batidas do cigarro no cinzeiro antes de abrir a porta). Para o ator a palavra integração começa em si mesmo. Ele, sujeito e objeto de sua obra. Ele, o organismo vivo a integrar suas partes para falar-se por inteiro e em tudo ser o Todo. Integrar corpo, voz, movimento, sentimento, pensamento, imaginário. Integrar rigor técnico e pulsação viva espontânea. Integrar o outro: autor, ator, diretor, plateia.

30. **Campo interno:** no indivíduo é tudo que se encontra da pele para dentro. Por isso é bom lembrar que o corpo etérico vai até dentro do osso, construindo uma segunda pele situada a mais ou menos dois dedos acima da pele visível. No grupo é mais difícil delimitar a *pele*, por isso escolho dizer que é o que circula entre as *peles* dos componentes do grupo e só entre eles; a soma de todas as *peles* para dentro.

31. **Espaço interno:** formado pelos espaços vazios, é o território livre dentro de um corpo que permite a mobilidade de

---

19 "Be egoistic in order to create a good quality of solidarity". Comunicação oral no workshop ministrado por Kristin Linklater e Enrique Pardo, Betrayal and Trust, no 5º Giving Voice: An Archaeology of the Voice – International Festival of the Voice realizado em Aberystwyth, País de Gales, 1997.

DAS DIVAGAÇÕES 41

tudo que vive e é ativado dentro desse corpo. Abrir espaço interno é aumentar a dimensão dos espaços vazios. A quantidade de espaços vazios é capaz de medir o quão aberto ou comprimido está um corpo. E com isso o quanto podem circular as informações por dentro desse corpo, como circulam a seiva vital da matéria física e dos impulsos vindos dos corpos não físicos. O espaço interno tem relação direta com o grau de tensão de um corpo ou de um organismo. Na voz, a essência do trabalho pode-se dizer que seja abrir espaço interno para que a respiração tenha espaço para acontecer com maior liberdade e propriedade. Que os órgãos possam expandir e contrair com folga, chegar *pra cá e pra lá* no fluxo do movimento vital sem comprimir ou sufocar um ao outro. Que os impulsos vibratórios possam alcançar seus destinos sem serem desviados por núcleos de tensão. Que haja espaço para o trânsito, para a transmutação, para a transformação.

32. **Movimento interno**: tudo que está em ativação no interior do indivíduo antes de se materializar como expressão, ou até mesmo como impulso expressivo, ou ainda: o que solicita expressão.

33. **Campo externo**: no indivíduo é da pele para fora. No grupo é a gama maior de fios que tecem as relações, pois entre as peles do grupo já existe um número sem fim de agentes externos, que por um tempo ainda habitam o interior do grupo, mas que à medida que o grupo ganha fôlego se amplia consideravelmente.

34. **Espaço externo**: área de trânsito, de flexibilidade e mobilidade das teias. Abrir espaço externo significa instalar vazios para a reverberação das ações.

35. **Movimento externo**: idem para o lado de fora do individuo. É o que pulsa fora dele. Como é possível dizer "idem", pode-se dizer que talvez haja uma relação de reflexos e espelhamento entre o movimento interno e o movimento externo, entre os campos interno e externo. Do dito popular: diga-me

com quem andas e dir-te-ei quem és. Diga-me os lugares que frequentas e dir-te-ei quem és. Diga-me. Escuta-me.

36. **Aventura:** normalmente envolve uma trajetória desconhecida. Contém territórios de perigo justamente pelo desconhecido. É quando alguém se dispõe a viver ou percorrer essa trajetória. A aventura também se dá pelo ato de viver a experiência. É experimentar, experienciar. Para viver a aventura precisa-se do espírito aventureiro. É um espírito que se predispõe pelo desejo que tem de viver a tal experiência que a aventura proporciona. O aventureiro é movido pelo desejo, pelo querer. A aventura é recheada de surpresa e curiosidade. Imbuído do espírito aventureiro, o indivíduo vivencia seus temores de maneira a liberar a passagem por entre os medos para alcançar seu objeto de desejo. A aventura é mais um ato de amor que um ato de coragem. Na aventura parece que se conversa com o medo, que se conversa com a coragem, se conversa com a fragilidade, se conversa com a força e que se abre espaço para a permissão de vivenciar a experiência. A aventura sugere um movimento sinuoso e a coragem um movimento vertical e frontal. É uma palavra leve, tem vento, tem corrente de ar, respira. Por isso inspira possibilidade. Uma palavra próxima ao espírito do jogo, ao espírito brincante. Na aventura aceita-se a fuga, o medo, a astúcia, a dança, todas as reações diante do perigo são aceitas e redirecionadas para levá-lo à realização. Mas que realização é essa? Aquela que "ao findar vai dar em nada nada nada nada nada nada nada nada nada nada nada nada nada do que eu pensava encontrar"[20].

37. **Silêncio:** irmão gêmeo da pausa e filho do vazio. Dizem que é uma ilusão, que o silêncio absoluto não existe, ou talvez só exista na morte. No entanto, apenas a *escuta do silêncio* torna possível o contato com as sensações que as palavras e os sons provocam. Só no contato com o silêncio as palavras nascem com propriedade. O silêncio é o útero da criação sonora e das palavras faladas ou cantadas. Só

20 Trecho da letra da música "Se Eu Quiser Falar Com Deus", de Gilberto Gil, lançada no disco *Luar*.

quando se toca no absoluto do silêncio é possível tocar na força que emana do som e da palavra, pois o potencial das intencionalidades ecoa no silêncio. Certa feita, ao final de uma palestra falou-se do silêncio diante da morte, da morte como um silêncio profundo, um abismo absoluto. Foi dito que só quando encontramos esse silêncio e esse abismo absoluto, onde habita a morte, é que, ao cair uma gota de água ou um dedo se mover, esta gota ou este dedo *será teatro* porque será algo vivo com a força da morte, e saber-se-á que tem alma.

38. **Respiração:** detentora orgânica da pausa que permite a percepção consciente do *não físico* e sua absorção pelo físico.

39. **Energia:** a matéria em potencial. Segundo Barba e Savarese, no teatro "não se trabalha no corpo ou na voz, trabalha-se na energia"[21].

SOBRE O REFERENCIAL TEÓRICO OU ADIVINHA! ADIVINHA! ONDE ESTÁ O LIVRO NA ESTANTE?

Sujeito muito lógico, o senhor sabe: cega qualquer nó[22].

Vivi em paz com a minha estante até uma amiga, vinda de um doutorado na França, se hospedar em minha casa por dois ou três meses. Ela instalou sua estante na sala. Sempre fui viciada em observar livros. No entanto, quando me colocava diante da estante dela, não conseguia encontrar livro nenhum. Procurava basicamente Boal e Artaud, pois sabia que eram parte do seu doutorado. Não encontrava, ficava perdida. Atribuía o fato a não saber francês. Parei de frequentar sua estante. Quando ela já havia se mudado lá de casa, soube de um comentário que ela fez a outra amiga, Tati, sobre a minha estante. Dissera a ela que minha estante era uma bagunça, que nela era impossível

21 *A Arte Secreta do Ator*, p. 55.
22 J. Guimarães Rosa, *Grande Sertão: Veredas*.

encontrar qualquer livro que fosse. Fiquei indignada. Chamei Tati e coloquei-a diante da estante e mostrei: "veja, aqui estão os livros de interpretação, ali os de voz, lá os de corpo, depois os que têm alguma ligação com a psicologia e em seguida os da linha energética seguindo direto para os de filosofia oriental e assim por diante". Ela olhou para a estante e disse: "É, eu tô vendo, mas não tem nada em ordem alfabética, né, Meran?" Aí eu parei, olhei a estante novamente e respondi: "Mas como colocar Stanislávski longe de Grotowski?"

A partir daí instalou-se um conflito enorme entre eu e a minha estante. Ela refletia como eu era desorganizada e caótica. Olhava para ela, olhava, olhava. Passei a observar os livros todos os dias e às vezes tentava mudar algum de lugar. Tentava encontrar a lógica necessária, para que todos pudessem acessar a *minha* estante. Até que chegou o dia em que arrumei tudo novamente, agora em ordem alfabética. Mantive a separação por assunto, mas adicionei a ordem alfabética. Meu conflito tornou-se maior ainda. Quando olhava na estante Grotowski de um lado, Artaud lado a lado com Barba, só depois Brecht, e lá na ponta Stanislávski, distante também de Kusnet e de Michael Tchékhov, meu coração doía. Estava sofrendo fisicamente. Sentia um aperto no coração. Não conseguia trabalhar em paz. Aquele escritório já não era o meu, aqueles livros pareciam ser meus inimigos. Era como se todos estivessem zangados comigo. Quando minha mão se dirigia à estante como uma cega para tocar em algum dos meus queridos, como que por vingança era um outro que se apresentava à minha mão. Uma semana depois voltei à ordem anterior e mergulhei em mais um profundo processo de autoconhecimento.

Comecei a olhar a estante como se olhasse a mim mesma. Vi como cada um daqueles livros contava algo da minha história. Eu os havia arrumado do jeito que mais significavam para mim. Finalmente, meu tripé na interpretação estava novamente junto e inseparável: Artaud, Grotowski, Stanislávski, nessa ordem, porque ao lado direito de Stanislávski coloco Kusnet, que me ajuda a entendê-lo melhor, e depois Michael Tchékhov, que me é um instrumento melhor para pôr em prática os seus princípios. Grotowski aparece ao centro por ligar-se à direita, diretamente a Stanislávski na continuidade dos trabalhos com a ação física, e à esquerda, ao lado de Artaud, por partilhar com ele as dimensões do espírito, do ritual e do sagrado. Os três mestres que têm o ator como instrumento máximo/eixo/fundamental da linguagem teatral.

Ao lado esquerdo de Artaud, quem virá? É uma escolha de coração, também ligada aos métodos: Brecht. Dele sou amante. Minha relação com Brecht não é de estudiosa, de questionadora, de buscadora. Sei muito pouco falar dele. A ele me entrego por amor. Falo dele como amante. Levei muito tempo para entender o que se dizia do estranhamento que chamavam de distanciamento. Sempre que o lia me envolvia de modo total. Logicamente conheci primeiro o dramaturgo. Portanto, é um encantamento diferente. Hoje, ao me aproximar mais e mais da arte dos contadores de histórias, ele vem me visitar. Quando estava em Angola, lembrei dele como a boa amante ao encontrar ecos do ser amado. Lá assisti a alguns espetáculos de teatro, entre eles o de uma companhia teatral que fui visitar e que, em sua sala de ensaio, me apresentou seu espetáculo. Era totalmente brechtiano. Eles faziam com muita clareza essa interpretação que representa a história com seus narradores. Contaminados de muita emoção e praticidade, entravam e saíam de seus personagens como uma criança, com a precisão de uma criança. Uma companhia feita de velhos, jovens e crianças.

Assim caminha a estante sendo guiada pelo pulso afetivo do coração. Ao lado de Brecht, Peter Brook. Apesar de já gostar ao lê-lo e trabalhar com alguns dos seus textos em minhas disciplinas, ao partilhar de maneira mais precisa sua história em Londres e assistir algumas de suas entrevistas em vídeo, fiquei simplesmente encantada. A voz da simplicidade. *There are no secrets*. Ele inspira a amizade. Ele foi o parceiro de Cecily Berry na Royal Shakespeare Company, desenvolvendo um trabalho preciso e precioso na construção da técnica vocal do ator. Na estante eles estão separados, assim como lá na Europa, ele em Paris e ela em Londres. A tradicional Inglaterra não comportou a simples e amigável irreverência de Brook. Ele, um dos empreendedores e encorajadores de Grotowski. Ele, aquele que nominou a última fase do trabalho de Grotowski: Arte como Veículo. É uma *gang* muito especial. Ao seu lado o "seu" ator japonês, Yoshi Oida. Só então vem Eugenio Barba.

Tenho uma relação engraçada com Barba. Utilizo muitos de seus exercícios e processos, da dinâmica de trabalho impressa por ele, mas ele não me é cardíaco. É como se aplicasse elementos de sua prática, mas com a filosofia dos outros. É uma personalidade por quem tenho muito respeito, leio tudo, estudo, observo, anoto, mas depois mergulho em mim mesma e esqueço, para que tudo entre na minha frequência. É como se não gostasse da frequência dele. Às vezes acho que é puro preconceito, mas é assim na circulação do meu sangue. Já fiz cursos com ele e com o Odin. Saio muito enriquecida e com um manancial de referências aplicável muito bom, mas sempre tenho um "mas". E então vou para o meu lugar secreto e realizo minha alquimia.

Aliás, para mim, é sempre muito importante declarar algo ao falar de todos eles: nunca me predispus a ensinar nenhum dos métodos, como, por exemplo, dar uma aula do método de Stanislávski. Acho simplesmente impossível isso. Trabalho com o que sou capaz de captar de seu processo através de minha própria experiência, quer como atriz, quer como professora ou diretora. Por exemplo, levei muito tempo para articular a minha própria maneira de utilizar a memória no processo de criação e interpretação. Só ao apreender com Grotowski a memória corporal celular, na verdade guiada pelo processo de trabalhos energéticos e pelo entendimento da medicina aiurvédica, é que consegui tocar com muita propriedade no que se diz da memória, que é muito mais que um compartimento no cérebro, ou um impulso psicológico.

Essa ativação milenar ancestral que carregamos, a memória! Era-me bastante desconfortável a ideia e o uso da *memória emotiva* como aplicada em tudo que fazia no início da minha carreira teatral. Hoje a memória é o eixo de todo o meu processo. Faço uma diferenciação concreta entre memória e recordação, que observei cuidadosamente ao me relacionar com as personagens de Isabel Allende. Também da literatura escolho Edgar Allan Poe para sintetizar Stanislávski, Grotowski e Artaud, os meus pilares da interpretação, quanto ao tema:

> Quando quero saber até que ponto alguém é circunspeto ou estúpido, até que ponto é bom ou mau, ou quais são atualmente seus pensamentos, componho meu rosto de acordo com o seu, tão exatamente quanto possível, e então espero para saber que pensamentos ou que

sentimentos nascerão em meu espírito ou em meu coração, como para se assemelhar e corresponder à minha fisionomia[23].

Bem, a estante segue com os métodos mais contemporâneos e orientais. Assim vem, entre outros, Zeami, Suzuky e Renato Cohen. Escolhi Cohen para ser um *divisor de águas*. Ele delimita o espaço da interpretação e o da improvisação. Neste *work in progress* começo pela *Commedia dell'Arte in Actor's Handbook*, de John Rudlin, e então vem um dos meus instrumentos mais pertinentes de hoje: Keith Johstone com *Impro* e *Impro for Storytellers*. Depois, aqueles que estão na base de todo o trabalho que faço com a improvisação: Augusto Boal, Viola Spolin e Jacob Levy Moreno. Entre eles encontram-se outros, mas não chegam a ser instrumentais ou mesmo filosóficos.

Agora voltemos ao meio da estante, a Stanislávski. Aqui é que tenho um importante divisor temático: abrem-se as portas para a voz. Em primeiro plano, a voz para o ator. Uno a parte de interpretação à voz através dele, Stanislávski, que tem ao seu lado Kusnet e Michael Tchékhov, e Cecily Berry como que numa ponte simbólica. Escolhi Cecily Berry para desempenhar esse papel por ser uma pioneira da sistematização do trabalho de voz direcionado ao ator, e aquele que chegou com maior força na nossa cultura brasileira. No caso específico da voz para o ator separei na estante o que tenho em inglês e em português. Assim, ao lado da Cecily está Lyn Darley, sua assessora na Royal Shakespeare Company.

Lyn Darley, apesar de seguidora de Cecily, deu prosseguimento à evolução de seu próprio trabalho em parceria com uma fonoaudióloga, e elas criaram sistematizações utilizando os conhecimentos para atuarem em ambas as áreas, tanto a do teatro quanto a da preparação vocal para professores e outros profissionais que necessitam da voz como instrumento de trabalho expressivo. Realizei uma entrevista pessoal com ela, e com ela passei dois dias na Royal Shakespeare Company, em Stratford. Contou-me em detalhes como se dava o trabalho que chamam de *voice coach*, preparador vocal de uma companhia ou de uma produção, no caso da Royal Shakespeare Company,

---

23 G. Bachelard, *O Direito de Sonhar*, p. 167.

uma companhia que produz todo um repertório. Falou-me a respeito da interferência que esse trabalho tem na seleção de atores durante o processo de criação e depois na manutenção do espetáculo. Ela ressaltou a relação entre o trabalho de voz e a direção, as dificuldades e facilidades, as resistências mais comuns dos diretores e dos atores, e o quanto o papel da *vontade* é importante no resultado alcançado. Demonstrou aspectos do trabalho coletivo e individual dentro da companhia.

Em relação a Stratford, comentou especialmente o trabalho de ajustar as vozes dos atores aos diferentes espaços onde se apresentam. Eles realizam muitas turnês com dois ou três espetáculos diferentes por espaços que variam muito de tamanho e qualidade acústica. Conversamos sobre a relação da expressão do gesto e da fala em relação à adaptação ao espaço, e os níveis de tensão criados que por vezes afetam a voz e a expressividade da cena. Falou um pouco do trabalho de Cecily e, num tempo em que já disparavam contra ela, dizendo da "coisa velha" que é o trabalho da Cecily para o teatro contemporâneo, Lyn se mostrou muito fiel à mestra apontando o seu caminho pessoal, mas reconhecendo o que Cecily construiu e o valor ainda eficaz de seu trabalho. Essas razões me fazem colocar Cecily e Lyn Darley uma ao lado da outra ao invés de coligar Lyn aos livros de fonoaudiologia já que ela, de maneira prática e através de publicações, realizou esse trabalho conjunto tão importante hoje.

Se formos seguir pela linha de trabalho viria, logo em seguida, Kristin Linklater e depois Patsy Rodenburg. Novamente realizo nessa inversão e percebo que há muito de afetivo nessa inversão. Kristin é outra "papisa" da voz, sempre colocada ao lado de Cecily em importância para o desenvolvimento do trabalho vocal para o ator. Ela, irlandesa formada como atriz pela Lamda (The London Academy of Music and Dramatic Art), que vai para os EUA e cria seu próprio método e forma pessoas para trabalharem no método Kristin Linklater, com toda essa força de *direitos autorais* característica dos EUA. Também trabalha de maneira específica com Shakespeare e as técnicas de preparar-se vocalmente para interpretá-lo. Na época em que li seu livro *Freeing The Natural Voice* fiquei encantada, era tudo que eu acreditava e gostava. Extrema objetividade e rigor

DAS DIVAGAÇÕES

técnico. Os exercícios são descritos com precisão, funcionais em sua organização e sistematização. Então vi seu nome num dos cursos do v Giving Voice e me inscrevi o mais depressa que pude. Era um curso conjunto com Enrique Pardo, do Roy Heart Theatre.

No convívio com os dois fui surpreendida pelo que via nela que se parecia comigo e que simplesmente rejeitei com total veemência. Realmente os exercícios eram bons e funcionavam, mas a presença dela era assustadora. Ela *vestia-se* de "Maga da Voz", personalidade radical, aquela que não erra e nem aceita o erro, cujos olhos eram difíceis de serem *confrontados, de se olhar nos olhos*. Ou quando olhavam queriam mostrar que *olhavam os olhos sem temor*. Era incisiva com uma dureza muscular visível. Profissional extremamente competente. Que coisa terrível enxergar isso a cada instante. Colocava o dedo na ferida e expunha a ferida. Aparentemente tocável, mas no fundo intocável. Eu, sempre muito aberta a tudo, me vi encarando-a muitas vezes, tentando alcançá-la, compreender cada coisa. Através dela via-me e me questionava sobre mim mesma. Percebi-me inúmeras vezes com esse caráter impenetrável, com essa rigidez que, se é capaz de abrir espaços em alguém, não o abre com a qualidade que sempre sonhei ou supus abrir. Via minha imagem introspectiva e insegura, cheia de temores, numa guerra com o mundo, como que impondo ao mundo minhas ideias e minha vontade. Via nela, através dela, como isso era improdutivo. Principalmente improdutivo no trabalho de voz.

Por outro lado, com Enrique Pardo o trabalho se dava de maneira oposta. Praticamente nem percebíamos que estávamos trabalhando a voz. Observava tudo muito atentamente: a maneira como ele se dirigia a cada um para sugerir indicações através de metáforas e jogos interativos de dinâmica teatral ou coreográfica; a maneira como gerava a inquietação artística, como criava o desafio pelo encontro de possibilidades de expressão, como atuava sem o padrão do certo e do errado, como fazia os corações se revelarem, como buscava a palavra certa e o olhar do outro para tocar e ser tocado pelo outro, como também saía da sala após o trabalho como se nada tivesse acontecido. Total ausência de dramas e questionamentos improdutivos, ou questionamentos que no fundo querem apenas tentar demonstrar alguma busca de aprofundamento. Na atitude de Enrique via-se que a profundidade estava no aqui e agora do trabalho. O depois desse aqui e agora, o silêncio de cada um resolveria. A escuta após cada exercício também era simples, objetiva e pouco dirigida. Por vezes isso me angustiava. Depois de suas sessões de trabalho sempre tive muitos sonhos. Processava de maneira muito integrada tudo. Mas o trabalho de ambos tão contrastante e num momento em que eu estava particularmente sensível, fora de casa, em outra língua, foi determinante para o que tracei para mim na escolha metodológica como professora de voz e interpretação. Essa escolha incluiu um mergulho enorme nas minhas fraquezas, na minha rigidez, na minha sensibilidade às vezes má expressa. Passei muito tempo conscientemente me permitindo ser frágil, vulnerável, desapegando-me da necessidade de ter verdades absolutas e certezas, observando as tensões que vinham no meu corpo ao olhar alguém nos olhos. Passei a perceber quando fugia de algum sentimento ou pensamento.

Enrique não tinha publicações na época, não sei se as tem hoje, por isso não há nada dele na minha estante, a não ser em minhas caixas o caderno de exercícios e o artigo que escrevi sobre a experiência de trabalhar com ambos. Lembro que, na época, minha tutora queria publicar o artigo, mas eu não quis. Sinto uma enorme gratidão pela Kristin, e apesar de discordar de muitos pontos de sua metodologia no trato direto com os atores, através dela dei um salto grande em mim mesma. Dela utilizo muitos exercícios e percebi também que muitas das coisas que pensava ter inventado por mim mesma já haviam sido inventadas por outras pessoas. Além disso, há pessoas que querem e precisam de um trabalho como o dela. Que então o tenham assim como suas religiões etc. O que conquistei foi uma clareza do que quero para mim. E sei que haverá inúmeras pessoas que também não se identificarão com o meu processo metodológico.

Bem, isso tudo para dizer por que deixei Kristin separada de Cecily na estante. Cecily parece ser a mulher velha e sábia que lida com o acolhimento de maneira muito sincera. É uma intuição que hoje consigo perceber na *escritura* dos livros de cada uma. Patsy, *voice coach* do National Theatre, serviu de

DAS DIVAGAÇÕES 51

escudo entre esses dois universos aparentemente tão próximos, apaziguando meus ânimos. Ao lado dela outro apaziguador: Richard Armstrong, um ex-membro do Roy Heart Theatre, com quem fiz dois cursos em Londres e que possui ligação estreita com Enrique Pardo.

Então vêm as professoras brasileiras de voz para ator: Lilia Nunes, Glorinha Beutemuller, Lucia Helena Gaiotto e Eudósia Quinteiro. Todas pioneiras a seu modo. Com exceção de Gayotto, que só publicou depois do meu retorno de Londres, as outras foram minhas únicas referências por anos a fio em termos de livros. Só conheci pessoalmente, ao participar de um curso com ela em Salvador, a Glorinha. No entanto, entre todas as brasileiras, estrangeiras e estrangeiros, a professora que mais influência exerceu e exerce sobre mim é a brasileira e baiana Lia Mara. Esta não tem nenhum livro publicado. Seu conhecimento e prática são de uma abrangência e atualidade peculiar. A ela deveria dedicar um capítulo inteiro. Ela é verdadeiramente o meu referencial teórico na área. Através dela fiz todas as pontes possíveis entre o teatro e a fala como instrumento de comunicação; a voz e a fala nas esferas da saúde vocal, da terapia, da relação entre corpo-voz-mente-coração e expressividade; da fala para o teatro e da fala para a televisão. Ela é minha maior referência em termos de filosofia e postura metodológica como pedagoga. Também é minha inspiração na inquietação, curiosidade, sinceridade e espírito de pesquisadora. Ocupa um lugar imaginário e enorme na minha estante e é uma marca registrada na minha memória celular.

Agora entro em outros territórios da voz através de um livro que me foi indicado por Lyn Darley ao saber que utilizava a narração de sonhos e a *contação* de histórias para tocar no processo vocal, principalmente na relação da memória na recordação de fatos com a construção de imagens verbais, relacionando sentimento, estrutura do pensamento e imaginário: o de Murray Cox e Alice Theilgaard. Eles ampliaram as possibilidades do uso da metáfora no estímulo e na orientação dos atores. Por isso abrem a sessão "Voz e Suas Inúmeras Terapias", que abrange desde as obras associadas à fonoaudiologia, como aquelas ligadas ao *healing sound*, às pesquisas de André Leroi-Gourhan em *O Gesto e a Palavra* e as de Paul Zumthor,

52 A VOZ ARTICULADA PELO CORAÇÃO

chegando até à estranha quirofonética. Após os livros de *healing voice/sound* escolho o *Tao da Voz*, livro indicado por Iami Rebouças para estabelecer o elo entre a voz e a parte ligada especificamente à respiração. É a respiração que cria a ponte com um momento significativo da estante para o trabalho que desenvolvo: o corpo.

Inicia-se o departamento "Trabalho de Corpo". Dois autores fazem a ponte entre voz e corpo na estante: Frederick Mathias Alexander e Rudolf Laban. Alexander, e tudo relacionado à sua técnica, vem primeiro pela conexão com os aspectos da reestruturação do corpo, do alinhamento e da percepção física entre o interno e o externo. Também ele iniciou o processo de desenvolvimento do seu método por ser ator e ter constantes problemas de voz. Laban, e tudo relacionado ao seu método, tem lugar pela estruturação da linguagem do corpo e de sua expressividade na dinâmica das *qualidades* do movimento que aplico na relação direta com as *qualidades* da voz. Laban me foi apresentado de maneira prática em 1993, no curso de Composição Coreográfica na Escola de Dança da UFBA. Havia ingressado na Escola de Teatro como professora encarregada das disciplinas de expressão vocal em 1991, portanto, a aplicação de Laban foi imediata. Reconheço em Barba, retirado de outras culturas, exatamente o que vem de Laban. Nos cursos de voz que fiz com Julia Varley, atriz de Barba, identificava com precisão esses elementos aplicados na construção de exercícios.

Alexander, por sua vez, conheci em Londres. Só havia visto uma publicação sua aqui no Brasil e não me envolvi muito com ele. No entanto, na Inglaterra ele é muito presente. Como sempre valorizo a experiência vivenciada pelo corpo, consegui ser *cobaia* em um curso de formação para a Técnica de Alexander. Assim, por dois meses tinha diariamente três horas de trabalho com a técnica. Dessa experiência colhi coisas fundamentais do seu método de abordagem. Por exemplo: a relação direta da percepção dos sentidos com a abertura do espaço interno. Durante todo o processo de trabalho você é convidado a escutar os sons presentes no ambiente, ver o que está a sua volta com visão periférica acionada, sentir o que se passa na sua pele. Após quarenta minutos de trabalho você parece estar totalmente plugado no mundo, leve e aberto. Outro aspecto: a relação necessária a ser estabelecida com a intencionalidade. Mais um dado: o exercício do estar presente aplicado de maneira objetiva e na estrutura do cotidiano. Agora, algo que modificou de maneira decisiva a maneira de absorver os olhos e o olhar: ter os olhos como uma última vértebra da coluna que lhe guia e lhe dá direção.

Então se seguem Feldenkrais, Ida Rolf, Pilates, Shiatsu, alongamento, entre outros, até chegar em Klaus Viana e Thérèse Bertherat, que encerram esse departamento do corpo. Parece sem lógica colocar os dois aí assim. E mais uma vez aparece a lógica afetiva ligada ao que está impresso no meu próprio corpo. Quando eu era uma pessoa de dezoito anos, morei no Rio de Janeiro. Já sabia que queria fazer teatro. Vi embaixo do prédio em que morava uma placa anunciando: curso de expressão corporal. Entrei e comecei a fazer aulas, que achei simplesmente fantásticas. Na escola, no 2º Grau, eu era atleta, fazia muita ginástica e jogava no time de handebol. De repente estava diante de outra maneira de exercitar o corpo. Estava nada mais nada menos do que tendo aulas com Angel Vianna. Na época, não sabia de sua importância. Estar ali era simplesmente um acaso. Quando vim para Salvador e comecei a fazer teatro e aulas de corpo, percebi que tinha uma referência e um parâmetro sobre o que é o trabalho de corpo diferente e com uma qualidade que direcionou o resto do meu trabalho. Então, conheci Lia Mara e pedi-lhe, ou ofereci-me, para ser sua secretária e acompanhar seu trabalho. Nesse convívio, ela me apresentou a Thérèse Bertherat, por meio de sua obra *O Corpo Tem Suas Razões*. Ao ler esse livro, identifiquei imediatamente o trabalho de Angel com a antiginástica. A partir de então, tudo que se publicava de Bertherat eu comprava. Tenho, praticamente, suas obras completas. Quando Klaus Viana veio a Salvador dar aulas num curso na Escola de Dança da UFBA, ainda nos anos de 1980, corri e me inscrevi. Foram alguns meses de trabalho e, entre os dançarinos, eu era a única atriz. Pedi a ele que me aceitasse. Foi assim que descobri que ele era um pioneiro no trabalho de corpo para o ator no Brasil. Construímos uma amizade simples. Lembro-me com carinho de ir para seu quarto de hotel e conversarmos muito. Ele na época estava preparando seu livro e tive o prazer de ler *em primeira mão* alguns rascunhos ainda sem ordem de capítulos e comentar com ele. Deixou muitas coisas impressas em mim, mas a noção da espiralidade do corpo e o efeito do foco do olhar na musculatura foram as que mais me marcaram. Portanto, deixo Klauss no final, junto com a Thérèse numa ligação direta com Angel e por serem, na verdade, o meu chão para tudo o que veio depois nessa área, por serem meu olhar de referência. Assim, digamos, na minha vida, Alexander é o mais recente e Thérèse a mais antiga. Abrem e fecham respectivamente esse departamento da estante.

A passagem para a área da psicologia é feita por José Ângelo Gaiarsa, com dois de seus livros ligados por mim diretamente à voz: *O Espelho Mágico* e *Respiração e Circulação*. O primeiro é um livro bem simples, e foi ele que me deu a compreensão de uma chave importante para o trabalho de voz através de uma ilustração: o desenho de uma sala com janela, mesa, vaso de flor sobre a mesa e chão; na página ao lado um outro desenho exatamente igual, só que com as linhas da palavra escrita no espaço de cada imagem, ou seja, em lugar dos traços da janela ocupava o espaço, com os traços exatamente iguais ao da janela, a palavra *janela*. Para os desenhos havia o título "Mundo da Criança" no desenho das imagens reais dos objetos, e "Mundo do Adulto" no desenho das imagens-palavras. E através disso tive a percepção do que é termos um texto na cabeça em forma de palavras escritas. Isso revelou como o processo de apropriação de um texto nada mais é que fazer com que ele deixe de ser um papel escrito na cabeça e passe a ser um referencial de imagens claras, de impulsos emocionais em resposta a alguma coisa, da intencionalidade dando origem à palavra que nada mais é que a tradução de alguma dessas coisas. Percebi que interpretava muitas vezes com esse texto escrito na cabeça, observando atentamente as marcas que colocava nele. Ao começar a trabalhar como professora de voz, ia identificando, pela própria voz, quando o texto deixava de ser um papel escrito, quando o aluno-ator de fato interagia.

Seguindo por essa área da estante, encontramos Alexander Lowen com a bioenergética e Wilhelm Reich. Aqui também cabe uma história. Nunca utilizei muito os exercícios da bioenergética a não ser os ligados diretamente ao *grounding*[24],

---

24 Em linguagem bioenergética designando o contato com o chão e a conscientização do corpo.

e Reich fez parte da minha *apresentação ao teatro* de maneira muito curiosa. Logo que comecei a fazer teatro esteve em Salvador um jovem diretor paulista, Douglas Munhoz, que trabalhou com o ator Hilton Cobra e com Kal Santos. Nessa época, deu um curso que todos achavam estranho, cujo título era: "Grotowski, Artaud e Reich na Interpretação Teatral". Com toda a minha virgindade da época, fui fazer o curso feliz. E foi ele quem me apresentou, de fato, Grotowski e Artaud. Até ali só sabia o que se dizia superficialmente de ambos, como a famosa, reducionista e, hoje ouso dizer, equivocada sentença: "Stanislávski é de dentro pra fora e Grotowski é de fora pra dentro." Sobre Artaud, nem sequer havia ouvido falar. Reich veio suprir uma lacuna. Ele passou a referendar, na área da psicologia, a ponte para a relação entre corpo, emoção e estrutura da personalidade, abrindo as portas para o uso da couraça muscular do caráter, tanto na liberação psicofísica do ator como na construção de personagens. Assim, esse curso se tornou um novo horizonte, rico, radical, revelador. Douglas, diretor paulista e aluno de Celso Nunes, se tornou um grande amigo por longos anos. Graças a essa referência, mais tarde, ao conhecer Celso Nunes, lhe pedi sua dissertação de mestrado, que tenho até hoje, apesar de não ter se transformado, àquela altura, numa referência teórica, de fato.

Então chegamos a Carl-Gustav Jung na estante. Esse é meu atual xodó e retorno a ele de quando em vez. Também tem uma história afetiva curiosa. Quando criança, minha mãe era muito amiga de um padre que trabalhava na editora Vozes, frei Clarêncio. Naquela época, ia ao escritório dele e ele sempre juntava um monte de livros para me dar. Não lia tudo, porque havia muita coisa chata de religião. Ao nos mudarmos para uma fazenda no interior da Bahia, ele mandou para minha mãe vários livros de Jung, que a editora Vozes publicava. Aqueles livros me eram estranhos e me despertavam forte preconceito, principalmente porque os relacionava a aspectos religiosos: *O Segredo e a Flor*, *Psicologia e Religião Oriental*, *O Espírito na Arte e na Ciência*.Nessa época, tinha doze ou treze anos. Já nos meus vinte e poucos anos, li uma matéria de Nise da Silveira falando de Jung e do seu trabalho com o inconsciente; imediatamente me veio à memória a estante de minha mãe. Roubei-lhe todos os livros de Jung. Li, não entendi nada, mas gostei.

Quando ia para as livrarias, folheava por horas a fio *O Homem e Seus Símbolos*, livro bonito e caríssimo. Comecei a entender alguma coisa de fato ao devorar *Memórias, Sonhos, Reflexões*, e então me identifiquei com suas histórias pessoais. No entanto, a ideia de inconsciente pessoal e coletivo sempre me acompanhou como uma sombra e uma luz poderosas. Ah!, por curiosidade, foi esse mesmo frei Clarêncio que, quando soube que eu gostaria de fazer teatro, me deu de presente meu primeiro livro sobre o tema: *O Teatro e Seu Espaço*, de Peter Brook, uma publicação da Vozes. Peguei o livro com certa indiferença, ainda mais quando li: "Teatro sagrado". Pensei: "Mais uma dessas coisas religiosas". Só vim a lê-lo quando já estava realmente fazendo teatro profissional e soube de quem se tratava. Nossa! Como o preconceito é limitador!

Jung obviamente é quem faz a passagem para a etapa seguinte da estante: os trabalhos com energia ligados à cultura oriental, o estudo dos chacras e dos campos de energia humanos. Aqui não citarei autores. São muitos livros, de abordagens variadas. O que citarei é o trabalho que desenvolvo nesse campo há vinte anos, de maneira prática e sistemática, quase ininterrupta, com Margarita Gaudenz. Atualmente também faço parte de alguns grupos de Isis da Silva Pristed, orientadora de Margarita e fundadora do Logos – Centro de Estudos e Práticas de Energia, Desenvolvimento e Integração Humana. Escolhendo um dado para resumir a interferência desse trabalho na minha vida teatral, pego os mapas do corpo humano. Na nossa cultura, esse mapa é feito de órgãos, esqueleto, sistemas circulatório, respiratório, muscular, digestivo, fruto do estudo que disseca o corpo, separa as partes. Na medicina chinesa, esse mesmo mapa é feito por pontos de circulação de energia no corpo. Para os hindus um chacra é tão *palpável* quanto o coração ou uma vértebra da coluna. A separação corpo-mente-espírito é desconhecida nessa cultura. Digo que é um trabalho que incide sobre mim mesma e por reflexo ou extensão chega ao outro e à metodologia em si à medida que está começando a se inscrever em meu corpo-mente-espírito. Absorvo melhor todas as práticas teatrais que na verdade tratam desse tema desde sempre: corpo etérico, energia vital e sutil, corpo físico em transmutação. Digamos que em meu corpo está

DAS DIVAGAÇÕES   57

se processando a interação desses dois mapas humanos. Tudo é tratado de maneira integrada: TAO.

Assim caminho para a parte seguinte da estante, justamente onde a física se movimenta na direção do TAO: Capra, com o pensamento ecológico em toda sua série, desde o *Tao da Física* até *Conexões Ocultas*. Estamos na área da filosofia. Sigo com mais alguns físicos, que tratam dessa nova relação tempo-espaço, e entramos nas filosofias orientais, com dois extremos: o respeitado Allan Watts e o irreverente Osho, que publicou uma série de livros com palavras-chave que utilizo: intimidade, intuição, criatividade. Então aparecem os mais antigos na estante: Sontag, Bachelard, Nietzshe, Guattari, Calvino, alguns outros menos marcantes na minha formação e, por fim, a mitologia, sob a óptica de Campbel. Essa área, a que chamo genericamente de "Filosofia", manipulo com menos intimidade. Outros me foram apresentados, com os quais me identifico, em especial Michel Maffesoli, mas falo deles com desconforto ainda. Como sempre, há uma diferença muito grande entre ler e estudar. Muitos deles apenas li, roubando *insights* que me interessavam aqui e ali.

Finalmente, hoje tenho uma estante paralela de textos. Alguns deles têm sido importantes para a composição do meu quadro teórico, como *Butô: Pensamento em Evolução*, de Greiner, *Bases Orgánicas para la Educación de la Voz*, de Muñoz e Hoppe-Lamer, *Introdução à Poesia Oral*, de Zumthor, entre outros. Só eles já dariam outro capítulo.

Sinto com clareza que meu referencial teórico real é esse universo que circula na minha estante, talvez a parte mais antiga dela. Mesmo assim, entre eles digo que alguns livros ainda são *páginas escritas* enquanto outros já são *sangue circulando*.

Escolhi expor meu referencial teórico assim porque sinto que dessa forma ele revela a maneira como atuo com esse material nas aulas e nos meus processos de criação. Eles circundam a minha atmosfera e lanço mão de qualquer um deles no momento em que se fizer necessário, por razões cuja lógica, muitas vezes, só o coração ou o mundo dos sonhos conhecerá.

2. Das Considerações

O PLANEJAMENTO DA PESQUISA
OU ÁGUA MOLE EM PEDRA DURA TANTO
BATE ATÉ QUE FURA

Quando se levanta uma hipótese, é porque se deseja chegar a uma resposta para uma determinada pergunta elaborada. Minhas inquietações espreitavam, sondavam, e, por fim, se lançaram sobre *o exercício da expressão vocal* e sua interferência no alcance da *verdade cênica*. Para as perguntas que surgiram, a resposta provisória que se consolidou para meus estudos foi a de construir uma *proposta metodológica para a formação do ator* em que o resultado deveria confirmar a seguinte hipótese: Espera-se que o ator preparado vocalmente através de uma determinada metodologia tenha autonomia sobre seu instrumento vocal, tenha liberdade de exploração e expressão de suas ideias e estabeleça correlações de informações. Acredita-se que esse ator estará mais predisposto e disponível para expor-se vocal e intimamente, assim como para trabalhar as emoções e os sentimentos, e para revelar e utilizar seu universo imaginário e de pensamento com maior autenticidade. Ele estará mais apto a lidar francamente com suas limitações, usando-as a seu favor, e isso lhe permitirá elaborar/construir a voz verdadeira da personagem, aquela que envolve o público no sentimento de crença, possibilitando à obra o alcance da verdade cênica. A partir daí todo o planejamento da pesquisa se delineou. Eis o seu sujeito: o ator. Eis o seu objeto de estudo: a expressão vocal do ator associada ao exercício técnico e artístico desse componente da linguagem teatral na sua formação profissional.

Assim, preparei uma investigação que reuniu teoria e prática e que foi realizada tendo como guia o objetivo geral de elaborar uma metodologia para aperfeiçoar a expressão vocal do ator através das seguintes ações:

1. Estimular a identidade vocal do ator-criador;
2. Promover a autonomia do ator em relação ao seu exercício vocal técnico-expressivo e artístico-criativo;
3. Inserir o aspecto criativo no exercício vocal do ator no que se refere à criação de texto e fluência verbal;
4. Estabelecer uma relação criativa e ativa entre o ator e a comunidade durante sua formação, promovendo uma observação/exploração direcionada e organizada dessa comunidade/sociedade no tocante ao uso da voz falada, e dessa com a ação física, a gestualidade e a expressividade de sentimento e pensamento;
5. Valorizar e estimular a pesquisa da linguagem oral do brasileiro, em especial do baiano, e sua inserção no teatro.

A essa lista foram integrados alguns objetivos específicos a fim de direcionar melhor os estudos teóricos e as ações práticas:

1. Identificar, classificar e qualificar/analisar aspectos relacionados à necessidade de aperfeiçoamento vocal do ator baiano;
2. Desenvolver princípios e exercícios que se amoldem às bases do estudo da voz para o ator e em especial para o aluno de Interpretação da Escola de Teatro da UFBA;
3. Elaborar procedimentos para a exploração da expressão vocal do ator em grupo e em sessões individuais;
4. Levar a pesquisa teatral a uma relação direta com a comunidade e com isso ajudar a promover a formação de plateia

DAS CONSIDERAÇÕES

e a reafirmar como relevante o papel da universidade, do teatro e da pesquisa artística na sociedade.

A metodologia de pesquisa foi composta de três etapas: fase exploratória, estudo teórico e aplicação de um experimento, seguidas da análise de dados e redação dos resultados, o que se configurou neste livro.

A fase exploratória constou de:

1. Seleção dos textos e/ou recorte dos aspectos fundamentais a serem focalizados por meio dos autores inseridos na bibliografia;

2. Consulta a outros profissionais da área e de áreas afins, para ampliar a bibliografia, direcionando-a cada vez mais ao foco do estudo;

3. Contato com atores profissionais da cidade, em especial da Cia. de Teatro Os Bobos da Corte[1], e com alunos dos dois últimos semestres da Escola de Teatro da UFBA, para a viabilização do experimento proposto;

4. Levantamento das necessidades estruturais para o experimento e sua viabilização;

5. Organização de todo o material por mim pesquisado sobre o tema a partir de 1987.

As fontes teóricas de estudos foram agrupadas inicialmente nas seguintes áreas:

1. Trabalho vocal para o ator[2];

---

1 A Companhia de Teatro Os Bobos da Corte, da qual sou idealizadora e fundadora, iniciou suas atividades de pesquisa e criação como um projeto de extensão ligado à Escola de Teatro da UFBA, em outubro de 1998. As atividades de pesquisa em improvisação teatral têm três vertentes de atuação: a improvisação livre e de contato direto com a plateia, baseada em regras de jogos de interação teatral; a improvisação como processo criativo para o desenvolvimento e criação de espetáculos inéditos, o que inclui a criação de textos dramáticos; e a improvisação como método de construção de personagens e desenvolvimento técnico do ator. Em 2000, a Companhia desvinculou-se da universidade e passou a englobar, além de professores e estudantes, atores, autores e diretores profissionais sem vínculo com ela. A equipe é formada por um núcleo fixo, cujo trabalho é permanente, e um núcleo flutuante, que acompanha o processo como um todo, mas participa apenas de alguns projetos ou atividades.

2 Corrente inglesa, com vasta influência nos estudos de interpretação e em métodos utilizados no Brasil, que vem de Cecily Berry, seguida por Kristin

2. Bases filosóficas, técnicas, e métodos ligados à interpretação teatral[3];

3. Estudos de áreas afins como: fonoaudiologia, canto, dicção; preparação e expressão corporal; psicologia e pedagogia; filosofia ocidental e oriental (vide referências).

O estudo teórico foi associado à criação e à experimentação de exercícios e técnicas. Para isso utilizei as próprias disciplinas por mim ministradas na universidade, anotando procedimentos e levantando novas perguntas a partir da análise da experiência, de registros dos comentários e relatórios apresentados pelos alunos durante o processo.

Por fim, realizei a aplicação do experimento proposto cujos dados foram coletados e analisados segundo os princípios da análise qualitativa, normalmente aplicada às ciências sociais. A saber: entrevistas realizadas com os atores no início do processo e ao término de cada fase do experimento, acrescidas de uma entrevista coletiva, como avaliação final, após a segunda temporada do espetáculo. Essas entrevistas alternaram-se entre entrevistas semiestruturadas e entrevistas abertas. Também foram realizados dois debates abertos ao público e com a participação de alunos do PPGAC – UFBA após uma série de

Linklater, Patsy Rodenburg e Lyn Darley. A corrente foi desenvolvida por Alfred Wolfsohn, que gerou o Roy Hart Theatre e hoje tem duas linhas distintas de abordagem: a realizada por Enrique Pardo na França e por Richard Amstrong, em um primeiro momento, no Canadá, e a desenvolvida por Paul Newham, chamada Therapeutic Voicework, com sede na Inglaterra e matrizes nos Estados Unidos. Também são utilizadas aqui as pesquisas desenvolvidas no Brasil por Glorinha Buttenmüller, Eudósia Acuña Quinteiro e Lúcia Gayotto, e as desenvolvidas mais especificamente na Bahia por Lia Mara (através de sessões individuais de trabalho, uma vez que ela não possui livros publicados), e por Iami Rebouças e Hebe Alves, também professoras de voz da Escola de Teatro da UFBA, por meio de suas dissertações de mestrado. Ainda nesse campo, será dada atenção ao material pesquisado por mim que inclui: relatório dos alunos de Expressão Vocal I e II desde 1998, escritos e anotações de trabalhos realizados aqui e na Europa durante cursos, *workshops* e simpósios, em especial os realizados com Julia Varley e Roberta Carreri do OdinTheatret, e entrevista realizada por mim com Lyn Darley, professora de voz da Royal Shakespeare Company.

3   Os métodos de interpretação desenvolvidos por Stanislávski, Grotowski, Eugenio Barba, Michael Tchékhov; os métodos de improvisação teatral desenvolvidos por Keith Johnstone, Viola Spolin e Augusto Boal; os aspectos filosóficos dos autores citados acima além dos desenvolvidos por Artaud, Brecht, Peter Brook, José Celso Martinez Correa.

DAS CONSIDERAÇÕES 63

apresentações do espetáculo, para que os comentários feitos pela plateia a respeito da construção vocal das personagens e da *verdade vocal* alcançada pelos atores fossem levados em consideração na análise final do experimento. Enfim, analisei os dados e trato aqui de transmitir os resultados alcançados.

Dentre todas essas etapas, a que se revelou determinante foi a do experimento. Ele foi o eixo em torno do qual girou a pesquisa. Por isso vou explicá-lo mais detalhadamente para que se perceba o que foi planejado, o que foi realizado, para que, ao final, se vislumbre a continuidade da pesquisa.

Para alcançar melhor qualidade de realização do experimento e de sua análise, o mesmo foi dividido inicialmente em quatro fases:

1. I e II, de exploração com abordagens diferentes;
2. III, de elaboração artística na forma de um espetáculo teatral;
3. E a última, IV, a apresentação pública desse espetáculo.

O experimento foi planejado para ter uma duração de dez meses com o mesmo grupo de atores participando de encontros diários de quatro horas por dia. Ao utilizarmos cinco dias na semana, organizamos vinte horas semanais envolvendo quatro fases de trabalho. Foi possível realizar as fases I e II, exploração de *O Ator Consigo Mesmo*; a fase III, de elaboração artística, construindo os espetáculos de *Uma Trilogia Baiana: Cidade Real, Cidade Fantástica, Cidade Expressa*; e a fase IV, que constou de dez apresentações públicas realizadas no Teatro Espaço Xisto Bahia, em Salvador. As duas primeiras fases duraram quatro meses, de agosto a novembro de 2003, e as apresentações se deram nos meses de dezembro/2003 e janeiro/2004. Uma nova temporada foi realizada em agosto de 2005, para que os professores pesquisadores que se debruçaram sobre a pesquisa para analisá-la pudessem vê-lo.

O experimento contou com um elenco composto por doze atores entre profissionais, atores da companhia e alunos/atores dos últimos semestres da escola de teatro da UFBA. Também houve a participação de uma equipe de artistas e técnicos composta pela fonoaudióloga Juliana Rangel, o professor de canto para atores Patrick Campbel, o dramaturgo Marcos Barbosa, o cenógrafo e figurinista Rino Carvalho, o diretor musical Luciano Bahia, e, com uma contribuição especial em um curto *workshop*, da coreógrafa Jussara Miranda. Ele foi elaborado prevendo duas linhas de abordagem pedagógica no sentido da exploração vocal dos atores: *O Ator Consigo Mesmo*, a qual foi realizada; e *O Ator Com o Outro da Comunidade*, que proponho como continuidade da pesquisa.

Obviamente a decisão de excluir a segunda linha pedagógica do experimento foi fruto de conclusões da própria dinâmica da pesquisa e do que vinha sendo encontrado na prática. Produzimos, nos quatro meses de exploração e elaboração artística, uma quantidade muito grande de material que nos conduzia a centrar ali o foco da investigação. No entanto, como considero importante as etapas pertencentes à segunda linha de abordagem pedagógica, quero deixá-la registrada aqui. Então vejamos o que foi proposto, para que se capture melhor o que foi alcançado.

Segue abaixo o que cada uma das fases conteve:

Fase i – *O Ator Consigo Mesmo*: trabalho em sala de ensaio/ aula com o grupo de atores na preparação vocal, na qual um ator, ao interagir com o outro, tem por objetivo conhecer-se e ajudar o outro a se conhecer. Dessa maneira estará em jogo o processo individual de exploração de expressividade, em que este será investigado e estimulado no imaginário de cada um, em sua cultura (reflexos e interferências culturais na sua expressão), em sua memória, em seu vocabulário verbal, onomatopaico e gestual, principalmente na combinação de ação física e ação vocal, gestualidade e verbo, refletindo sentimento, pensamento e emoção, efetivando a comunicação. Tudo isso busca identificar o que se situa nos campos consciente, subconsciente e inconsciente. Daí foram construídas personagens a partir do imaginário do próprio ator e, ainda nessa fase, o ator foi preparado e instrumentalizado para interagir com a comunidade.

Fase ii – *O Ator Com o Outro da Comunidade*: nessa fase, seria desenvolvido um trabalho em comunidades onde os atores iriam fazer entrevistas e manter conversas informais, participando de *workshops* nos quais iriam interagir cenicamente

DAS CONSIDERAÇÕES 65

com membros das comunidades por meio de jogos dramáticos de improvisação e interação, e de sessões públicas de *contação* de histórias. Se proporcionaria ao ator a condição de investigar e conhecer outra realidade e outros universos do imaginário, que só seria possível acessar fora do seu próprio cotidiano, embora esteja inserido na sociedade em que vive. Assim, ao interagir com o outro (vindo de um universo diferente do seu: classe social, sexo e faixa etária), busca-se assimilar as informações desse outro para conhecê-lo de maneira concreta, física (corpo, voz, ritmos, imaginário, vocabulário etc.), e depois expressá-lo artisticamente, em cena.

Trabalharíamos em paralelo à técnica específica da *mimesis-corpórea* e com a assimilação em termos cênicos e práticos das informações colhidas na comunidade como: linguagem oral e verbal, relação entre o gesto e a fala, expressão do sentimento e do pensamento, além do universo imaginário revelado. Daí seriam criadas personagens, fruto do resultado dessa observação prática. Nessa fase também seriam incluídos trabalhos de construção de personagens a partir de textos dramáticos e não dramáticos.

Fase iii – elaboração artística da experiência, ou seja, construção da dramaturgia de um espetáculo a partir da criação de personagens vindas de três diferentes meios de exploração, a saber: 1. a partir do próprio imaginário do ator – que se constituiu na fase i e foi realizado através de *Uma Trilogia Baiana*; 2. a partir da observação e interação com pessoas da comunidade baiana de diferentes classes sociais, faixa etária e sexo – pertencente à fase ii, que não foi realizada; 3. a partir de trabalhos práticos com textos dramáticos e não dramáticos também inseridos na fase ii. Isso fez com que toda a parte relacionada à elaboração artística, à construção de um espetáculo e às apresentações públicas estivesse centrada na fase i, *O Ator Consigo Mesmo*. Em consequência, tudo que venha a ser dito aqui sobre apropriação de texto de outros autores é decorrente de outras experiências (principalmente das aulas ministradas nas disciplinas Expressão Vocal I e ii da Escola de Teatro ufba) como referência.

Fase iv – produção e apresentação do espetáculo seguido de debates gravados em áudio e/ou vídeo sobre observações pertinentes à criação das personagens, enfocando o aspecto vocal de suas construções. Essa fase constou de dez apresentações públicas de *Uma Trilogia Baiana: Cidade Real, Cidade Fantástica, Cidade Expressa* realizadas no Teatro Espaço Xisto Bahia.

A CONSTRUÇÃO DE UMA PROPOSTA METODOLÓGICA PARA A FORMAÇÃO DO ATOR OU OS TRÊS PRINCÍPIOS CAPITAIS

Só consigo a simplicidade através de muito trabalho[4].

O experimento contém o fundamento estrutural do que utilizo como proposta metodológica para a formação do ator no que se refere ao exercício da expressão vocal para o alcance da *verdade cênica*.

Primeiro me dirijo ao sujeito do meu estudo, o ator. Então meu diálogo é, em primeira instância, com ele e para ele. Pergunto-me quais as qualidades que me interessam desenvolver em um ator e quais são os ingredientes necessários para isso, os que estão em falta e os que existem em excesso. Das perguntas que me fiz nesse sentido cheguei a duas conclusões fundamentais. Primeira: interesse por formar o que chamo de *ator-criador*, aquele que tem autonomia sobre o seu instrumento de trabalho em todos os níveis da linguagem teatral. Segundo: desejo de superar uma falta de integração na relação entre a técnica, a expressividade e a criação poética no exercício vocal do ator.

Essa proposta foi construída a partir da convivência diária com alunos/atores e atores profissionais. No diálogo que estabeleço com eles busco um vocabulário que me abra portas e me permita tocar nos pontos cruciais das questões. Foi desse convívio que surgiu a ideia de trabalhar *invocando* os arquétipos do artesão e do artista. Quando perguntava sobre o que é o trabalho do ator, ouvia da própria boca dos alunos os detalhes dessas dimensões que compõem a totalidade do ator. Então

---

4   C. Lispector, *A Hora da Estrela.*

DAS CONSIDERAÇÕES

estimulava a assimilação desses arquétipos. O Artesão vincula-se à imagem de um homem disciplinado, detalhista, conhecedor profundo do seu ofício técnico, com rigor metodológico, que talvez só faça sapatos, mas os faz com destreza impecável. Apesar de solitário, sabe que pertence a uma coletividade – a de fazedores de sapatos; velho, sábio, encara o ato de transmitir seu conhecimento como parte de seu ofício. O Artista, por sua vez, vincula-se à imagem do eternamente jovem, louco, inquieto, sujeito ao devaneio, que busca visitar lugares diferentes, curioso, aventureiro do imaginário, visionário, movido por uma energia expressiva visceral que pede expressão e comunicação de maneira imperativa, e ele quer se fazer presente no mundo através da sua expressão individual, desejando em tudo deixar sua impressão digital.

Ao aplicar essa estratégia dos arquétipos, observei que à medida que o aluno percebia que essas duas dimensões se completam, que cooperam uma com a outra, que são corpos que se interpenetram, que entre esse velho e esse jovem constitui-se a alma da palavra *arte*, ficava mais fácil instalar o espírito de trabalho para a formação do ator-criador, que, para mim, como trato aqui, nada mais é do que o fruto da integração dos dois arquétipos. A metáfora e o símbolo permitindo a instalação de estados de compreensão mais profunda.

Agora, no diálogo que traço através desta escrita, me dirijo também a professores de voz, a diretores, a pessoas que, de um modo geral, lidam com os atores. Isso me faz redimensionar a perspectiva do que chamo de proposta metodológica para a formação do ator. Quando inventava ou produzia essa proposta, sentia como se ela fosse para uso exclusivo meu. E agora, como será doá-la a outros? Logo, me perguntei: ela fará sentido para outros? Será possível que outros apliquem uma metodologia criada por mim? Posso dar a isto que estou escrevendo o nome de metodologia?

A todas as perguntas feitas respondia com um enorme *não*. Primeiro, por uma total descrença de que no teatro seja possível aplicar metodologias como normalmente é feito em outras áreas. O trabalho teatral em qualquer dos campos é extremamente pessoal. É corpo a corpo. É constante comunicação com o outro e com o meio. Isso requer dos processos criativos e dos procedimentos técnicos um número sem fim de atalhos para alcançar os resultados desejados. A cada pessoa, uma dificuldade, a cada grupo, uma necessidade. Além disso, quase todas as técnicas estão ligadas à linguagem cênica utilizada.

No entanto, vi-me novamente de braços com um paradoxo: eu me sirvo de todas as metodologias pelas quais passei em minha formação, formação essa que continua a cada dia da minha existência. Isso indica que existem metodologias e que elas têm aplicabilidade. Então, que metodologia poderia ser essa que construí para mim e que estava propondo para a utilização de um outro? E surgiu a resposta: a que nasce da observação do que capto de todos os métodos que venho utilizando, os princípios recorrentes, inerentes ao instrumento e ao ofício do ator e do teatro. Então, na verdade, fico munida de princípios e jogo com eles de acordo com as minhas necessidades, uma a cada dia, uma para cada situação em que se encontra o ator.

Mesmo convencida disso, ainda me pergunto: alguém pode fazer isso que eu faço? Percebo o abismo da resposta: ninguém. Um aluno ou um professor me pede uma dica de um exercício ou de um procedimento, e eu dou e acredito que é importante ser dada. Algumas vezes presenciei a aplicação dessas minhas sugestões, e ela é completamente diferente do que seria se fosse conduzida por mim. As mãos de quem conduz o processo são significativas e têm poder intransferível. Portanto, esta metodologia proclama e incentiva a total apropriação dos princípios pelo indivíduo na dimensão da sua identidade e individualidade, com intimidade para a escuta de sua voz interior, de suas necessidades, de suas forças e fragilidades em conexão direta com suas crenças. Para isso há que se desenvolver sua própria consciência e a clareza de seus propósitos.

Por isso procuro desfazer aqui a ideia de uma metodologia com exercícios, fórmulas ou formas de aplicação, e proponho uma metodologia regida por *princípios*. Os exercícios estão em todos os lugares: nos livros, nos *workshops*, na observação das crianças brincando, na vida da rua, nos salões de jogos e de dança, nas ciências, nas outras artes, nas humanidades, nas relações com os reinos animal, vegetal e mineral. Com todas as

DAS CONSIDERAÇÕES 69

coisas é possível criar exercícios e traçar regras de jogo, envolvendo os elementos da linguagem teatral, desde que se conheça os seus princípios, e se saiba onde se deseja chegar ao serem conduzidos por eles. Por isso é importante adquirir a habilidade de fazer princípios interagirem e estabelecer conexões. E esse é o desafio de cada dia de trabalho, e essa é a razão de inúmeras noites inquietas em que reverberam os acontecimentos que produzem em nós os meios de proceder no dia seguinte.

Portanto, eis aqui uma proposta metodológica para a formação vocal do ator regida por *três princípios capitais*:

1. voz é resultado;
2. todo o trabalho de preparação vocal do ator deve ser realizado no contexto da linguagem teatral, lembrando que voz e fala têm endereço;
3. sob o ponto de vista pedagógico, estamos formando um artista.

Aqui estão, um por um, em detalhes.

Princípio Primeiro: Voz é Resultado

Isso significa que a expressão vocal do indivíduo está diretamente ligada a circunstâncias como: com quem fala, a educação que teve, a classe social e cultural a que pertence, a profissão que escolheu e exerce, quais foram as vozes que o influenciaram na infância e através das quais aprendeu a falar, além do local onde está agora, sua constituição física, emocional, psicológica, seu universo imaginário, entre outros. E se voz é resultado na vida, na construção da personagem assim também será. Portanto esse princípio torna-se uma chave para o exercício vocal do ator e para a exploração de sua expressividade.

Em que sentido esse princípio apresenta-se como uma chave? Considerar a voz como resultado:

1. indica que, para chegar à voz da personagem é necessário assimilar e integrar diversos aspectos da personagem. Em

alguma medida, fazer com que a voz seja fruto de tudo o que se componha para formá-la, desde os aspectos mais físicos até os psicológicos e energéticos. Desde os básicos *quem, pra quem, circunstâncias propostas*, até a afinação entre o pensar, o sentir e o expressar da personagem. É preciso ir acrescentando cada uma dessas coisas para depois *ver surgir*, quase como que *nascer*, sua voz;

2. determina a maneira de abordagem e de consideração dos dados colhidos nos diagnósticos feitos nos indivíduos e grupos sobre aspectos vocais que os caracterizam. Determina ainda as possibilidades de interferência na maturação e desenvolvimento das habilidades vocais relacionadas à expressão e à comunicação buscadas no processo;

3. sinaliza que há um *canal* a ser aberto e sintonizado: o canal de veiculação para que a voz tenha passagem. Esse é um canal de permissão, consciente e inconsciente, e de disponibilidade técnica. É preciso ajudar o organismo a tornar-se potencialmente veículo para dar passagem à voz. Pensá-la como resultado interfere favoravelmente na abertura em si e na construção dos procedimentos de abertura e sintonização do canal.

4. alerta para o fato de que há necessidade de um tempo de espera ativa e paciente, passiva e atraente. A tendência, normalmente, é querermos chegar logo a uma voz. No entanto, creio que o processo requer essa espera paciente e *atrativa*. A voz é experimentada a cada momento de construção dos seguintes campos da criação: na fisicalização dos verbos de ação, nas pontes estabelecidas entre o que o ator gosta e se identifica na relação com o texto e sua dramaturgia e na relação com a personagem, naquilo que para ele se torna atrativo, repulsivo, comovente, confrontante, envolvente, distante;

5. permite ao ator estabelecer elos entre ele e a personagem. Afinal é preciso que sejam íntimos e desenvolvam entre si uma parceria;

6. significa que as outras personagens, portanto os outros atores, são ativas no processo de construção vocal de cada uma das personagens, portanto, de cada ator. Isso estimula os participantes de um grupo a colaborarem uns com os outros, a se provocarem criativamente. Esse estímulo é um embrião da instrumentalização técnica do ator.

DAS CONSIDERAÇÕES 71

Abordar a voz como *resultado* torna-se uma chave porque, através dos aspectos culturais, fica mais fácil acessar o indivíduo.

Aplicando esse princípio, todos os trabalhos ligados à pré--expressividade são direcionados para *abrir o canal,* mas a pré-expressividade sempre tratada de maneira muito próxima à expressividade, para que se tornem colaboradoras de fato. Muitas vezes tenho observado que depois de trilhar o caminho da busca por tornar-se potencialmente expressivo no exercício da pré-expressividade, o ator passa a fazer da personagem um depositário das suas potencialidades vocais e físicas e deixa de atuar em função das necessidades da personagem e da obra. Num certo sentido distancia-se da vida. Por isso gosto de trabalhar os campos em conjunto. Assim o ator poderá dizer: vou *me tornando capaz de,* ou melhor, *me desenvolvo pré-expressivamente para* atender às necessidades expressivas da obra. Dessa forma, o desenvolvimento das habilidades do ator se dará na relação direta com as demandas do processo de criação. São caminhos delicados e um guia eficaz é a conexão com a linguagem poética.

Nos limites das dificuldades dos atores com o desenvolvimento vocal está, inevitavelmente, sua *pessoalidade.* Por isso, na busca de tornar-se veículo para uma personagem, gosto de sugerir o estado de co-moção, de co-operação que co-move. Isso traz uma dosagem do uso da poética muito favorável no sentido de mover o ator em uma direção criativa.

Já que a voz é resultado, então é bom que ela deixe de ser o foco principal para onde todos os olhares se voltam, como um imperativo. A voz funciona delicadamente e o imperativo para ela pode significar restrição. Muitas vezes é saudável deixá--la como pano de fundo do processo, *cozinhá-la* em banho--maria. A voz é *fluido* potente e sutil. Quanto mais ela nasce e sai *do* corpo e é movida por impulsos internos enraizados *no* corpo, maior poder de *revelar* a personagem ela terá. Por isso é importante seguir o fluxo da vida na criação da personagem e no desenvolvimento da expressividade vocal.

Obviamente se pode fazer o caminho inverso: criar uma voz e ir em busca do que é seu corpo, sua psicologia, sua estrutura de pensamento, sua estrutura emocional e de imaginário, mas é necessário estar aberto para que cada uma dessas etapas possa trazer alterações para a suposta voz escolhida quando,

72 A VOZ ARTICULADA PELO CORAÇÃO

então, será necessário fazer o ajuste. Muitas vezes se quer impor uma voz a um corpo. É preciso ir com calma nisso. A voz das pessoas, em relação a ritmos, tonalidades, intenções e vocabulário, depende de com quem se está falando, do ambiente em que se encontra e das razões que a levam até ali. Por isso, a voz das personagens precisa conter em si a possibilidade de flexibilidade para os papéis que ela exerce no seu *dia a dia cênico*. Por esse motivo, deve-se incluir, no processo de sua formação, essa multiplicidade de possibilidades de ser da mesma personagem, encontrar apoio físico e imaginário, mantendo aberta a porta para a passagem da vida.

É preciso dar ao caráter de construção vocal da personagem a dinâmica de vida. Promover situações técnico-expressivas em que ela possa ser experimentada e ir pontuando o que funciona, o que é revelador, o que faz abrir e o que sintoniza o *canal*. É importante conectar tudo com dados de referência física e de imaginário, como que para marcar um caminho para se poder ir e voltar quando quiser. No momento em que isso está pronto, pode-se até se arriscar a sair do caminho e investigar novas possibilidades, permanecendo-se sempre atento para encontrar os limites de experimentação.

A ideia da voz como resultado também inclui o fato de que devemos trabalhar com voz e fala na dimensão cultural e pessoal, na exploração e no conhecimento do universo de vocabulário do indivíduo-ator e do universo de vocabulário da personagem, na dilatação da voz do ator em sua gama de emoções e sentimentos, e de imaginário, para utilizar todas as suas possibilidades e dar capacidades expressivas diferentes à personagem. Quando proponho também o contado com *um outro* indivíduo da sociedade na busca da observação, é para orientar e enriquecer o ator na perspectiva de tornar-se veículo de algo que é resultado.

Quanto às Raízes Culturais

Deve-se observar, considerar e explorar as raízes culturais do aluno/ator. Isso abre a porta para a expressão. Reforça a identidade. Imprime-se uma nova perspectiva e uma nova qualidade de autonomia quando se trabalha com aspectos culturais diferentes.

DAS CONSIDERAÇÕES 73

A primeira vez que me deparei com essa questão, e que me fez desenvolver esse princípio de maneira objetiva, foi no contato com um aluno vindo do interior. Ele tinha dificuldade com os textos porque falava errado. Conjugava os verbos na sua oralidade de maneira errada e sua relação com os plurais era catastrófica. Os "s" finais eram conseguidos com grande esforço. E eu o via na labuta.

Além disso, falava embolado como a maioria das pessoas da roça. Dentro da escola de teatro ele sofria, porque *jamais poderia fazer um Shakespeare*. Decidi começar meu trabalho com ele bem *roceiramente*, afinal de contas também fui criada na roça. Nessa época da minha vida, desenvolvi um respeito enorme pelas *pessoas da roça*, pelos conhecimentos e saberes que elas têm. Ao trabalhar com ele, me perguntava: "Como pode ser considerado errado algo que se aprendeu desde criança, que foi a fonte de sua natureza? É errado para quem?"

Então, começamos por aí.

Constatamos a existência de pelo menos *dois* mundos e percebemos que nenhum deles é melhor ou pior que o outro. Fui explorando com ele o seu próprio vocabulário, seu trejeito e, ao mesmo tempo, mostrando que um ator apto a fazer o Hamlet talvez tivesse dificuldades para fazer o Chicó, coisa que seria muito fácil para ele. Então limpava sua articulação dentro do seu próprio universo de vocabulário. Quando havia se desenvolvido nesse caminho, e já articulava com melhor precisão seus *próprios s*, perguntei: "quer aprender uma nova língua?" Ele: "Qual?" Eu: "A de Shakespeare!" Ele arregalou os olhos e ficou me olhando em silêncio por um tempo. Eu: "Digamos, o português dessas pessoas nascidas, criadas e educadas nas escolas particulares das capitais do Brasil." Ele abriu um sorriso largo que trazia impresso o seu SIM. A partir daí tudo começou a ser mais fácil. A disposição interna dele era outra. E creio que é assim mesmo: aprender um *outro idioma* sem desvalorizar o seu.

As questões de sotaque e de identidade cultural estão muito ligadas à voz e à sua inibição no teatro. Mesmo com as conquistas já feitas, sabe-se que há um sotaque padrão para televisão que torna o teatro mais aceito. Será que é possível falar como os baianos, com as vogais abertas, num texto como *Fedra*? O baiano engole o *ando* dos gerúndios. Sua boca é preguiçosa para se abrir e falar claro. Deixa quase tudo pela metade. É um povo que fala alto, recheado de gestos e movimentos que complementam sua expressão. Faz uso de um número sem fim de onomatopeias. Quando vai para o palco, parece que o direito a tudo isso lhe é retirado. Isso afetará sua fala, e sua *verdade vocal*. E normalmente lhe é retirado esse direito só com o termo "não é adequado" ou "você está errado". Isso dificulta mais ainda. Há nisso uma depreciação da identidade individual, cultural e coletiva associada a sua origem e formação.

É preciso que ele se apaixone por si mesmo primeiro. Lembro de um ator que foi proibido de usar as mãos. Nossa, como era difícil sua voz sair! Aí, um dia, brinquei de deixar a personagem dele maluca, doente mental *para mais*. Aí ele soltou as mãos e, com as mãos, a voz ganhou cor e brilho e intencionalidades claras. Pedi que marcasse essa versão da personagem consciente de toda a gestualidade. Conhecendo os impulsos da gestualidade, segui a linha de Barba de reduzir a ação, mantendo a intensidade e os impulsos internos em 100%. Então suas mãos não estavam mais presas. Elas tinham vida delicada e direcionada. Não eram mais elementos perdidos e constrangedores, algo do qual se quer ficar livre.

A minha grande percepção cultural em Londres também tem a ver com essa questão do código de linguagem teatral que nos foi impressa pelo teatro europeu. Os ingleses não se mexem para falar. Sua gestualidade excessivamente econômica vem da aristocracia. Tive um professor de história do teatro que se sentava e começava a falar e não se movia. Eu ficava impressionada. Não tinha um gesto que acompanhava a fala. Um dia contei no relógio e foram quinze minutos sem que ele movesse nada além da própria cabeça. Por isso, lá se usa a expressão *talking heads*, que significa cabeças falantes, para se referir a determinado tipo de teatro. Hoje o estilo *talking heads* está mudando de maneira radical no teatro contemporâneo inglês. Mas ele é fruto de algo cultural.

O inglês é capaz de matar o outro com a palavra. Eles são mestres do verbo e da sutileza das intenções. É cultural. É uma sociedade em que sempre se precisou disfarçar muito o que se sente e o que se pensa. Já o baiano é invasor do espaço alheio. É de vocabulário imperativo.

DAS CONSIDERAÇÕES

Aqui sofremos de algo que poucas vezes é observado com a importância necessária: a maioria dos textos e das personagens que vão à cena no teatro não são baianas. Há que haver uma assimilação cultural por parte do ator. E isso quase nunca é tratado com o devido carinho. Quase sempre é feito pela via da desqualificação da identidade cultural.

Se me perguntam qual a receita para lidar com isso, não sei, dá-se caso a caso. No entanto sei que é necessário ter um olhar atento para essa questão. Às vezes um diretor quer solicitar uma intenção do ator e utiliza sugestões de imaginário que não pertencem ao universo daquele ator. É preciso estar mais atento ao que cada um traz dentro de si por razões culturais e de formação.

Quanto ao Universo
Imaginário Individual

É preciso considerar o universo imaginário próprio e promover o enriquecimento deste através de contato direto do ator com indivíduos e comunidades culturais diferentes da sua, mas que partilham o mesmo idioma e contexto político.

Cada cabeça é um mundo! Todo o trabalho vocal precisa considerar o universo dos impulsos de comunicação e expressão. Isso significa observar como se recebe o mundo e como se parte para expressá-lo ou dirigir-se a ele através da fala. É preciso se estar atento a como o mundo é transformado em palavras, a como as experiências se tornam ditas ou, quando caladas, ecoam em silêncios, a como os silêncios carregam um número sem fim de informações, sensações e impressões.

As fontes de impulsos têm relação direta com o imaginário individual e coletivo que estão inseridos dentro de determinadas raízes culturais. Acessar o individual e relacionar-se com ele interfere na comunicação entre o professor, ou diretor, e o aluno/ator. Às vezes uma imagem que funciona para um, não funciona para outro ou até mesmo atrapalha. Por mais que existam regras ou generalizações sobre a couraça muscular do caráter, ou sobre os símbolos do inconsciente coletivo, entre outros, há uma individualidade que se faz presente a cada momento e solicita uma interação específica.

A chave para entrar nesse universo precisa ser conquistada. A palavra *gato* afetará diferentemente cada pessoa pelo simples fato de a *experiência de gato* ser diversa para cada um. As estruturas de pensamento e a lógica de funcionamento de cada indivíduo vêm junto com o imaginário. Acessar essa lógica é importante. Inclusive para o ator que precisa se relacionar com o outro de maneira muito íntima, direta e dependente, objetiva e subjetivamente. Ir aos poucos adquirindo essa habilidade é saudável. Isso lhe permitirá seguir o desenvolvimento de raciocínio, de percepção e de reação ao que acontece a cada passo do trabalho, a cada proposta e realização.

Por outro lado, a partir daquele mesmo princípio de que *o outro* se torna o verdadeiro espelho para o *si mesmo*, ele também se torna uma fonte de enriquecimento da psicologia do ator e de seu universo imaginário. Conhecer as muitas experiências de gato com o olhar curioso do ator é enriquecedor: afinal nossa meta é criar e recriar personagens, dar vida a novas experiências. Creio que esteja tudo um pouco dentro de nós, mas é nessa soma com o que está *fora* da gente que são deflagrados aspectos de releitura, de revisão de ações. Essa experiência pode ser uma ponte de apropriação de linguagem com mais consistência.

Com muita frequência a referência para criações cênicas tem sido outras criações cênicas e interpretações realizadas por outros atores em filmes. Sugiro que se volte um pouco o olhar à nossa volta para buscar inspiração criativa nas pessoas que circundam nossa vida diária, que interferem nela: podem ser os ladrões que tanto tememos, ou a cozinheira do restaurante em que almoçamos, ou o vereador que decide o orçamento da cidade, ou o diretor do hospital que detém os melhores equipamentos da cidade, ou o jornalista que nos entrevista, ou aquele motorista de táxi da esquina! Por isso proponho a relação entre *o ator e o outro da comunidade* para que se possa entrar no universo imaginário das pessoas, conhecer seu vocabulário, seu ritmo. Abrir-se para relacionar-se empaticamente com o mundo à nossa volta.

Creio que, quando acessamos essa diversidade local, nosso salto perceptivo para o mundo decola muito e uma ponte entre o *si mesmo* e o *outro* surge. É um salto de consciência. Por isso

DAS CONSIDERAÇÕES

gosto de lembrar que as crenças são dinâmicas, vão mudando, vão resultando das experiências vividas. Portanto o que proponho aqui é promover experiências em que haja troca com pessoas da comunidade da cidade onde o ator vive, principalmente com camadas de referências culturais diferentes da sua. Sugiro que isso seja feito de uma maneira ampla. Muitas vezes se utiliza esse recurso para se ir em busca de uma personagem específica. Então, se será construída uma prostituta, visita-se um prostíbulo, e assim por diante. O que proponho aqui são exercícios de *conhecimento de vida* e de observação. Arriscar-se a chegar mais perto *por chegar*, para se conhecer mesmo. Obviamente precisamos criar a meta poética e artística que guie esse contato. Mas para promover o enriquecimento de imaginário é preciso que haja um panorama maior de acesso e uma proposta de vivência e convivência com o meio, colocando-se no foco de ação as pessoas e os meios.

Os ambientes são os fazedores da nossa subjetividade. O nosso entorno nos afeta e percebemos como afeta o outro, onde ele afeta diferente, onde contribui para a vida diferentemente. O fato de aproximar-se do contato com o real permite sensibilizar para a entrada no estado de comoção, e para a instalação de novas lógicas na análise de personagens, assim como na proposição de imaginários. Por isso saliento a necessidade de enriquecer o próprio imaginário. Dessa forma, invocar uma imagem trará novas relações, ou novas possibilidades de relações. Isso contribui para o processo de criação e para o processo de comunicação. Quando se conhece melhor o universo imaginário de seu interlocutor, fica mais fácil acessá-lo. Digamos que aqui também está inserido o desenvolvimento dessa capacidade. Então que haja projetos de montagem e de exercícios que possibilitem esse contato mais íntimo com o meio da cidade e com as *pessoas* habitantes dela. O contato com suas histórias, suas fontes religiosas, seus rituais sociais e muitos outros possíveis aspectos, certamente tornará o ator mais humano.

Quanto à Capacidade de Observação

O desenvolvimento da capacidade de observação é fundamental na arte do ator, principalmente sob o ponto de vista de como esses elementos que trabalhamos esteticamente (tempo, espaço, ação física, ação vocal, entre outros) se comportam na realidade, principalmente no tocante à fala e à expressão vocal.

Este tópico é um complemento do anterior. Lá em cima proponho a vivência, a experiência afetando a vida. E aqui, um olhar dirigido a essa experiência de maneira objetiva, como estudo de linguagem. Se entrarmos no ambiente ou diante do outro só com o espírito do observador artístico-científico, deixamos de respirar a atmosfera que permite a nossa memória celular ser sensibilizada.

Por outro lado, se deixarmos de ter o olhar da observação sobre os aspectos da linguagem, corremos o risco de inutilizarmos a experiência sob a perspectiva estética e poética, nossa ciência. Então é um desenvolvimento que se dá em duas realidades paralelas de ação simultânea. Já vi pessoas que vão à rua capturar personagens e voltam com dados pouco claros, e outras que vêm com bastante clareza de ações, mas que perdem totalmente a capacidade de apreender o todo. Novamente me refiro ao espírito envolvido na ação.

Quase nunca escutamos *de fato*! Por isso é fundamental desenvolver a capacidade de escuta mais apurada em relação ao meio, às pessoas. Propomos: acompanhar gráficos de fala em conversas; escutar e registrar onomatopeias; perceber a respiração acompanhando os pensamentos e atacando na fala; observar a relação dos gestos com as palavras; ver no outro o desenvolvimento de uma ideia sendo expressa, de um sentimento vindo à tona, sendo deflagrado; perceber ritmos de diálogos, perceber o que eles nos revelam das situações e das vidas de cada um.

Para viver essa experiência, sugerimos coisas simples como: olhar alguém e imaginar sua voz e, depois, se aproximar e ver se o que se imaginou é verdade; ouvir a voz de alguém ao telefone e depois ver a pessoa; ir construindo suas próprias referências, criando elos e respostas a perguntas que surgem; desenvolver a paixão pela audição, pela maneira como o som humano afeta o mundo à sua volta; ir construindo a sua metodologia pessoal de observação.

Houve um tempo que meus alunos tinham dois caderninhos: um no qual anotavam as aulas e o outro, que eu chamava de caderninho poético, onde anotavam *coisas interessantes* do dia a dia, observações do que viram e ouviram que os sensibilizou de alguma maneira, cenas que os marcaram, sons, imagens, palavras, frases, expressões! Os alunos que levaram esse caderninho a cabo sempre me disseram que até hoje recorrem a ele.

Aqui é como ir encontrando o meio de sistematizar a experiência sob a perspectiva da cena, da criação de personagens, da elaboração poética da vida. Afina-se, dessa forma, o olhar estético afetivo e reflexivo, objetivo e subjetivo. Faz-se uso dos estados de simpatia, antipatia e empatia.

Sugiro primeiro o lugar próximo, depois o lugar estrangeiro, o outro estado, o outro país, a outra língua. E depois o retorno ao lugar próximo. O olhar sobre o *si mesmo* novamente relacionado ao seu meio. Esse enriquecimento de experiências de vida é importante para a intencionalidade e para a flexibilidade de interpretações, de intenções, de construção de surpresa, para o alcance de leituras de vida e de mundo. O ator, quanto mais velho e mais experiente na vida, melhor será.

Resumindo, ao perceber a voz como resultado o ator percebe como uma voz *revela* uma pessoa; como a relação do gesto com a fala, o tom, o volume, os ritmos, carregam as intenções e *contam* algo sobre alguém. Por isso, essa proposta metodológica sugere que se dê o tempo de exploração do *ator consigo mesmo* e do *ator com o outro da comunidade.*

Em alguma medida, tratar a voz como resultado dá ao trabalho pedagógico e artístico um caráter individual, já que cada pessoa possui uma voz própria e *acessá-la* é *acessar* a um ser, e esse acesso a cada momento solicita um caminho específico, sempre desconhecido, único e intransferível, como na vida, sem ensaios.

Assim, eu, professora de voz para atores, determino-me.

Princípio Segundo: Voz e Fala Têm Endereço

A exploração, o desenvolvimento e o exercício técnico da voz para o ator precisam estar associados aos jogos de improvisação, interpretação e de construção de personagens.

Quando os exercícios vocais ficam muito mecânicos, sinto que eles distanciam o ator de sua meta. A voz do ator precisa ser trabalhada numa qualidade diferente daquela do canto, da afinação, no sentido da beleza e da correspondência musical, da voz para falar um discurso ou mesmo para contar uma história. A voz do ator tem a missão de *revelar* personagens e *estados de ser* do humano, ou dos seus comparsas animados e inanimados. Por exemplo: construir a voz de uma formiga sem nunca ter ouvido uma será fruto do que o imaginário poderá revelar através da experiência e da percepção que se tem de *formigas*. Será sempre uma formiga na perspectiva do ser humano, portanto, revelando estados de ser *do* humano.

Por isso, a voz do ator precisa estar preparada para soar em conflito, em tensões de oposição que espelham a situação dramática das personagens. Além disso, ela atua em contextos técnicos muito diversos e adversos. Os teatros podem ser grandes ou pequenos, terem boa ou péssima acústica, pode ser um espetáculo de rua, ou ainda utilizar microfones, ou ainda...

A personagem, portanto o ator, pode precisar falar por trás de uma parede, de costas para a plateia, de cabeça para baixo, sendo estrangulado pelo vizinho, sussurrando um segredo à amante cujo marido está ao lado, e em tantas outras circunstâncias. Expressões requerem qualidades vocais desde as mais sutis às mais exageradas, das mais delicadas às mais fortes.

No entanto, se no exercício vocal de sua formação esses elementos forem trabalhados apenas num aspecto mecânico, forte, fraco, delicado e caudaloso, agudo, grave ou estridente, deixando isso dissociado dos estados de espírito, das necessidades de comunicação, do universo das intenções e das interações com o outro, o trabalho fica sem aplicabilidade. Muitas vezes chega a inibir a possibilidade de *deixar aflorar na voz* a personalidade e o caráter das personagens. Por isso gosto de pontuar: preparar o ator para trabalhar com a construção de uma *voz em conflito* gerada pelas circunstâncias propostas e em espaços cênicos e arquitetônicos *conflitantes*.

A voz e a fala na vida sempre estão acompanhadas de intenções, na maioria das vezes inconscientes ou com consciência adquirida após o ato. Logo, a voz é movida por *alguma coisa*, digo, algum *querer*. Para o ator é necessário trabalhá-la e exercitá-la na perspectiva de tocar nessa alguma coisa que a move já que no teatro a voz e a fala são acompanhadas de intenções

DAS CONSIDERAÇÕES

que precisam ser conscientes para o ator. Portanto é importante saber reconhecer quando há falta de impulsos dessa ordem. Isso requer o desenvolvimento de uma capacidade de percepção. Toda a parte sonora da fala, ou seja, melódica e rítmica, está ligada aos estados de espírito, aos instintos, às reações emocionais de sobrevivência. Através da voz e da linguagem oral vamos falar de muitas maneiras de sobrevivência. Sobreviver fisicamente, sobreviver moralmente, sobreviver ideologicamente, sobreviver social e culturalmente, sobreviver subjetiva, afetiva e espiritualmente. Por isso trata-se também de um movimento de dentro para fora. Dirige-se ao meio, ao outro, mesmo quando esse outro *sou eu mesmo em meus solilóquios*.

A fala com todo o seu potencial vocal é um meio de resistir, interagir, fluir, deslocar, fugir, pegar, acompanhar, afirmar, negar, direcionar, matar, morrer, avivar, acusar, extravasar, despoluir, alimentar, completar, conectar e muito mais.

Um reflexo disso é a eficácia dos exercícios de ação vocal associados a verbos de ação direcionados ao "pra quem". É mais ou menos assim:

Para uma fala como "Compra um chocolate pra mim!", pode-se agir vocalmente em direção a alguém através de incontáveis verbos de ação. Então é preciso que "Eu" (personagem) "TE" (pra quem) "beije" (ação vocal) ao dizer: "Compra um chocolate pra mim" (fala da personagem).

Para cada ideia enunciar em voz alta uma ação vocal	Em seguida agir vocalmente na voz a personagem dizendo o texto:
(Eu TE **beijo**)	-compra um chocolate pra mim.
(Eu TE **paro**)	-compra um chocolate pra mim.
(Eu TE **traio**)	-compra um chocolate pra mim.
(Eu TE **mato**)	-compra um chocolate pra mim.
(Eu TE **ofereço**)	-compra um chocolate pra mim.
(Eu TE **ordeno**)	-compra um chocolate pra mim.
(Eu TE **suplico**)	-compra um chocolate pra mim.

Com isso, entramos num ponto essencial do exercício vocal do ator que, de tão óbvio, muitas vezes passa despercebido: considerar o endereço da fala. Esse ponto é fundamental para que a fala deixe de ser papel escrito na mente de um ator e passe a ser vocabulário interativo, sofrendo as interferências da ação e da reação, buscando agir e interagir.

Dessa forma, voltamos ao delicado limite entre o mecânico-técnico e o expressivo-vivo.

Ao se falar em decorar ou memorizar um texto, repetir uma intenção, construir o gráfico de uma fala ou pontuar palavras de valor, entre outros aspectos inerentes ao ofício do ator, percebemos que tudo isso tende a deixar o ator ensimesmado, correspondendo a ações e pontuações mecânicas. Quando se instala o princípio da comunicabilidade, ou seja, de que aquele texto contém informações a serem dadas a alguém de quem *se quer* que compreenda o que é dito, a quem *se quer* tocar através da voz, corporificando palavras nas dimensões de sua intencionalidade, com um objetivo inerente àquela ação, mesmo que seja numa conversa consigo mesmo, essa ação mecânica ganha outra qualidade ativa. E esse é um *exercício que precisa ser exercitado* assim como a extensão vocal, ou no mesmo momento em que se exercita a extensão vocal. Podemos perceber no outro, com certa facilidade, quando a voz tem *endereço* ou quando está sendo "*repeteco* de um nada para coisa nenhuma". Desenvolver a sensibilidade para essa percepção é *chave de ouro* e precisa ser colocada em cada mínimo exercício técnico ou expressivo da voz e da fala.

Chegamos então, aqui, a duas tríades cíclicas e inseparáveis nessa proposta de preparação vocal do ator: *explorar, desenvolver* e *exercitar* cujas ações estão apoiadas nos *jogos de improvisação, interpretação* e de *construção de personagens*.

1. Explorar: explorar é ir em busca do território desconhecido. É o recurso que utilizamos quando queremos investigar algo ou ir além do que estamos acostumados, dilatar as experiências. É quando procuramos abrir portas encostadas, fechadas ou trancadas a sete chaves, esquecidas, abandonadas ou simplesmente ignoradas. Portas que conduzam à passagem para outras dimensões onde se é convocado a olhar, escutar e agir sob perspectivas diferentes. É através desses caminhos percorridos, vinculados à experiência, que podemos ampliar as possibilidades expressivas da voz. Por isso, a pergunta feita a cada trabalho e diante de cada grupo, situação ou indivíduo é: o que precisa ser explorado e de que maneira? Então se entra em campo e se joga o jogo com a instigante e aventureira atitude de explorador.

DAS CONSIDERAÇÕES 83

2. Desenvolver: ao ser encontrado algo, é preciso desenvolvê--lo. De que adianta explorar e tocar num desconhecido se o abandonamos logo em seguida? O desenvolvimento é a possibilidade de apropriação da experiência, de ir mais fundo em determinado ponto de qualquer das questões levantadas e com ele adquirir a capacidade de agir com maior consciência e consistência. Por isso a pergunta feita após cada sessão de exploração é: o que daqui vamos escolher para desenvolver? Trata-se de escolher *em que vamos investir* nossa energia. Então se entra em campo para jogar o jogo num dedicado ato de desenvolver-se.

3. Exercitar: no exercício diário e regular da voz deve-se promover as habilidades ligadas ao estudo dos apoios vocais, a articulação, a projeção, a colocação da voz em diferentes caixas de ressonância, a variação de ritmo e tonalidade, a coordenação das relações entre corpo-voz-imaginário--pensamento-sentimento, tudo isso, inclusive, em situações-limite de equilíbrio corporal.

A meta, ao se inserir o exercício técnico na preparação vocal, é a manutenção das conquistas alcançadas e o seu aprofundamento. Isso está ligado diretamente ao refinamento de qualidade dessas conquistas feitas. Podemos pegar como exemplo o pianista e o estudo das escalas. Apesar de parecer, esse exercício está longe de ser algo apenas mecânico. As escalas exercitam sua habilidade mecânica, o que o coloca em prontidão. No entanto, o pianista sabe que, no momento em que ele coloca *alma* na escala, ele consegue um desempenho muito melhor. Por isso as escalas são associadas a exercícios expressivos: *allegreto*, forte, com variação rítmica etc.

No entanto, há uma diferença enorme entre o pianista e o ator, pois este é, ao mesmo tempo, sujeito e objeto de seu ofício artístico. Por isso, é preciso abraçar o exercício vocal diário como algo dinâmico, já que seu instrumento está sujeito a tempestades emocionais ácidas ou alcalinas, às variações de humor que alteram a textura de suas cordas vocais, às suas crenças que podem abalar seu equilíbrio interno e externo.

Precisamos estar atentos para o fato de que nesse instrumento, que é o corpo humano vivo, as coisas mudam. As

84 A VOZ ARTICULADA PELO CORAÇÃO

reações que hoje são provocadas pelo estímulo da *cor vermelha* podem ser completamente diferentes amanhã. Isso pelo simples fato de que o vermelho, por alguma experiência vivida, ganha outro significado para determinado indivíduo e isso é capaz de afetar sua percepção e, portanto, o seu instrumento. Então o perigo de estabelecer *treinamentos* vocais é querer estratificar a dinâmica da vida e da experiência.

Trata-se de um limite delicado. Se também a cada dia o vermelho for algo diferente, jamais se chegará a algo mais profundo. Mas é preciso deixar o movimento fluir como ele vier.

As possibilidades poéticas são muito fortes também na determinação do caminho do desenvolvimento de uma linguagem, de uma linha de criação. No treinamento da voz para o ator é preciso haver as correspondências com a linguagem. Então, se tenho uma personagem ou situação que me indique uma voz mais aguda e o ator apresenta essa limitação, vamos explorar o agudo a partir da necessidade da personagem. Se estivermos apenas no exercício técnico, preciso fazer o caminho inverso: percebo no ator a limitação para o agudo e vou buscar uma personagem que possa lhe promover a experiência com a voz aguda e motivá-lo a superar sua limitação.

E assim por diante.

Tudo isso é fundamental para assegurar que no rigor do treinamento técnico esteja o vislumbre e a meta poética da linguagem.

Os Jogos de Improvisação: o estado de prazer que os jogos de improvisação proporcionam favorece a instalação do tipo de relaxamento que a voz precisa para atuar com propriedade. Neles contamos com o aspecto lúdico do imprevisto, território propício para explorar e desenvolver a fluência individual e coletiva. Obviamente a improvisação precisa ser direcionada e a atmosfera de trabalho precisa desenvolver a descontração ao mesmo tempo que solicita o comprometimento com as regras do jogo.

Na improvisação podem-se associar regras claras que permitam a exploração e o desenvolvimento de aspectos técnicos vocais de todas as ordens. Basta que sejamos criativos nas nossas estratégias de jogo. Dessa forma esses aspectos serão trabalhados de maneira lúdica e fora das perspectivas de encontrar a *perfeição expressiva*. Isso permite uma melhor aceitação dos erros. Na improvisação o mais provável é que o ator cometa muitos *erros*. A possibilidade de errar é uma condição vital para o trabalho da voz. É muito difícil alcançar uma *excelente qualidade* numa improvisação pelo grau de complexidade que ela encerra, mas é essa complexidade que torna o processo de seu desenvolvimento enriquecedor.

Através das improvisações livres ou dirigidas, estruturadas em jogos com objetivos técnicos ou expressivos ou criativos, é possível identificar e explorar as diferenças entre expressão própria, padrão expressivo e clichê. Isso facilita o trabalho de ultrapassar limites dos padrões expressivos estratificados.

Outro aspecto favorável da improvisação é o fato de que, quando inserimos um observador que atua como plateia, em algum momento do jogo, abrimos a porta para conhecer e reconhecer os mecanismos de inibição da fala na ação dramática provocados pelo julgamento do *olhar do outro* no momento de criação e expressão.

A improvisação trabalha o *estado de presença* com uma consistência muito grande e ajuda na transposição do espontâneo para o *repetido com espontaneidade*. Talvez seja melhor dizer: ajuda a encontrar o estado *vivo* para continuar a mantê-lo vivo na repetição.

Por fim, uma outra vantagem da improvisação é a sua capacidade de integração. Ela integra os jogadores entre si, os elementos de linguagem entre si, os elementos técnicos aos elementos de linguagem, e os jogadores aos elementos técnicos e de linguagem. Com isso, ela promove *intimidade*, permitindo a instalação de uma atmosfera que torna mais fácil o acesso à etapa de interpretação.

Os Jogos de Interpretação: a meta é clara – lançar objetivamente um olhar ou uma percepção sobre algo.

Os Jogos de Construção de Personagens: A exploração da voz é extremamente reveladora da individualidade do ator. É impossível explorá-la sem tocar nas questões de sua *pessoalidade*. Então, quando direcionamos objetivamente o trabalho para a criação de personagem acionamos um campo metafórico externo e interno capaz de promover maior abertura e segurança à preparação vocal. Ao se trabalhar a voz e a fala no teatro, é fácil cometer dois erros: cair na terapia ou, ao contrário, tentar fugir do seu aspecto terapêutico. Ambas as situações fecham portas. O fio tênue de equilíbrio é o objetivo poético, a possibilidade poética, a força poética.

Precisamos ter consciência de que estamos lidando com esse material e que é necessário/saudável escolher direcioná-lo poeticamente. De posse dessa *consciência*, estamos aptos a traçar elos entre o que é material do indivíduo/ator colocado à disposição da personagem e sua proposta de conflito, e o que é material da personagem colocada à disposição do desenvolvimento técnico e artístico do indivíduo/ator. Dessa relação surgirão confrontações, interrogações e outra ordem de conflitos, todos a serem resolvidos com uma intencionalidade clara: a dos objetivos da cena e da construção da personagem. E que isso sirva para o indivíduo, *se* ele quiser e *como* ele quiser.

Sobre a Correlação Entre as Técnicas

Promover o entrelaçamento técnico de voz, movimento, sentimento e pensamento.

Esse é um desafio diário para o preparador vocal do ator. Os exercícios de voz muitas vezes são feitos isolando-se as áreas que compõem sua totalidade, especialmente na construção das características vocais que delineiam a personalidade da personagem. Por isso é necessário que se criem exercícios observando-se essa totalidade e construindo-se pontes entre essas áreas, as quais são identificadas aqui como *voz, movimento, sentimento e pensamento*, em suas conexões com a linguagem teatral.

O princípio que guia a proposta de entrelaçamento é: *tudo* age sobre o corpo físico e é preciso fazer com que *tudo* chegue ao corpo físico para alcançar expressão no mundo concreto. Teatro é feito disso: fisicalização corporificada das ideias vindas das várias dimensões humanas. Portanto o corpo físico se torna o centro para onde tudo deve convergir. Diferentemente da voz, que sugiro ocupar o pano de fundo do processo, é importante deixá-lo tomar a frente, ser o foco de atenção.

DAS CONSIDERAÇÕES

Por isso proponho que o primeiro passo seja o de integrar as visões ocidental e oriental na nossa percepção e concepção do corpo humano. No Ocidente, através da medicina, foi-se desenvolvendo o conhecimento do corpo humano por meio da dissecação dos corpos. Portanto estudava-se o corpo morto. Qualquer mapa de anatomia e fisiologia revela os detalhes da constituição da nossa matéria. Daí essa concepção do corpo humano que nos é mais familiar: o esqueleto, os músculos, os órgãos, os grupamentos em sistemas. É um corpo dividido e sem vida. Digamos que é um corpo separado da alma. Dele foram dissociadas as interferências da mente e das emoções. Essa pode ser uma das razões de termos dificuldade de integrar corpo e mente.

Já no Oriente era proibido se fazer a dissecação de corpos, portanto eles eram estudados vivos. Por isso a medicina chinesa foi construindo o mapa do corpo humano, sua anatomia e fisiologia, a partir dos pontos de circulação da energia vital. Esse é o mapa que encontramos na acupuntura: constituído por meridianos com pontos que marcam a intercessão das funções do organismo com a circulação da energia. Os filósofos orientais e os dedicados à ciência hindu da ioga também estudaram o corpo vivo, e, em suas práticas, atuavam sobre os campos sutis da energia humana cujos centros de absorção e circulação são os chacras, os quais têm correspondência com pontos da coluna vertebral. A saber, em ordem ascendente: raiz, *hara*, plexo solar, cardíaco, garganta, pineal, coronário.

Atualmente, são estabelecidas inúmeras relações entre Oriente e Ocidente nesse campo. O teatro está centrado na utilização e estudo do corpo vivo. Por isso, de maneira empírica, intuitiva, ou em estudos sistematizados, sempre observou o corpo considerando a circulação da energia vital, no sentido mente e corpo, aspectos psicológicos e ação física. Nas técnicas de interpretação, essa reorientação dos estudos orientais e ocidentais também se faz presente nos textos de Artaud e nos trabalhos de Grotowski, Barba e Peter Brook, por exemplo.

Há dez anos trabalho meu próprio corpo, de maneira prática e sistemática, num campo fora do teatro: o campo dos estudos e práticas de energia, desenvolvimento e integração humana, chamado *healing*. Durante os trabalhos com Margarita Gaudenz e Isis da Silva Pristed absorvi de maneira orgânica os conceitos e a nomenclatura utilizada no *healing*, que atua sobre *o corpo humano* e suas dimensões física, etérica, emocional, mental e espiritual. Essas dimensões podem ser chamadas simplesmente de *corpo físico, corpo etérico, corpo emocional, corpo mental, corpo espiritual*. Apesar de ser um vocabulário pouco utilizado por mim nas aulas ou nos ensaios, quando me expresso teoricamente ele inevitavelmente se faz presente.

Pelo vínculo que tenho com a prática do *healing* escolho da sua nomenclatura os termos que, para cada *dimensão humana*, ligam-se à palavra *corpo*, pois essa palavra produz uma sensação maior de concretude e imprime à energia sutil a *textura* do palpável.

Por que trazer à tona esses assuntos aqui? Para que, ao pensar o corpo e suas funções expressivas, já o pensemos de maneira integrada. Para explicitar meu posicionamento frente à nossa matéria-prima e salientar um aspecto importante dessa abordagem, considero que as dinâmicas ligadas ao universo das intencionalidades e à produção dos impulsos geradores das ações estão vinculadas aos campos de energia sutil do corpo humano.

Feito isso, o passo seguinte é estabelecer a conexão entre os elementos que compõem a totalidade da voz e o corpo físico. Eis como considero cada um desses elementos e suas esferas de abrangência ao propor o entrelaçamento técnico:

1. Movimento: é tudo que está relacionado à ação do corpo físico no tempo e no espaço, acrescido de suas qualidades expressivas, segundo Laban: tempo, espaço, peso, fluência. No vocabulário atual do teatro chama-se ação física. Portanto, o movimento está essencialmente no corpo físico, onde o estado da energia é mais denso: esqueleto, músculos, líquidos.

2. Sentimento: encontra-se no corpo emocional e está vinculado ao corpo físico pelas sensações impressas nele através da percepção dos sentidos. No cérebro, situa-se na região mais instintiva. Pelo mapa da medicina chinesa e de outras ciências orientais, encontram-se pontos de intercessão do corpo emocional no corpo físico através do seu duplo, o corpo etérico. O corpo emocional tem ainda uma

DAS CONSIDERAÇÕES 89

qualidade de energia mais sutil que o corpo etérico. Cabe atentar para a diferença entre emoção e sentimento. Uma é volátil e passageira e o outro é *cultivado*, *duradouro*. A princípio, a emoção é mais geradora de ações que o sentimento. A emoção, digamos, é uma usina atômica de energia. No entanto é o vínculo com o sentimento que determina a qualidade com que essa energia é expressa. Na dimensão dos chacras e suas conexões com o corpo físico, as emoções são refletidas no plexo solar, região do estômago e do fígado, entre o diafragma e o umbigo, e o sentimento é refletido no chacra cardíaco, situado na área onde estão o coração e o pulmão.

3. Pensamento: componente do corpo mental, zona onde residem também as estruturas do imaginário. O corpo mental é ligado ao corpo físico pelas trajetórias orgânicas de expressão resultantes do sinergismo dinâmico que existe entre os hemisférios cerebrais (direito e esquerdo), que mediam a integração do imaginário, da emoção e do pensamento.

4. Voz: está associada a todos os elementos do corpo físico responsáveis pela mecânica da voz falada e cantada. Como no movimento, possui dinâmicas expressivas ligadas a *tempo* (variação rítmica na fala e no canto), *espaço* (a direção na qual a voz é lançada no espaço cênico ou na cena, para o chão, teto, plateia, por trás da plateia, do centro dela, vinda de fora, e a construção de *espaço imaginário* que ela promove: dois atores próximos fisicamente no palco, criando a ilusão espacial de que um está no topo do abismo e o outro caído no fundo do abismo) e *qualidade* (timbres, ressonâncias, quantidade de ar utilizado, volume, entre outros). A voz está ligada à dimensão física por todos esses itens, mas só chega a se materializar se houverem impulsos vitais vindos do campo sutil. A voz é uma construção a cada momento que se materializa, que se *corporifica*, em forma de ondas sonoras.

Numa explanação simples dessas interações, vemos que a *voz* e o *movimento* pertencem à estrutura física, ao corpo físico, e são os meios de expressão, e o *sentimento* e o *pensamento* pertencem aos campos da energia sutil, corpo emocional e corpo mental, e são os responsáveis pelos impulsos e intenções. A percepção é ao mesmo tempo o que permite a instalação da consciência no contato com esses corpos e a promoção consciente da interpenetração deles. Os meios de se abrir a porta para a percepção consciente são a respiração, o silêncio e a pausa. Logo, é possível perceber a voz como um componente que por sua própria natureza reflete o vínculo existente entre esses corpos, ou essas dimensões, a cada vez em que ela se materializa. E que também pode ser utilizada como componente integrador.

A voz é fruto de um conjunto de órgãos em função secundária. Então o ar que serve para a circulação da energia vital do corpo, que é o nosso combustível com o meio, torna-se também o combustível para a voz, envolvendo todo o sistema respiratório. A respiração tem suas musculaturas de apoio enraizadas em muitos sistemas neurológicos. A boca, incluindo língua, lábios, dentes, glote, epiglote, mandíbula, céu da boca, está ligada ao sistema digestivo e serve como terminal da fala, articulando os sons, além de servir como cavidade de colocação e projeção da voz. Os sistemas de comando do sistema nervoso central estão associados à expressão primária dos instintos sonoros, e a função da linguagem e da comunicação está ligada ao córtex cerebral.

Primeiro pensa-se a nota, depois é que ela é cantada, ou emitida. O estímulo para a produção do som é um comando do sistema nervoso central, é como um impulso elétrico. É ele que posiciona as cordas vocais no diapasão daquilo que se quer emitir através da voz, cantada ou falada, em termos da qualidade sonora. São várias as informações que chegam ao cérebro e que são desmembradas em voz e fala. É a fala que envolve o discurso, o verbo, a articulação do pensamento. É importante para o ator conhecer aquilo que o estimula, pois isso revela de onde *nascem* os seus impulsos. Da mesma forma é importante ele perceber o que o afeta, o que o move a se expressar. Tudo, de alguma maneira, nos toca e é percebido pelos sentidos: olfato, visão, audição, tato, paladar. Então, é fundamental a relação que se estabelece nos jogos e exercícios com as sensações e os sentidos.

Hoje o bicho homem está em desequilíbrio no que se refere ao uso dos sentidos. Para se ter uma ideia, 80% das funções dos sentidos estão concentradas na visão e apenas 20% nos outros

DAS CONSIDERAÇÕES

sentidos. Isso, em termos de fala, provoca algo delicado. A fala, mais do que simplesmente a voz, é um exercício de *escuta*. Para o ator, esse aspecto é ainda mais significativo. Então, o desenvolvimento da audição é fundamental. O ator precisa preparar-se para ouvir o mundo, suas vibrações, seus seres vivos, os seres humanos, com suas várias culturas, a si próprio e ao outro ator em cena e fora de cena. A maneira pela qual se participa ou se exclui do mundo através da audição é determinante.

Já se dizia, desde muito tempo, que a pessoa só ouve o que quer. Isso em dois sentidos: quando, ao escutar uma fala, atém-se a uma determinada coisa que lhe convém, ou quando, de maneira mais depurada, por vezes se desconecta dos sons à sua volta de maneira consciente.

Somos afetados pelos sons através da audição e do tato, quer dizer, a musculatura é atingida pela vibração sonora, sem que percebamos. Por exemplo, só quando se desliga o ar refrigerado nos damos conta do barulho que ele fazia, nos obrigando a falar dois tons acima do normal.

A audição é o primeiro sentido através do qual se interage com o mundo. Desde dentro da barriga o bebê escuta e reconhece a voz de sua mãe e das pessoas à sua volta. Ao nascermos, os olhos demoram a encontrar foco, e então os ouvidos nos guiam. Quando não queremos ver, fechamos os olhos, mas é quase impossível fechar os ouvidos quando não queremos ouvir. Se pensarmos na perspectiva de assistir a um filme, fica fácil perceber isso. Para as cenas que não queremos ver viramos a cara, fechamos os olhos. No entanto, continuamos a escutá-las. Para deixar de ouvir as cenas, temos que deixar o ambiente, levantar e sair da sala de exibição.

Sobre o esqueleto e a musculatura se tem controle consciente. Sobre os impulsos de sentimento, emoção, pensamento e imaginário a ação consciente é bem menor. A voz é capaz de acionar os músculos quando em conexão direta com a energia sutil. Para a voz acontecer em plenitude, é necessário se abrir o corpo através dos sentidos para que o meio seja percebido e para que se possa respirar melhor. Ou seja, é preciso abrir o espaço interno cujo esqueleto é a estrutura física básica.

O espaço interno é delimitado pela pele. Ela cria um limite entre o *si mesmo*, da pele para dentro do corpo, e o ambiente, da pele para fora do corpo. A voz é claramente um movimento expressivo que vem de dentro e vai para fora. Esse é um princípio de percepção para ser exercitado, sob o ponto de vista mecânico e simbólico. Metaforicamente podemos dizer que a voz nasce quando se traz alguma coisa para dentro – ato de inspirar –, que em seguida sai sob forma de expressão – ato de expirar. Por isso, ao falarmos de espaço interno estamos falando, necessariamente, de espaço externo.

A respiração é a conexão principal entre o espaço interno e o ambiente. Quando o espaço interno de um corpo está reduzido, significa que ele está fazendo pouco contato com o meio. Muitas vezes é uma ação consciente, e inúmeras vezes é uma ação inconsciente que revela certo *querer evitar o contato*. Nesse momento, é comum o indivíduo cegar-se, tornar-se surdo e mudo, ficar intocável, calar-se e, especialmente, prender a respiração para *evitar fazer contato*. Cria-se assim um desequilíbrio de tensões no corpo, bloqueando o livre fluxo da energia vital que carrega em si informações dos meios interno e externo.

Depois da respiração, os nossos sentidos são os que estabelecem a comunicação entre o interno e o meio. Então, nessa trajetória de entrelaçamento técnico, um dos papéis desenvolvidos pelos sentidos é o de abrir o espaço interno, conectando o indivíduo e sua expressão com a realidade à sua volta, com o meio.

Sendo o esqueleto a estrutura física do espaço interno sobre o qual se tem maior domínio consciente, ele é um bom instrumento para guiar a abertura do espaço interno. Através do equilíbrio da relação entre a estrutura corporal e a gravidade, se tem fisicamente acesso à instalação de *vazios* entre as articulações e entre as vértebras para que a respiração aconteça com maior amplitude dando mais espaço para a mobilidade dos órgãos. Por meio dele pode-se elaborar estruturas que conduzem ao relaxamento ativo necessário para a expressão vocal.

O que se busca aqui é realizar as ações através do esforço adequado para manter o espaço interno dilatado para a respiração e a voz terem poder de manifestação interna. Para alcançar isso, pode-se usar princípios filosóficos e mecânicos presentes em vários métodos de consciência corporal como os de Alexander, Laban, Pilates, Feldenkrias, Kun Nye, Klauss e Angel Vianna e outros.

DAS CONSIDERAÇÕES 93

À aplicação desses princípios deve-se acrescentar a ideia de ampliar possibilidades, explorar capacidades físicas e expressivas, que conduzam à expansão da respiração na conexão das habilidades musculares com as necessidades e desejos da expressão oral. Aqui podemos aplicar princípios presentes nos exercícios de gestos psicológicos e de irradiação de Michael Tchékhov, no uso da energia nas ações físicas propostas por Eugenio Barba e Grotowski, nos jogos de construção de imagens de Augusto Boal e outros. A todos eles pode-se aplicar os princípios das forças de oposição. Elas, além de abrirem espaço interno, ajudam a construir a dinâmica dramática de conflito na estrutura física das ações, ou seja, a expressividade. Então, exercita-se a conquista do eixo e da base corporal em equilíbrio dinâmico, mantendo-se o espaço interno para a produção e reverberação da voz.

Quando começamos a falar mais precisamente sobre a técnica vocal do ator, como a de se sustentar um texto de sentenças longas, a de se estar presente e potente até o final de cada palavra ou sentença, a de se ser capaz de projetar, ser claro ao coordenar a fala com o movimento, nossa tendência é utilizarmos a palavra *controle*, especialmente a expressão *controle da respiração*.

A palavra *controle*, apesar de estar presente em muitos dos métodos de consciência corporal, traz em si o fantasma da *imposição* de uma autoridade externa. Por isso ela pode se tornar uma palavra inadequada para referir-se ao processo respiratório.

Quando se pretende, através da expressão, alcançar a poesia e encontrar o prazer de jogar poeticamente com os elementos da fala (notas longas e curtas, volume, vogais e consoantes, sílabas tônicas) então o controle será como um jogo no qual o ator se exercita e adquire mais e mais experiência, alcança mais intimidade, sabedoria, conhecimento.

Muitas vezes é mais fácil abrir espaço para respirar através da conexão do corpo em equilíbrio com a gravidade, associada à percepção consciente dos estímulos que são captados do ambiente pelos sentidos, do que através de exercícios respiratórios propriamente ditos. Essa é uma das chaves do método de Alexander.

Ele propõe que se mantenham todos os sentidos ligados e ativados o tempo inteiro. Por exemplo, a visão e a audição periféricas. Esse "ligar os sentidos" significa conectar corpo e mente: o foco do olhar passa a ter presença ampla, ou seja, se é capaz de *olhar* e *ver* o objeto em foco e, ao mesmo tempo, *enxergar* os outros objetos à sua volta. Essa consciência, por si só, amplia a capacidade respiratória. Para que haja esse tipo de percepção é necessária uma intenção voluntária, um querer e um comando mental em acordo com a permissão do corpo. Em outras palavras, para Alexander, a postura está ligada concretamente à intencionalidade de presença no mundo. Isso, em mim, encontra eco nos princípios de Artaud no artigo "O Teatro e a Peste":

o cérebro e os pulmões, são os que dependem diretamente da consciência e da vontade. É possível impedir-se de respirar ou pensar, é possível precipitar a respiração, ritmá-la à vontade, torná-la voluntariamente consciente ou inconsciente, introduzir um tipo de equilíbrio entre os dois tipos de respiração: o automático, que está sob as ordens diretas do sistema simpático, e o outro, que obedece aos reflexos do cérebro que se transformaram em reflexos conscientes. [...] É igualmente possível precipitar, retardar e ritmar o pensamento[5].

Também é Artaud quem proclama a sentença de que todo ator deveria ser um atleta afetivo. As emoções e os sentimentos sempre são áreas difíceis de serem abordadas, especialmente nos processos vocais. Elas têm um papel importante na instalação do *sentimento de verdade* da cena na *verdade vocal* da personagem, e é tênue a linha-limite para fazê-las entrar e sair do *faz de conta*.

Lembro novamente a diferença entre emoção e sentimento. Uma é volátil e passageira e o outro é *cultivado, duradouro*. A princípio, a emoção é mais geradora de ações que o sentimento (aquela ideia de emoção como *usina atômica*), no entanto é o sentimento que determina a qualidade com que a energia é expressa. Por exemplo, será o sentimento que a personagem tem pelo *seu marido*, e que a liga mais profundamente a ele, que acabará por determinar os matizes de sua raiva, ou do seu medo, ou da sua alegria.

Por outro lado, quando constatamos que o ator também pode ser vítima das suas próprias emoções durante a atuação estamos sinalizando a existência de uma armadilha em potencial: se o ator fica emocionado em cena, ele é capaz de *sujar* a personagem, isto é, ele será movido por essa *usina atômica*,

5   *O Teatro e Seu Duplo*, p. 16.

DAS CONSIDERAÇÕES 95

que precisa ser muito bem canalizada ou destruirá o que foi construído. Lembra? A emoção é *volátil*. Por isso proponho ao ator a *co-moção*, deixando para a personagem a *e-moção*. O sentimento é um dos componentes capazes de equilibrar e dinamizar a relação entre ator e personagem, desde que se saiba distinguir entre o sentimento que norteia a personagem e o sentimento que norteia o ator.

Clarice, com sua precisão poética, disse: "pensar é um ato, sentir é um fato". Isso é esclarecedor porque, quando na ativação de estados emocionais, ao se dizer, como num comando mental voluntário, "sinta medo", aparecem com frequência estereótipos. No entanto, ao se instalar a situação do perigo, o medo *aparece* com mais facilidade. Se essa situação tiver ressonância no imaginário ou na memória do ator, o *medo* terá melhor qualidade expressiva, pois afetará com mais precisão a sua musculatura, e passará a ser fato.

A ação física é um veículo potente e produtivo para entrada, instalação, circulação e expressão das emoções e sentimentos no entrelaçamento técnico em consonância com o corpo mental. Basta convocar a participação do imaginário, abrir-lhe a porta, deixar-se levar por uma imagem, permitir-se ser afetado por ela, que sensações, sentimentos e emoções vêm à tona.

A vantagem de pensarmos que temos um corpo físico, um corpo emocional e um corpo mental é percebermos que podemos observá-los isoladamente, que são realidades paralelas que se interpenetram, afetando-se umas às outras. Então é preciso, a cada momento, levar a consciência a um determinado *corpo* e observá-lo enquanto age e interage com os demais, como também identificar-lhes as estruturas de sentimento, emoção, pensamento e sensação física. Aos poucos, as imagens terão textura, as palavras terão cor, as ações física e vocal terão, em si, as intenções impressas.

Vou tentar esclarecer isso através de intervenções no texto abaixo, de Allan Poe:

Quando quero [ação voluntária do ator] saber até que ponto alguém [a personagem] é circunspecto ou estúpido, até que ponto é bom ou mau, ou quais são atualmente seus pensamentos [características da personagem a serem pesquisadas], componho meu rosto de acordo com o seu [ação física ou uma composição de imagem física a

96 A VOZ ARTICULADA PELO CORAÇÃO

ser experimentada no corpo do ator], tão exatamente quanto possível, [existem muitas possibilidades de imagens para instalar certo aspecto de *personalidade* o que convoca a participação da imaginação consciente do ator associada a um *rigor técnico* de composição e percepção consciente], e então espero [eis a chave: pausa, respiração, penetração da consciência, silêncio, permissão, *con-sentimento*] para saber que pensamentos ou que sentimentos [*realidades paralelas* que podem ser observadas separadamente ou paralelamente pela consciência sem a interferência de julgamentos] nascerão em meu espírito ou em meu coração [corpo mental e corpo emocional], como que para se assemelhar e corresponder à minha fisionomia [corpo físico onde estão enraizados, interpenetrados, ou em correspondência, ou em ressonância com os outros corpos][6].

A isso só nos falta acrescentar: e então liberar voz e fala para conhecer-lhes os textos, ou liberar textos para conhecer-lhes a voz e a fala em suas qualidades, ou impregnar a voz e fala com as emoções e sentimentos para conhecer-lhes as intenções.

É necessária uma profunda permissão do ator para que haja a instalação de, ou a incorporação em, *todos os corpos*, em acordo com a sua consciência, seu querer, sua vontade. Só assim será possível alcançar o estado de manifestação consciente. Então, a voz, na fala da personagem, poderá se materializar, *manifestar-se*.

Agora chega-se à questão do exercício da *fluência vocal*, sonora, musical e da *fluência verbal*, de uma voz enraizada no corpo, guiada pelo instinto de beleza. Através dela desenvolve-se o gosto, a paixão, o prazer pelas palavras faladas, os seus significados e o que elas revelam das sensações, sentimentos, impressões, memórias, imaginação, pensamentos. O verbo utilizado é *fluir*. Isso pode se dar inserindo nos jogos a livre associação de palavras, construções verbais, criando-se poesia individual e grupal. Assim pode-se entrar no universo de vocabulário verbal e onomatopaico, além de se acionar as características das personagens na linguagem oral.

Ao exercitar a fluência verbal, percebe-se a diferença entre som e palavras no que se refere às regiões mobilizadas do cérebro e à interferência da censura interna, pessoal. As construções verbais normalmente carregam um fator de inibição maior. É possível adquirir consciência do que se permite vir à tona, capaz

---

6   Apud G. Bachelard, *O Direito de Sonhar*, p. 167.

DAS CONSIDERAÇÕES 97

de revelar o *si mesmo* com palavras. Trabalhando a fluência verbal, incorporamos essa parte do cérebro a todos os outros mecanismos expressivos do teatro. Pode-se, ao sentir o salto existente na conexão cerebral entre produção de som e de palavras e de frases, perceber como o organismo se reorganiza. E aos poucos é possível diminuir essa lacuna, ou tornar o salto menor.

É a hora do jogo de articulação no *esqueleto do pensamento*: a *articulação do pensamento* promove a *articulação na fala* refletida na dicção, concretizando a *articulação das ideias* em sua expressão.

Pode-se criar estruturas utilizando-se os tempos verbais: presente, passado e futuro. Eles criam a possibilidade de investigação de personagens em relação à sua ancestralidade, à sua história de vida, à sua história emocional, e às suas projeções de futuro, metas, objetivos, super-objetivos, e à sua situação presente. No plano da percepção individual do ator, isso ajuda a tocar na sua própria *mente ocidental* que em geral funciona, em tempos verbais, numa constante transição entre passado e futuro com grande dificuldade para ater-se ao presente. Talvez por isso também a dificuldade do ator em alcançar o estado de presença.

Numa forma diferenciada de estabelecer vínculos com o emocional, pode-se inserir jogos para se atuar na primeira pessoa do singular, em que o sujeito/personagem esteja emocionalmente envolvido, ou na terceira pessoa do singular, que permite o distanciamento da emoção por parte do ator. O distanciamento provocado pelo uso da terceira pessoa interfere favoravelmente, promovendo o contato com a *e-moção* e a *co-moção*.

Um aspecto dessa abordagem é estabelecer referências com situações de experiências reais. Isso ajuda a estimular a percepção de como as coisas acontecem no plano da realidade de uma pessoa, do funcionamento pessoal e de uma personagem. É interessante utilizar como exercício, nessa oportunidade, o ato de contar sonhos para revelar o universo imagístico das palavras ou, ainda, os jogos da memória para revelar o papel da memória na expressividade dos sentimentos. Isso implica trabalhar de forma diferente da que se utiliza na imaginação criativa.

O entrelaçamento técnico propõe uma objetividade no trato da percepção. O que isso quer dizer? É necessário direcionar a percepção pontuando focos de atenção. Esse foco significa escolher onde lançar a luz da consciência. Às vezes, num mesmo exercício, pode-se lançar luz com maior incidência sobre um aspecto ou outro, e isso vai alterar totalmente a qualidade, o objetivo e, portanto, o efeito provocado. Ajo dessa maneira, sem excluir os outros aspectos do exercício do campo da percepção, apenas colocando mais luz, pois isso permite manter a percepção integrada e com seu potencial totalizante.

Portanto, cabe exercitar a habilidade de se fazer escolhas de focos de atenção, assim como do momento de utilizá-las para que haja coordenação, cooperação e estímulo de áreas umas sobre as outras, umas com as outras, umas para as outras. Então o corpo físico pode alinhar-se ao corpo emocional, que pode estimular a expressividade de um som e ligá-lo ao corpo mental, revelando uma estrutura de pensamento amparada por um componente do imaginário, e por aí vai. Um foco abre passagem para outro, gerando intimidade e cumplicidade na integração das partes com o todo.

Vê-se claramente, nesse estágio, o papel da consciência e da sua ativação através dos pontos energéticos, áreas de circulação de energia vinculadas às expressões das imagens ou ações físicas. É como uma mandala ou um caleidoscópio: quando uma das peças é movida, toda a constelação de formas se altera.

O uso da metáfora, que já é em si uma produção poética, pode desempenhar o papel de estimulador de jogos. Ela é uma excelente ponte entre os hemisférios direito e esquerdo do cérebro, ou seja, liga a parte icônica à parte da linguagem verbal.

Outro instrumento que pode estimular jogos são os arquétipos, como ativadores diferenciados da percepção, na sua predisposição para a recepção dos estímulos. Sugiro, numa estrutura mais geral, o uso dos arquétipos que têm correlação com o espírito do trabalho do ator. Normalmente lanço mão dos seguintes:

1. Guerreiro: espírito de luta em prontidão constante; qualidades de perseverança e de determinação.
2. Sacerdote: capacidade de entrar em estados alterados da consciência; imprime às suas ações um caráter ritualístico.
3. *Clown*: o ingênuo, o que gosta de brincar, o que se diverte, ancorado no espírito da criança para a qual tudo é surpresa; que tem memória curta e a tudo perdoa rapidamente.

DAS CONSIDERAÇÕES

4. Contador de histórias: velho sábio, tranquilo, que já experimentou de tudo na vida; perspicaz, sabe esperar; conhece os caminhos de uma narrativa viva.

5. Amante: o apaixonado, o protegido pelos deuses, o favorecido pelo acaso; aquele que está repleto da bombástica energia capaz de gerar transformações em estruturas cristalizadas.

De um modo geral esse trabalho desenvolve a capacidade de intuição. Quando nesses exercícios a razão atua como eixo condutor, eles tendem a falhar. A razão, em excesso, é limitante da percepção porque, a esta, a razão impõe sua lógica e a engrenagem humana tem uma lógica muito mais complexa e surpreendente do que a razão pode dar conta. Precisamos da consciência e da intuição no momento do jogo, do exercício.

Por isso, cabe o exercício de desenvolver a habilidade de seguir a *voz interior*.

A voz interior é o impulso que vem da essência interna do indivíduo ligada aos seus desejos e necessidades. Não se sabe o *porquê*, mas sabe-se que aquilo é sincero. Atuar ouvindo a voz interior significa estar conectado com os impulsos durante todo o tempo. Seguir a voz interior é responder, é desenvolver uma maneira de preencher as lacunas existentes entre mente e corpo no momento da resposta. Não se para para pensar como reagir: simplesmente reage-se em conexão com os impulsos, inteiramente envolvido no que está acontecendo, no momento presente.

Quando se está conectado com a voz interior, o princípio do silêncio age sobre o indivíduo. Adquire-se o senso de se estar ativo na pausa. Exercita-se e aprende-se como esperar ativamente por uma resposta que virá através do indivíduo. Desenvolve-se o prazer da aventura de mergulhar no vazio da pausa. Isso permite abandonar a necessidade de *fazer coisas* com a função de reagir à atmosfera ou ao ambiente, pretendendo ser criativo. Nesse momento, o que se busca é ser sincero, mais que criativo. Tentamos encontrar mais o nosso próprio prazer do que dar prazer a uma audiência. E assim pode-se ver uma ação dando nascimento a outra ação, um som dando nascimento a um outro som, como resposta a impulsos orgânicos.

Nesse sentido, a palavra "continuidade" é bastante importante. É como respirar no ponto de transição. Trabalhar com a ideia de continuidade nos faz vivos nos momentos de transição, e normalmente os momentos de transição são os momentos mais interessantes no teatro.

A voz interior ajuda a responder instintivamente, isso significa que se começa a desenvolver a capacidade de se tornar consciente das suas reações instintivas. Ela nos guia através do *jeito* que somos, sentimos, pensamos, respondemos aos estímulos. Ao se se trabalhar com uma personagem, é preciso alcançar o jeito de ser, sentir e pensar que se está incorporando, por isso começamos a ouvir a voz interna nessa nova incorporação. Quando atingimos esse estágio do exercício, o objetivo passa a ser fazer com que o ator seja capaz de sentir, de escutar, através da sua voz interior de ator, a voz interior da personagem.

Desenvolver bom ouvido para escutar, bom nariz para cheirar, bons olhos para enxergar, boa pele para tocar, boa língua para saborear a voz interior, promove a confiança em si mesmo, em seus impulsos, em sua intuição. Por isso, conscientemente, o subconsciente e o inconsciente começam a tomar parte no processo. Passamos a agir instintivamente, mas conectados à consciência.

A voz interna funciona mais como uma intenção por trás dos jogos, dando suporte ao que se está fazendo. No entanto, muitas vezes é necessário colocá-la como a meta do exercício. Na realidade, a voz interior está relacionada à qualidade com que se *responde*.

Existe um mistério rondando a voz interior por ela ser um processo individual e íntimo: algumas vezes ela nos conduz a territórios distantes do nosso catálogo de razões lógicas. Leva-nos a territórios onde simplesmente *sabe-se*, sem razão, sem lógica. A voz interna nos diz apenas: "é isso". A voz interior é fruto da sabedoria interna. Por isso ela permite que a nossa inteligência *fale* como um todo. Refiro-me à inteligência que vive em cada célula do corpo, em cada nível de consciência, e em cada camada do corpo energético. Por ela ser totalmente pessoal, tem seu próprio mistério e sua própria lógica. Isso a torna geradora de surpresas. Como todo mundo sabe, surpresa é uma chave mágica para o teatro.

Depois de tudo isso feito é preciso então trazer a razão para o foco principal, e elaborar ou processar a experiência com o

DAS CONSIDERAÇÕES 101

exercício. E isso também é um exercício. Mesmo assim, costumo dizer que esse raciocínio precisa envolver o coração que *tem razões que a própria razão desconhece.*

Sobre Aspectos da Individualidade e da Coletividade

A dinâmica individual e coletiva no exercício do ator deve ser estimulada, desenvolvida e considerada no plano pedagógico, principalmente quando se entende a voz como uma extensão da individualidade.

É através da relação dinâmica entre os indivíduos que valores e crenças vão se afirmar. Para isso é preciso reforçar a individualidade, fazê-la aflorar, afim de que o ator afirme a sua voz no processo criativo.

Ouvi uma vez, numa entrevista, Fernanda Montenegro comentando como o trabalho do ator é extremamente solitário e extremamente coletivo. Talvez o mais solitário do mundo. Talvez o mais coletivo do mundo. Enrique Pardo dizia: "seja egoísta para que se possa criar uma qualidade boa de solidariedade"[7]. A solidariedade não pode nascer oprimindo a individualidade. É mais ou menos por aí.

Estimular o desenvolvimento da individualidade e da sua participação na construção do coletivo. Isso pedagogicamente implica na criação de propostas de exercícios em que esse aspecto seja explorado; no caso, as estruturas de interação e de suporte em processos criativos de solo, de contracena e de coro.

As ondas sonoras penetram os corpos de maneira vibracional, e isso vale para quem fala e para quem escuta. Trata-se de um campo vibracional que sofre inúmeras interferências.

Por um lado, a voz está também relacionada diretamente ao poder e à capacidade de escuta. Isso se deve ao fato de haver endereço em nosso texto, de respondermos ao que nos é solicitado, de sermos afetados e afetarmos, com nosso timbre, a atmosfera do ambiente. Por outro, o trabalho do ator requer o aprimoramento da individualidade e da coletividade e elas

---

7   Comunicação oral no *workshop* ministrado por ele e Kristin Linklater, Betrayal and Trust.

podem cooperar imensamente uma com a outra. Aliás, se isso não ocorre, toda a engrenagem desanda.

Daí a importância de criarmos estruturas que equilibrem esses polos, que estimulem sua expressividade. É muito comum que se fique no isolamento, no trabalho vocal técnico. O *outro* é peça fundamental. A possibilidade de escuta e de abertura de outras formas de linguagem leva ao desenvolvimento da percepção do outro a partir da empatia. Isso implica em captar o que o seu colega ator investiga, em sugerir, ir junto e descobrir coisas que, se se estivesse sozinho, não seria capaz de alcançar. Através do outro se pode enxergar com mais propriedade a si mesmo.

O grande espelho é o outro. Ele é mais capaz de deflagrar situações em que eu precise me ver e me perceber. Há então que se instalar essa atmosfera de cumplicidade, de independência e dependência, de responsabilidade consigo próprio, com o outro e com o todo. Essas são coisas muito simples, mas difíceis de serem conquistadas.

O ator pode aprender através da experiência do outro sob várias perspectivas. Vou enfatizar aqui apenas duas delas: a da interação e a da estrutura de suporte. A interação é quando se está atuando no mesmo nível de responsabilidade que o outro, na sequência de ação-reação-ação. Trabalha-se na direção da cena. A meta do exercício é a personagem e a cena. Nas estruturas de suporte, um trabalha no sentido de ajudar o outro, de explorar e preencher a necessidade do outro, de buscar provocar reações no outro, de ser estímulo para a ação do outro. Isso pode ser feito tanto na direção da construção da personagem ou da cena, como na busca do autoconhecimento e da superação de limites.

Embora seja um trabalho de suporte, aquele que está *dando suporte* exercita a voz interior, trabalhando ativamente a percepção ao escolher o que fazer para alcançar determinada resposta do outro, buscando meios de resolver questões ou ultrapassar limites que lhe são apresentados pelo outro. Como é mais fácil achar soluções para o problema alheio, muitas vezes é através do outro que se encontrará a solução para as suas próprias questões.

Há na proposta metodológica a ideia de criar uma atmosfera de trabalho em que cada um se expresse de fato, com sinceridade. Isso, num primeiro momento, é meio assustador porque o estabelecimento de regras é inadequado aqui. Há que se tornar um processo em que as regras de convivência terão de nascer pela expressão individual. A cada grupo elas serão diferentes. É um pouco como atuar no caos, segundo meu amigo e educador Nelson Preto sugere, até que se encontre a frequência coletiva, e depois ainda haverá espaço para novo caos porque se permite à vida pulsar, e com ela as dinâmicas de transformação, de novas perspectivas, de se assumir a feição das *metamorfoses ambulantes*.

É importante esse espaço de metamorfose ambulante. De que adianta propor tocar em si próprio se, ao tocar-se e ver-se revelado em algo, o ambiente impedir a apropriação desse novo algo? Por isso creio que o processo é o de desenvolvimento para todos. Mestre aprendiz, aprendiz mestre.

Sobre a Atmosfera de Trabalho

O ambiente de liberdade de expressão quase permissiva, de aceitação destituída de julgamento, é fundamental para acessarmos e desenvolvermos o trabalho de expressão vocal.

Os simples exercícios de confiança, de ouvir e falar, determinam a qualidade dos resultados. Por isso proponho o ambiente de *quase total* permissividade. Digo *quase* por ainda ter algum receio de dizer *total* pura e simplesmente. Mas quando entro em campo, vou preparada para a total permissividade. Como preciso responder pelo *todo*, didaticamente acrescento o *quase* por algum temor ainda, ou pelo fato de saber que serei eu, em algum momento, a dar limites.

No entanto esses limites serão criados coletivamente, à medida que se forem apresentando as situações e os conflitos. No sentido da expressão individual e da expressão artística, elas precisam ser de fato *totalmente* permissivas. Pode tudo. Aos poucos se percebe, pela própria experiência, que as ações têm consequências naturais. Sempre digo que um grupo se faz por si mesmo.

Dificilmente, quando dou cursos livres, crio o limite de faltas. Há uma seleção natural. Quando alguém começa a desaparecer das aulas será naturalmente posto para fora, ou por si mesmo ou pelo grupo.

O julgamento sempre foi um fator de inibição da fala em todos os sentidos que se investigue. Colocar o *outro* como referência para o que falo (como falo, se falo e assim por diante) é limitador e delimitador de campos expressivos. Então, para que possam aflorar as questões vocais e expressivas relacionadas ao ator, torna-se fundamental instalar a atmosfera do *permitir-se* e do *permitir o outro*: ouvir e falar com sinceridade; tocar e ser tocado; perceber e ser percebido; ver e ser visto; magoar e ser magoado; amar e ser amado. É necessário deixar que os conflitos aflorem e se resolvam, cada qual na sua medida. Os ingredientes para isso são: delicadeza, leveza, sinceridade, firmeza. A lei do macio e forte, do flexível e resistente.

Aqui estaremos no território do "abrir os corações", física e energeticamente, através do chacra cardíaco. Esse é o chacra da expressividade, da compreensão, aquele que tem movimento de entrada e saída e que está vinculado à relação com o outro. O chacra da raiz está relacionado à terra e, portanto, às coisas objetivas e materiais da sobrevivência; à individualidade, com as qualidades pessoais e os aspectos espirituais da existência viva. O coração atua, entre esses dois polos, na dimensão do outro, da relação com o outro no meio.

É através da individualidade e do contato com o coração que se torna possível construir a atmosfera de confiança. Nesse ambiente, o outro se torna uma referência e um parceiro capaz de alimentar a autoridade interna de cada um. Isso é muito importante no trabalho de voz. Quem precisa saber de sua voz é o próprio indivíduo. Quem precisa tomar as decisões em relação a ela e à sua expressividade individual e artística é ele mesmo. A quem se quer agradar e satisfazer? Novamente é um caminho delicado em termos pedagógicos. Talvez o mais delicado de todos.

O trabalho realizado com a voz é, em alguma medida, liberador. Só o fato de se trabalhar objetivamente com a respiração já conta para isso. Então é muito fácil o aluno cair em devoção com o professor como se ele fosse um *libertador*. O professor apenas conhece alguns caminhos que facilitam, mas quem conduz é o próprio aluno, e precisa ser ele. E é necessário que ele assuma a responsabilidade sobre si mesmo. É fácil cair na tentação do poder que esse estado de *ser libertador* oferece. Nada é aterrador, mas é necessário haver consciência e lidar com isso tudo de maneira sincera.

Novamente, as regras precisam ser estabelecidas ao longo do caminho. Nem sei como faço isso. Creio apenas que, quando somos sinceros na nossa expressão, criamos esse clima de sinceridade à nossa volta. Por isso, digo sempre que minha bússola de trabalho é a minha sinceridade comigo mesma. Esse é meu termômetro. Vou desenvolvendo minha percepção sobre mim mesma e deixando que me expresse cada vez com mais clareza de mim.

Sobre a Apropriação do Texto

O texto precisa ser visto e trabalhado como porta de entrada e porta de saída para a expressividade.

O texto adotado, escolhido ou criado, permite acessar o universo de cada um. Como se penetra numa palavra, numa frase, num pensamento vindo de um texto? É o que ele traz em si que é capaz de influir na pulsação cardíaca do ator. É o que o texto contém em si que é capaz de fazer o ator encontrar a si próprio. Então o texto abre a porta de acesso para aquilo que precisa ser desenvolvido. A partir do que se propõe como texto, pode-se determinar quais caminhos serão percorridos, tanto no sentido de linguagem quanto de temática, de disponibilidade individual e coletiva. Através dele se escolhem quais arquétipos serão trazidos à tona. O texto, por sua vida própria, se torna um universo com o qual, ao entrarmos em contato, temos que nos relacionar.

Muitas vezes se toca no texto como algo que já se sabe, sem o calor do mistério de visita a uma casa desconhecida. É importante instalar essa atmosfera aventureira, saber que vamos entrar em algo desconhecido, torná-lo entrada, é preciso nos surpreendermos ao perceber onde o texto nos toca, onde ele nos sensibiliza, onde ele nos incomoda, em que ele nos questiona. Que palavra nos fascina? Que textura nos sugere? Sempre proponho que o primeiro passo seja de entrada *no ator*. O ator será o responsável por criar a personagem, por dar corpo a ela. Depois sugiro o passo de entrada

A VOZ ARTICULADA PELO CORAÇÃO

no universo da obra em si: o que o autor está falando? Qual é a voz do autor no texto?

Olha-se para a casa agora não mais para ver-se nela, mas para ver o que, de fato, ela tem, quais informações contém. Só então entro na personagem, também através dos dois passos seguintes: pela fascinação e garimpagem pessoal do ator na personagem e, depois, na garimpagem da obra e da personagem em si, das informações que contém, do papel da personagem na arquitetura da obra.

Próximo passo: tratar o texto como porta de saída. O olhar lançado para ele agora é o da expressão e da comunicação. Ele deve ser o meio de revelar o que foi descoberto, de partilhar o interior da casa com outros vizinhos, com outros apaixonados por *casas*. Então, serão aquelas palavras, aquelas frases e aqueles pensamentos, sentimentos e ideias que vão contar sobre a experiência da visita à casa. Não é só revelar a *casa em si*, mas a *experiência da visita à casa*. Passo seguinte: esse mesmo texto é, agora, veículo por onde fala o próprio ator. Então é colocada a própria poesia do ator em ação na personagem e na obra. Só assim para mim faz sentido o teatro.

No momento que o ator se apropria do texto de tal forma a torná-lo *porta de saída* para a sua poesia pessoal é que vemos florescer a impressão digital de cada intérprete. O texto torna-se a forma de veicular, de expressar com vistas a comunicar. Podem me perguntar: "Mas um ator deve simplesmente realizar o papel, a personagem, com o mínimo de interferência possível?" Digo que muitas vezes é sendo fiel ao papel e ao autor que se chegará à melhor revelação de si mesmo. Essa *visita* não significa modificar ou impor ideias alheias ao texto. Trata-se de uma parceria sincera, sem curvas dramáticas ou sobressaltos de guerra de poder. Quando se entra com sinceridade a colheita é sincera. É eficaz. É fato.

Para mim não faz sentido uma obra teatral que não revele a *experiência de uma visita a casa*. Afinal essa é a assinatura de uma obra. Por isso existem tantos *Hamlets*. Zé Celso que o diga! Eu que o diga! Vi inúmeros em Londres e dois aqui no Brasil. Cada um trazia um aspecto da personalidade de Hamlet, da compreensão geral da obra.

O texto é porta de entrada e de saída. Aquela palavra que permitiu ao ator acessar um universo todo seu será depois a

DAS CONSIDERAÇÕES

mesma palavra que lhe permitirá comunicar esse universo ao outro que ele convida à sua cerimônia teatral.

Quando se pega um texto e já se quer logo saber como fazê-lo, estamos perto de *matá-lo*. Aqui é que corremos o risco de impormos *coisas* a um texto ao invés de o fazermos nascer de dentro de nós. Esse é um processo ativo. O trabalho de apropriação do texto pelo ator precisa ser feito de maneira integrada, envolvendo o corpo inteiro. Pensar e sentir com as células em ação. Engajar o corpo em suas dimensões física, emocional, mental e espiritual.

Sugerimos jogos ativos de apropriação de texto, com estruturas de suporte integrando o trabalho físico ao psicológico, às aberturas da intuição e do inconsciente, à lógica desconhecida de cada um: o autor, o ator, a personagem e a obra. Quando digo obra, me refiro à montagem teatral com todos os elementos envolvidos nela, inclusive o texto. O que se vê pelo olhar da outra personagem? Quais as ações físicas do texto? O que é capaz de mobilizar a paixão pelas palavras escolhidas pelo autor?

Contar a história com sua própria voz e vocabulário e ir percebendo as escolhas feitas pelo autor é um exercício delicioso. O que elas revelam? Isso dá um *feeling* especial, em que a paixão e a escolha de vocabulário caracterizam a personagem, e percebemos qual aspecto é mais tocante para o ator e qual aquele que parece revelar mais a personagem. Assim vamos construindo pontes de maneira integrada, sensível, sensorial.

Sobre a Contextualização Pedagógica

Mesmo o autoconhecimento do aluno/ator, em relação ao seu potencial e aos seus bloqueios da voz, deve ser trabalhado no contexto teatral do jogo lúdico e da pesquisa de interpretação.

No trabalho vocal, o autoconhecimento é condição básica. É comum cairmos no trabalho terapêutico em relação à fala, ao exercício e à exploração vocal. De fato, isso é uma realidade. É impossível trabalhar a voz sem tocarmos no indivíduo. Por isso o trabalho tem dimensões tão delicadas. Muitos se perguntam pelos problemas vocais que um *mau* professor de voz pode gerar nos seus alunos. Na verdade, me doem mais os problemas psicológicos e de ordem emocional e de personalidade que podem ser gerados.

A voz está ligada à identidade do indivíduo. Qualquer ativação aí será perturbadora. Às vezes os alunos trabalham e, quando chegam ao final da aula em que estão com a voz dilatada e mais ampla, sentem-se estranhos e desconfortáveis como *se não fossem eles*. Isso é real. Ao se dilatar a potencialidade da voz, dilata-se a potencialidade do ser. Ao se tocar nos limites da voz, toca-se nos limites do ser.

Aluno e professor precisam estar conscientes disso e ir para suas investigações preparados para lidar com isso. Se formos simplesmente ao encalço do indivíduo perdemos a perspectiva da poética e da expressividade poética e entramos em outras questões que não nos pertencem. Por outro lado, creio que a arte e a poética ainda são os melhores portais para acessar as questões mais individuais. Ou seja, nosso trabalho se encontra justamente nessa linha. Podemos chamá-la de linha divisória, ou linha de integração em que as forças se encontram. Escolho percebê-las como linha de integração e lançar luz sobre a força poética.

O que isso significa? Significa que se nos instalarmos na investigação das potencialidades vocais, no território do teatro e do jogo, o acesso será mais fácil e estará direcionado para a liberação e produção estética.

Dessa forma, saímos do território do julgamento e entramos concretamente no território do desenvolvimento. Os aspectos são os mais variados. A ludicidade ajuda em muitos sentidos, como já foi dito antes. A criação da atmosfera de relaxamento, de integração, do estado de presença e de prazer é fundamental para o trabalho da voz, principalmente o ligado aos bloqueios.

O importante, depois do ato de jogar, é tornar consciente as entradas e as saídas do estado de espírito de jogo, das coisas conquistadas durante o jogo. Normalmente a gente se assusta quando vai além da própria capacidade, e se surpreende com a gente mesmo.

É importante que isso seja estimulado. No contexto da criação de personagens nos deparamos com limites muitas vezes conceituais, de dados de personalidade, de situações propostas. O processo de apropriação de um texto passa muito pelas visões de mundo que temos, pelas experiências de mundo que

DAS CONSIDERAÇÕES

temos, e por aquelas que queremos explicitar ou que queremos ocultar, e ainda por aquelas que temos consciência e por aquelas que são inconscientes em nós.

A esfera do campo da energia sutil, que implica em tocar em sentimentos e depois ser veiculador de sentimentos é importante aqui também. Creio que a possibilidade para atuarmos nesse contexto é a meta poética. Para que uma pessoa deve ficar exercitando estados emocionais, dolorosos ou não, se isso não tiver um fim poético?

No caso do ator, precisa ser poético porque se busca a repetição desses estados. Esse aspecto do autoconhecer-se que permite repetir coisas e engatar-se em estados emocionais segundo seu desejo, dentro das linhas traçadas de uma criação cênica, é exercício que precisa ser feito dentro das perspectivas teatrais.

O que quero frisar aqui é que, com o surgimento da psicanálise e da psicologia e das inúmeras terapias, é impossível dissociar esse momento do trabalho do ator das referências que são feitas a essas outras áreas do conhecimento humano.

Hoje, isso é, inclusive, extremamente limitador. Virou uma maneira de leitura do mundo e dos indivíduos muitas vezes estratificada e o ator, em suas horas de ensaio e estudo, se pergunta o quanto está sendo *analisado* ou *trabalhado* na direção da construção da personagem, o quanto de julgamento vincula-se às suas características pessoais ou às da personagem. Esse terreno precisa sempre ser clareado. A atmosfera de trabalho deve proporcionar o ambiente para a confiança e segurança de todos os envolvidos. Isso é algo implícito, mas nem sempre tão fácil de ser alcançado. Além disso, esse é um caminho pessoal e sem regras. Cada grupo e cada indivíduo demandam coisas diferentes e, nesse aspecto, e em situações específicas, o mesmo indivíduo pode demandar algo diferente do normalmente esperado dele. É um campo de atuação de extrema sensibilidade humana. Por isso, aqui também gosto de associar os métodos dos mestres e discípulos budistas em que se propõem desafios, oportunidades, charadas, *koans*.

Gosto de envolver o indivíduo com pequenas perguntas que precisam de respostas e colocar para ele a responsabilidade de responder. Deixar com ele a responsabilidade do seu desenvolvimento. Seguir *no passo* e *no ritmo* dele. Jogar como numa dança. E ele é quem conduz a mim mais do que eu a ele. Eu direciono inicialmente, mas depois é ele quem conduz a direção. Eu dirijo, mas é ele quem indica o caminho, ou melhor, é nele que encontro a direção do caminho.

Sobre as Diferentes Etapas do Ofício do Ator

Deve fazer parte da formação vocal do ator o processo de criação, a elaboração cênica, o contato com o público e o exercício da repetição diária do espetáculo para o público, uma vez que diferentes necessidades, dificuldades e facilidades aparecem nessas etapas.

Especialmente na fase de apresentações o ator tem a possibilidade de *ir mais fundo* na obra, de aperfeiçoar a personagem e a cena, de deflagrar *insights* que durante o processo criativo ainda ficaram por ser revelados. Afinal, é no contato com o público que se completa a obra teatral e, portanto, o entendimento do exercício profissional do ator.

Seria suficiente ficar exercitando a voz e a fala nas dimensões técnicas de sua extensão, articulação, projeção, colocação, caixas de ressonância, volume, ritmo, entre outras, sem, ao mesmo tempo, buscar as suas potencialidades expressivas e pesquisar a linguagem que ela encerra? É possível imaginar o ator que deixa de trabalhar a voz na perspectiva de que ela vá dar vida a uma personagem, a um texto, a uma ideia, a uma composição cênica?

A voz e a fala no teatro fazem parte de um complexo jogo. A construção de uma personagem é um processo que requer o domínio de linguagem. Então é necessário que o ator se reconheça e conheça os seus processos de fluência vocal e de construção de personagem no processo de criação. Em outras palavras, que ele possa responder à pergunta: como sua voz atua num processo criativo?

O autoconhecimento do ator é feito dos dados que colhe na observação de seu funcionamento nas etapas de escolha, criação e apresentação de uma obra teatral. Cada uma delas vai ter uma interferência na sua voz, na sua predisposição diante da cena e da personagem, na relação que se estabelece com os outros atores. Tudo isso vai interferir e refletir em seu funcionamento. Na voz isso é percebido de maneira sutil, mas de forma determinante.

É preciso treinar a flexibilidade criativa em termos de *produção de material poético* e elaboração individual e coletiva. É fácil querer apegar-se a uma forma logo e estratificar a personagem, quer seja na voz ou no corpo ou, ainda, no reino das intenções. É necessário desenvolver as possibilidades ligadas à linguagem, à intencionalidade do texto e seus mistérios. Saber escolher, ou melhor, saber explorar para escolher.

A técnica serve à obra. Por isso é preciso exercitar o *fazer a obra* porque o ator é criador da obra, pelo menos o ator que me interessa formar. Ele é o motor vivo do teatro. Pode parecer simples, mas decidir que aspectos pontuar de uma personagem, na voz, que palavras explorar, que ritmo dar a esta ou aquela expressão, quais as intenções e qual o melhor meio de expressá-las requer intimidade consigo mesmo, com o outro e com a linguagem. Como combinar o que você criou no seu imaginário e o que veio como resposta do outro ator que também está criando uma personagem que vai interagir com a sua?

Muitas pesquisas vocais podem ser feitas e o aluno pode adquirir uma grande habilidade vocal, mas se ao mesmo tempo ele não estiver trabalhando a habilidade de fazer conexões, de elaborar poeticamente o seu material expressivo ou pesquisado, se não exercitar o uso de linguagem e de comunicação de suas ideias, se não buscar em si as ideias que mobilizam o seu fazer teatral, de que serve o exercício vocal? Teatro é mais que um show de habilidades técnicas.

É preciso aprender a escutar, a selecionar as informações recebidas de todos os lados: as suas próprias, as do diretor, as dos colegas em cena, as do público. Por isso trabalho muito com a avaliação em que o ator só escuta. Todos os membros do grupo comentam a cena de um determinado ator de maneira direcionada à observação e ele permanece em silêncio, sendo *só ouvidos*. Nenhuma justificativa poderá ser dada diante dos comentários. Ele terá a missão de trazer para a próxima mostra as respostas que achar pertinentes em ação cênica. É preciso exercitar esse ouvido que vai selecionando o que fica e o que saí do processo criativo.

Às vezes o ator consegue muito bem construir a sua personagem, mas não consegue absorver a totalidade da cena e do espetáculo. Às vezes fica no seu mundinho da personagem. Isso pode funcionar bem se o diretor for esperto e souber utilizar o ator. No entanto, é muito diferente quando se tem um ator que domina o espetáculo, que, inteligente e sensivelmente, percebe e interage com o todo, que conhece o universo das outras personagens porque afinal ele está na cena anterior, ou no momento seguinte, esculpindo a próxima etapa da história.

Quando falo disso em relação especificamente à voz, é porque nem sempre se tem um ouvido bem treinado. Normalmente os alunos-atores sabem imaginar uma cena inteira, mas quase nunca conseguem *ouvi-la* em sua imaginação.

Gosto de exercitar a *imaginação auditiva* e a *memória auditiva*. Aprecio incentivar a percepção dos sons a nossa volta, a percepção do universo, do mundo e das situações através do ouvido, para que a linguagem sonora faça parte do repertório do ator de maneira mais íntima, sem esforço, com cumplicidade.

Com todas as engrenagens prontas, é só no momento em que o público se instala que a coisa começa a acontecer de fato. As tensões durante os ensaios são diferentes. A presença do público tende a alterar os estados físico, emocional, mental e espiritual do ator. Isso pode atuar a seu favor ou contra. É preciso adquirir autoconhecimento nessa esfera do processo também. Saber como se *funciona* e como se interage no ato vivo. O que se abre? O que se fecha? O que se altera? É necessário atuar na direção da melhor conquista para a obra e para o desenvolvimento vocal. O público pode ser fator de inibição, de exibição, de cumplicidade, de estímulo à comunicação. Acredito que o treinamento do guerreiro e o do amante ajudam muito nesse momento.

Vozes se perdem com frequência quando a estreia se aproxima. É a presença do público que desperta o sentimento de verdade e instala o sentimento de comunicabilidade que guia o ator na cena em termos de sua energia sutil. Ter consciência de como ele está conduzindo a energia naquele dia específico é muito importante. Essa é a sutileza do exercício diário do ator. Agora ele não está mais numa sala de ensaio, fechado em sua quarta parede real. Está sentindo a temperatura do público, seus bocejos e suas risadas, sua dureza, frieza ou calor, sua generosidade ou inquietação. Isso interfere em sua atuação e assim é necessário que seja. Qual seria o sentido do teatro sem esse risco do *ao vivo*, da interferência da plateia, da possibilidade do erro humano?

Esse é o momento em que é preciso fazer circular a energia vital. Quando ela circula, o aprofundamento da obra e da personagem podem ocorrer. Mas o aprofundamento do trabalho do ator também ocorre em momentos em que a energia não circula. São os passos de um aprendizado que são dados quando *rasa* vem ou não vem. Quais foram os impedimentos? Quais foram as revelações? Quais as chaves que permitiram abrir a passagem para *rasa*? O dia a dia das apresentações gera um processo de enorme crescimento em todos os sentidos. É na realização diária do espetáculo que se processa o que vem do *tai chi* sobre a forma e sua repetição, que culmina na capacidade de transformar a forma.

Na presença do público se confirmam as crenças aplicadas ao jogo estético proposto. Muitas vezes o ator só vai entender determinadas coisas ao entrar em cena. É o momento em que é possível confirmar suas próprias crenças e as que lhe foram sugeridas pelo diretor pelo simples fato de torná-las experiência vivida. Especialmente no processo de formação pedagógica do ator é, muitas vezes, o público que vai confirmar o que o professor ou os colegas diziam nas avaliações, mas que ele não conseguia perceber ou acreditar.

Por exemplo: muitas vezes peço para o ator trabalhar a articulação e ele não acredita que ela não esteja funcionando. Ele até o faz, *pró-forma*, mas no seu íntimo não acredita que não esteja funcionando. A namorada dele entende o que ele diz em cena, os colegas também já conhecem o texto *de cor e salteado*, mas nós sabemos que o público não tem intimidade nem com aquele texto nem com aquele ator. Então, quando ele entra em cena e sente que o público está fazendo esforço para entendê--lo, no dia seguinte ele chega com a articulação trabalhada sem precisar que se diga mais nada.

Vou mais longe quando digo que o espetáculo, a obra, precisa ficar em cartaz algum tempo. Diria que didaticamente o ideal seriam vinte apresentações. Do mesmo jeito que é difícil para o ator aprender, durante o processo criativo, a manter a qualidade de energia que conseguiu numa improvisação, na cena elaborada a repetição, durante as apresentações, com qualidade energética, é um exercício que precisa de depuração.

É no exercício da repetição com público que as *fichas caem*, que se exercitam as pontes de conexão de uma cena com a outra, com o espetáculo como um todo, com a vibração de cada etapa da obra. É nessa fase que se aprofunda a sua curva dramática e o desenvolvimento da personagem. As primeiras apresentações são como um susto. Estar-se-á apenas conhecendo de fato o que foi feito. Ter-se-á, enfim, o primeiro impacto sobre o que é de fato a obra criada. E esse é o momento em que o neném chega ao mundo: como um desconhecido. O processo de repetição e de apresentação ao público é que vai permitindo se ganhar consistência e existência próprias.

Somente depois da terceira ou da quarta apresentação se instala o que chamo de *relaxamento para o usufruto da obra*. Só então essa outra etapa de aprendizagem e sedimentação da experiência tem início. É quando se dá o entendimento do exercício profissional do ator.

A capacidade de deflagrar *insights* é um dos aspectos mais significativos nesse processo de aprendizagem. Com o natural aprofundamento que a repetição permite, esclarecem-se as fases do processo de preparação. Passos que eram dados no escuro acabam por se tornar claros. Coisas que foram conseguidas inconscientemente vão chegando à consciência. Aspectos difíceis se tornam mais fáceis e abrem as portas para novas percepções.

Esse é um processo muito individual. É o momento em que cada um está um pouco mais por si mesmo, em seus diálogos internos. A obra ganhou vida própria! Inclusive a percepção individual do papel da coletividade. É possível acompanhar a temperatura coletiva do espetáculo! É enriquecedor e esclarecedor ver o processo do outro durante a temporada. Quando o processo coletivo de construção for bem trabalhado na partilha com o outro, é possível aprender com o outro na cena, e acompanhar com cumplicidade o desenvolvimento mútuo. No teatro o individual e o coletivo sempre andam juntos. Ou o espírito de grupo cresce junto com a obra ou a obra tende a definhar.

No processo de apresentações fica mais claro para o ator o que ele precisa fazer tecnicamente a cada dia para sustentar o espetáculo: tanto no aspecto do *dia a dia a mesma coisa*, quanto no aspecto de fazer um autodiagnóstico para ver *o que é necessário para aquele dia específico.*

É muito importante esse exercício do autodiagnóstico: saber se em tal momento se está em baixa de energia ou em alta, e sintonizar o *canal*; identificar o que a musculatura precisa; como andam os humores e os ritmos internos emocionais e de pensamento. Perceber a própria atmosfera diária vai ajudar a engatar a personagem no momento certo. Para a voz é importante: a consciência da fluência da cena e dos seus impedimentos; a acústica do teatro; a dosagem; a sintonia com o estado de prazer e jogo.

Importantíssimo: o exercício de entrar e sair da personagem. Isso é fundamental para a saúde do ator e principalmente para a saúde da voz. Como o ator se torna veículo por determinado tempo, sua vibração estará na frequência da personagem. Saber limpar essa frequência depois que o espetáculo termina é imprescindível. Isso significa voltar ao eixo do ator. Por isso trabalhamos o instalar o eixo da personagem e depois o instalar o eixo do ator. O período de apresentações permite esse exercício. É um trabalho no campo da energia sutil e de fundamental importância.

Todo processo encerra, em si, mistérios. Algo fica por ser revelado. E a cada passo que revelamos um mistério, outro se aproxima. A tendência é a de sermos sempre surpreendidos quando atuamos de maneira aberta à percepção dos mistérios, quando permitimos a passagem do inconsciente para o consciente. Essas revelações alcançam campos muito diversos das dimensões do ser. Podem ser de natureza pessoal, dos campos individual, mental, emocional e físico, como podem ser de ordem social, da percepção do mundo, da vida, das relações. O mistério é a presença e a razão de ser do aprendizado do *jogo do faz de conta* experimentando a vida.

Todas essas experiências vão tocar na crença individual, na dinâmica do aprendizado, nos impulsos que nos guiam com tanta determinação inconsciente. Também é a temporada do espetáculo que permite desmistificar certos aspectos que rondam a assimilação das experiências.

Princípio Terceiro: Formam-se Artistas

Sob o ponto de vista pedagógico deve-se considerar que estão sendo formados artistas e que, como tais, os mesmos precisam desenvolver sua capacidade expressiva e artística com identidade própria, assumindo a responsabilidade de sua arte para consigo e para com a sociedade.

Sempre me pergunto como é formar um artista. O que é mesmo um artista? Para que são mesmo as escolas de arte? Volto a Artaud, quando fala que o ator detém o conhecimento de uma técnica que deve pertencer a poucos, fazendo-nos lembrar o poder que essa técnica encerra. Sempre se diz que se for formado um *mau* médico a sociedade vai sofrer muito, haverá risco de morte. E qual é o risco se formamos *maus* artistas? Há risco? O risco é menor mesmo? Tem certeza?

Hoje, tenho dúvidas. Acho que uma parte da cura da nossa sociedade está na capacidade de gerar símbolos e de nos afetarmos através da experiência poética. Já se discute com clareza o fato de criarmos a realidade. Novamente lembro de Clarice Lispector, em *A Hora da Estrela*, dizendo que Macabéa "não sabia inventar a realidade". Creio que é algo para ser colocado sem pudor. Isso está longe da ação de dizer o que um artista deve fazer, ou ensinar-lhe que tipo de teatro é o *teatro correto*. Esse é um terreno muitíssimo delicado.

Novamente escolho o caminho de promover o contato, acessar e estabelecer vínculos com a crença individual e coletiva, de incentivar a intimidade do indivíduo consigo mesmo nesse território, para daí fazer surgir sua expressividade. Com isso, pretendo proporcionar ao ator a oportunidade de acessar-se, desvendar-se, humanizar-se, socializar-se, comunicar-se, escolher, elaborar, responder por suas escolhas.

Gosto de incentivar a impressão digital, sem vínculos com a obrigação de ser original e genial, mas sim de *ser aquilo que se é*. A originalidade que busco promover é aquela embalada na metáfora da *criança recém-nascida*. Nada de original nisso, pois são tantas as crianças que vêm diariamente ao mundo, no entanto cada uma é tão original e única até que a morte a retire daqui. Estética e ética.

DAS CONSIDERAÇÕES 117

Na voz isso vem por um cuidado com o indivíduo. Novamente a relação é pessoal e intransferível. A voz é a identidade. Para que é preciso dilatar a voz em termos de criação? Para trabalhar na direção da crença de cada um, berço de sua expressividade.

Lembro-me que uma vez tive um aluno que, quando lhe fiz perguntas sobre crença, sobre o que nos move a sermos atores, ele respondeu de maneira sofisticada, buscando revelar aspectos ligados ao que acreditava ser a minha crença como professora. Ele percebia a minha paixão por Artaud e destrinchou coisas como a cultura e a peste na relação direta com a crueldade, com o visceral na interpretação, na busca por um teatro ritualístico e provocativo capaz de gerar transformações sociais. No entanto, nenhuma de suas ações caminhava nessa direção, especialmente não as ações vocais. Tudo nele soava falso. Eu olhava para ele trabalhando e realizando os exercícios propostos. Via-o entre os amigos na sala de aula. Escutava sua conversa fiada. Tudo nele me mostrava que ele queria fazer sucesso no teatro e na TV e, se possível, através da comédia de riso fácil. Um dia conseguimos tocar nesse assunto sem preconceitos. Percebi sua cara de surpresa ao constatar que tratei esse tipo de desejo com naturalidade sem o peso de que *desejar isso era um crime*. Quando, aos poucos e sem floreios de moralismo, ele assumiu que querer fazer sucesso e querer provocar o riso agiam como crenças que o moviam, seu trabalho vocal decolou. Até os textos dramáticos que exercitava em aula ganharam força expressiva e conquistaram o que chamo de verdade vocal. A conexão com a crença provoca certo estado de presença: agora ele agia em cena como senhor de si e com responsabilidade por suas escolhas.

Sempre haverá a pergunta: até quando será esse o seu caminho? Afinal, o tempo se abate sobre os seres. Como Jussara Miranda[8] disse certa feita: "Quem é esse sujeito nesse espaço de tempo? Que tempo é esse que destrói no criador suas crenças? Que afeto poderá gerar nele a aplicação de outro valor?" Por isso proponho o ambiente quase permissivo, onde essas transformações e aceitações de valores e

8 Diretora e coreógrafa da Muovere Cia. de Dança.

crenças diferentes possam alimentar-se e encontrar caminhos de expressão, onde haja afetos. É no contato com a individualidade e com a crença que a assinatura pessoal e artística ganha força na criação. Identidade.

A Importância do Querer Comunicar-se

É preciso acionar o querer do indivíduo no que se refere à vontade de se comunicar, e, principalmente, de se comunicar através da arte teatral, ou seja, construindo personagens e/ou cenas.

Muitas vezes a pessoa afirma que quer se comunicar, mas de fato não quer. Está se escondendo. Está insegura disso ou daquilo. Sempre pergunto: "você está querendo mesmo que *a gente te entenda*?" Quantos problemas relacionados à articulação têm a ver com este simples fato: o querer inibido, amedrontado, fugidio.

É preciso tocar nesse ponto a cada trabalho cuja forma de linguagem do *querer comunicar-se* seja a linguagem cênica. Por que não escrever um romance, ou desenhar um quadro ou fazer um filme? Por que ir para a cena no palco ao vivo? Que escolha de veículo de comunicação é essa? Quais as vantagens que o seu *querer comunicar-se* encontra nessa linguagem?

Tudo isso é para ser respondido de maneira *vivencial*, não racional ou intelectual. Esse é o grande detalhe: não adianta ser formulada uma pergunta à qual formulamos uma resposta. Para a pergunta formulada é preciso encontrar uma resposta de atitude na ação e reação do fazer teatral, na vida da sala de aula e no palco diante do público. Por isso a resposta é fruto da experiência, da vivência, vivencial. É fruto de *insigths*, são respostas que vão sendo construídas no caminho, são respostas que nascem de repente, sem pressa, mas que são lançadas na convivência, no processo criativo, nas falas e nas ações de um ensaio.

DAS CONSIDERAÇÕES

CRIANDO A ESTRUTURA PARA QUE O APRENDIZADO POSSA SE DESENVOLVER OU *UMA TRILOGIA BAIANA*

> O ator se transveste em mil personagens para poder ser mil vezes ele mesmo.[9]

Logo que comecei a fazer teatro no curso livre do Teatro Castro Alves ouvi, numa conversa informal, uma frase que ficou reverberando em mim sem que eu soubesse direito o que significava. Era esta: "Teatro só se ensina a quem já sabe". Como lá se vão muitos anos, posso estar trocando palavras, mas isso foi o que ficou em mim. Muito tempo depois, fazendo um filme no Rio de Janeiro, trabalhei com o ator Breno Moroni. Numa conversa em um dos intervalos de filmagem ele me perguntou: "Como é que se *ensina a alguém a ser ator?*" Ele achava simplesmente impossível. A essa altura eu já dava aulas de teatro e prontamente respondi: "Existem muitas técnicas, muitas coisas básicas que precisam ser ensinadas". Ele me dizia: "Eu também dou aulas, ensino técnicas de circo, desenvolvimento corporal, mas nada disso me parece ser *ensinar alguém a ser ator*, nem tão pouco acho correto e honesto com a arte ter a pretensão de transmitir o *como* fazer teatro".

Fiquei com aquelas questões me remoendo. Mas minha convicção de que era fundamental o ensino do teatro não foi abalada. Perguntei-me como havia aprendido a ser atriz. E vi que o eixo do meu aprendizado foi o fazer teatral. Fiz alguns cursos. Tive aulas de corpo, voz, interpretação e literatura dramática. Participava de todos os *workshops* que aconteciam na cidade. Observava o meu desenvolvimento e o dos meus colegas, e via que o que me permitia aprender era estar fazendo um espetáculo após o outro. Aplicava o tempo todo de alguma forma o que os cursos despertavam em mim, além de uma qualidade que só depois percebi que tinha: estabelecia conexões com muita facilidade.

Sempre fui muito ligada aos aspectos técnicos da linguagem teatral e buscava me manter em forma e atualizada através de aulas de canto, consciência corporal, *workshops* de técnica

---

9   C. Buarque, *Budapeste.*

120 A VOZ ARTICULADA PELO CORAÇÃO

vocal e de tudo o que estivesse ligado direta ou indiretamente ao uso dos elementos que compõem a linguagem cênica. O ápice dessa fase foi o curso de especialização em Composição Coreográfica da Escola de Dança da UFBA. Fui procurar a dança porque, ministrando um curso livre de improvisação teatral, observei Leda Muhama[10], responsável pela preparação corporal, colocar no espaço uma cena que eu havia dirigido com os alunos. Fiquei simplesmente impressionada com a facilidade com que ela, em uma hora, redimensionou toda a cena só através do uso do espaço. Pensei: "preciso aprender a fazer isso". Passei dois anos na Escola de Dança, aprendendo a coreografar. Portanto, há o que se ensinar e há o que se aprender. Mas como foi mesmo que aprendi? Através das aulas práticas de Betti Grebler[11] onde precisávamos construir células coreográficas, pequenas coreografias e, por fim, executar um projeto criativo de composição elaborado em outra disciplina do curso e apresentá-lo no teatro ACBEU (Associação Cultural Brasil-EUA) como resultado final do curso.

A essa altura tinha acabado de entrar para a Escola de Teatro da UFBA como professora de voz e interpretação. Minha convicção de ensinar técnicas era inabalável. Trabalhava com rigor, disciplina, afinco. No entanto, esse trabalho aos poucos me mostrou que algo estava faltando, que a tudo isso era necessário somar alguma coisa que eu não sabia o que era. Ensinava. Ensinava. Ensinava. Os alunos realizavam exercícios criativos em sala de aula, construíam cenas, personagens etc. Via resultados, mas estava sempre insatisfeita. Então me vi amarrada a um paradoxo que julgava sem sentido: "não adianta ensinar, é preciso o aluno aprender". Essa frase se repetia dentro de mim absurdamente, incansavelmente. Estava instalada em uma contradição. E o que significava mesmo aprender teatro, *aprender a ser ator*? Como num último suspiro e de um fôlego só o *meu vazio* proferiu uma resposta para o *vazio do mundo*: "no teatro é insuficiente adquirir conhecimento, ou mesmo adquirir uma

10 Professora permanente do Programa de Pós-Graduação em Dança da Escola de Dança da UFBA. Foi fundadora, coreógrafa e bailarina da Cia. de Dança Tran-Chan.

11 Professora da Escola de Dança e da Pós-Graduação em Artes Cênicas da Escola de Teatro e Dança da UFBA. Também foi fundadora, coreógrafa e bailarina da Cia. de Dança Tran-Chan.

DAS CONSIDERAÇÕES

técnica, é necessário adquirir a *sabedoria* desenvolvida pela experiência da aplicação das técnicas ao objeto artístico ligado diretamente à necessidade individual de expressão e comunicação". Precisei de uma pausa para retomar o fôlego, respirar novamente. Sobrevivi.

Sobrevivi. Dessa experiência concluí que era necessário conduzir o aluno para que ele chegasse quase a ser "o descobridor" das técnicas, como se cada técnica ou cada passo da técnica tivesse que ser recriada por ele mesmo, tivesse que ser aprendida, como um bebê aprende a andar. Levanta e cai. Estimulamos os passos, rimos para a criança, estamos perto para quando ela cair ajudá-la a se levantar, estendemos os braços, damos as mãos, até o dia em que ela levanta e anda.

Não importa tanto a veracidade ou não da questão desse paradoxo da relação ensino/aprendizagem no que se refere à formação do ator. O que importa é que esse paradoxo, talvez criado por mim mesma e fruto das minhas neuroses, fez-me ir em busca de uma nova atitude pessoal e didática na relação entre professor e aluno que em alguns pontos encontra referência nas antigas relações orientais entre mestre e discípulo: muitos silêncios, muitas "charadas" ou desafios propostos, e um acompanhamento quase pessoal de cada passo do aluno naquele caminho que na verdade é ele mesmo quem vai traçando. Na verdade, nada de novo.

De tudo isso surge o primeiro passo da minha proposta metodológica: criar uma estrutura em que *o aprendizado* possa ser desenvolvido. Esse é o ponto, o eixo de todo o trabalho que desenvolvo aqui. Criar a oportunidade da experiência, orientar e estimular, referenciando e habilitando, instrumentalizando o processo de cada aluno.

Essa estrutura deve conter todos os elementos necessários ao ciclo da aprendizagem teatral, portanto, um projeto de encenação. Aqui vai como desenvolvi o projeto que gerou o espetáculo *Uma Trilogia Baiana: Cidade Real, Cidade Fantástica, Cidade Expressa.* O que tinha como base era o projeto de pesquisa: um trabalho para a formação vocal do ator no campo da sua expressividade vocal, e nela os princípios norteadores da proposta metodológica a ser desenvolvida:

1. Voz é resultado.

* Deve-se observar, considerar e explorar as raízes culturais do aluno/ator.
* É preciso considerar o universo imaginário próprio e promover o seu enriquecimento através de contato direto do ator com indivíduos e comunidades culturais diferentes da sua, mas que partilham o mesmo idioma e contexto político.
* O desenvolvimento da capacidade de observação é fundamental na arte do ator.

2. Voz e fala têm endereço. A exploração, o desenvolvimento e o treinamento da voz para o ator precisam estar associados aos jogos de improvisação, interpretação e de construção de personagens.

* É importante promover o entrelaçamento técnico de *voz, movimento, sentimento e pensamento*.
* A dinâmica individual e coletiva no exercício do ator deve ser estimulada, desenvolvida e considerada no plano pedagógico e no plano do treinamento do ator, principalmente entendendo a voz como uma extensão da individualidade.
* Um ambiente de liberdade de expressão quase permissivo.
* O texto precisa ser visto e trabalhado como porta de entrada e porta de saída para a expressividade.
* Mesmo o autoconhecimento do aluno/ator em relação ao seu potencial, bloqueios etc. da voz deve ser trabalhado no contexto teatral do jogo lúdico e da pesquisa de interpretação.
* Deve fazer parte da formação vocal do ator o processo de criação, a elaboração cênica, o contato com o público.

3. Deve-se considerar que estão sendo formados artistas com identidade própria e capacidade de assumir a responsabilidade sobre sua arte.

* É preciso acionar o querer do indivíduo no que se refere à vontade de se comunicar, e, principalmente, de se comunicar através da arte teatral, ou seja, construindo personagens e/ou cenas.

DAS CONSIDERAÇÕES

O próprio projeto de pesquisa nasceu da pratica que utilizo nas disciplinas de Expressão Vocal I e II na Escola de Teatro da UFBA. Nelas adoto a criação de solos de quinze minutos e de trinta minutos, respectivamente, em que o aluno deve escolher o que montar. Ele cria um projeto onde traça um objetivo técnico, um objetivo artístico, justifica sua escolha de texto e temática, estabelecendo a relação entre estas e seus objetivos, e propõe uma metodologia empírica para alcançar suas metas. A ideia de determinar o tempo de duração dos solos é impulsionar o ator a ir além dos seus limites. O desafio é sustentar a atenção da plateia, tendo como foco essencial um texto, ou seja, a manipulação e o uso das palavras. Ao ver-se sozinho, e diante de 15 ou 30 minutos com o espectador, todos os seus "truques de interpretação" no que se refere aos vícios da linguagem oral virão à tona. A facilidade com que monta pequenos diálogos em cenas na escola cai por terra. Por outro lado, à medida que ele escolhe o que montar terá que responder perguntas nas quais insisto e que estimulo durante toda a primeira fase do processo: o que você quer dizer? O que é ser um artista? Você está fazendo teatro e em teatro está escolhendo ser ator por quê? Para quê? E ele assume a responsabilidade sobre o resultado da sua obra artística. Isso gera uma disposição e uma disponibilidade interna e externa que até então não tinha em nenhuma das outras metodologias que utilizava.

Outro dado: o aluno escolhe a estética a ser utilizada e torna-se seu próprio diretor. Então, como professora, atuo no pano de fundo. Deflagro processos, observo e interfiro nos suportes técnicos, artísticos e de ordem do espírito que se tornem necessários. Mantenho o foco do processo vocal em ação. Dessa forma supero o obstáculo da tentação de ensinar o *como* fazer teatro. Guio o aluno para seguir sua voz interior, suas imagens secretas, seus impulsos conhecidos e desconhecidos em direção a uma forma estética já existente ou estranha ao nosso universo de linguagem. Com isso estímulo cada um a ir em busca do *seu teatro*, da sua identidade artística. Assim um novo ingrediente da filosofia oriental se estabelece organicamente: atuar sem julgamento numa aceitação total das manifestações do aluno, tanto na relação professor-aluno quanto na dos alunos entre si. Todas as questões surgidas pela crítica interna ou externa que tanto limitam a expressividade deixam de ser enfocadas pela lente do bom ou ruim, do certo ou errado, e passam a ser vistas sob a perspectiva de estarem ou não conduzindo ao que se quer alcançar na relação com a plateia, de estarem expressando ou não, comunicando ou não, funcionando ou não para as metas propostas individualmente.

Ora, estava agora diante da missão de criar uma proposta espetacular que pudesse envolver todos esses ingredientes. Era preciso implantar a ideia dos solos, mas acrescentar uma estrutura de encenação que tornasse o resultado do processo criativo um produto interessante capaz de fazer um espectador sair de sua casa e ir ao teatro. Queria trabalhar com dez atores para ter uma variável boa na análise de dados da pesquisa. Também essa é uma média das turmas de Expressão Vocal I e II na Escola de Teatro. Ao final, acabei trabalhando com doze atores, mas, para acompanhar o processo de construção da estrutura espetacular para o desenvolvimento da aprendizagem, continuemos com a perspectiva inicial de dez atores. A criação de dez solos com quinze minutos cada um não caberia em um único espetáculo. Então dividi a experiência em três espetáculos a serem construídos simultaneamente. Nasce a ideia de *uma trilogia*. Cada espetáculo com três atores. Mas ainda assim me perguntava: "que espetáculos seriam esses?" Então comecei a agregar à trilogia os outros componentes dos princípios norteadores: a *voz como resultado*, a voz como a *casa natal*, a possibilidade de abordar de maneira subliminar os aspectos culturais envolvidos na fala. Daí precisaria ser mais que uma trilogia. Era necessário ser *Uma Trilogia Baiana*. Utilizar o caldo cultural que nos cerca e que nos faz mergulhar mais fundo nas nossas peculiaridades quer de imaginário, quer de linguagem ou de costumes sociais que tanto interferem na nossa expressão e comunicação. Estrutura capaz de receber, reconhecer, reforçar e reafirmar os *sotaques* dos brasileiros nascidos na Bahia ou simplesmente seus habitantes.

Outro componente dos princípios norteadores me pareceu fundamental ser inserido: a relação da individualidade com a coletividade nos planos pedagógico e artístico do processo. Da inserção desse princípio nos planos artístico nasceu a ideia de diminuir o tempo dos solos para dez minutos e acrescentar

DAS CONSIDERAÇÕES 125

uma cena coletiva a cada um dos espetáculos. Assim, um novo desafio foi lançado: fazer as personagens criadas se relacionarem, preservando suas identidades artísticas e de linguagem; fazer com que todo o processo que estava tão centrado em si mesmo buscasse as fontes e canais de interação com o universo a sua volta. Isso certamente daria um dado de realidade a personagens que, até então, precisavam apenas atender ao imaginário de seus criadores. Aqui entrava o outro componente da condição teatral: atividade de grupo, coletiva. Mais um ingrediente para se somar a esse: a estrutura de coro. Todos seriam, em um dos espetáculos, protagonistas e, em dois dos espetáculos, coro.

No entanto, tudo isso pronto ainda faltava preparar o terreno que pudesse verdadeiramente oferecer total liberdade de criação aos atores em seus solos. Ou seja, quais seriam os critérios e os meios para unir três das personagens em situações cênicas sem que eu estivesse interferindo em suas temáticas, estilos e linguagens? Primeira resposta: contextualizar as cenas coletivas na cidade de Salvador. Segunda resposta: abrir uma porta em cada espetáculo para receber os estilos gerados pelos atores. Então, numa brincadeira com "títulos" dos estilos das convenções teatrais, foram se desenhando as palavras títulos capazes de absorvê-los: realismo, modernismo, simbolismo, absurdo, expressionismo, pós-modernismo, minimalismo etc. inscreveram no mapa da estrutura a *Cidade Real,* a *Cidade Fantástica* e a *Cidade Expressa.*

Aqui então estamos diante da estrutura criada para a realização da primeira fase da pesquisa que chamo *o ator consigo mesmo.* Tudo direcionado para que ele investigue sua própria voz relacionando-a às suas estruturas de pensamento, sentimento, ação/movimento, pensamento/imaginário. Tudo na busca do Ator-Criador.

Por fim, de uma maneira imprevista, a proposta foi além de criar um solo a partir de texto escolhido, e então seria sugerido ao ator criar uma personagem a partir do seu próprio imaginário, entregando a ele a possibilidade e a missão de criar o seu próprio texto. Para isso teria que investigar as urdiduras da *fala* no teatro, a construção da dramaturgia, a escolha das palavras para revelar a personagem em seus conflitos. A proposta passaria a garantir, ainda, um contato subjetivo e objetivo do ator com suas estruturas de imaginário e articulação de pensamento e de expressão através da fala. Para isso, ele teria que entrar em contato com sua intimidade mais profunda, mergulhar em suas raízes e crenças. Então surgiu o título que deu origem ao projeto: *Solos Enraizados: Uma Trilogia Baiana*, que foi concretizado no período de agosto de 2003 a janeiro de 2004 e do qual nasceu o espetáculo *Uma Trilogia Baiana: Cidade Real, Cidade Fantástica, Cidade Expressa*.

3. A Prova dos Nove

RELATO DA EXPERIÊNCIA DE
UMA TRILOGIA BAIANA OU COLOCANDO
ALGUMAS CARTAS NA MESA DE JOGO

> *o trabalho criativo é como conduzir um barco no tempo antigo, quando não existiam o rádio e o motor e o capitão devia conduzir pela vista. O capitão tem uma espécie de trajetória projetada mas, reagindo aos obstáculos, às coisas imprevisíveis, às tempestades, ao tempo confuso, à falta de vento, ele muda a trajetória, ele a corrige. Nós partimos sempre de um erro, mas todo o segredo que está nisso é que, depois, nós podemos corrigir a trajetória. E é na correção da trajetória que começa a verdadeira competência. Sim, mas eu repito: não é que uma metafísica conduza a uma técnica; é uma prática que leva a uma sabedoria[1].*

A pergunta que mais me fiz durante todo o processo de pesquisa e realização do experimento que culminou nos espetáculos da

---

1 Fragmentos do texto "O Perigo das Palavras", de Grotowski, apresentado no Simpósio Internacional Sobre a Arte Como Veículo. São Paulo, set.-out. 1996. Disponível em: < http://teatrosaladistar.com/grimorio/baker-street/exercicio--ilustracao#more-161 >.

128   A VOZ ARTICULADA PELO CORAÇÃO

Trilogia foi: como escrever de maneira a transmitir a experiência vivida encorajando e revelando a metodologia? Por que utilizo os verbos *encorajar* e *revelar*? Proponho objetivamente uma metodologia inexistente e não copiável. Uma metodologia que terá que ser inventada pelo professor, ator e diretor a cada dia de trabalho, em que a marca da individualidade é condição inerente.

Por essa razão, escolho relatar o experimento numa linguagem que inclua os impulsos mais íntimos que me movem. Busco traçar conexões com os fatos da vida, com as experiências que foram me fazendo escolher esse ou aquele caminho. Coisas que estavam adormecidas, mas que quando busco justificar-me pedagógica ou artisticamente vêm à tona com precisão interna indiscutível. Coisas do passado distante e coisas do passado recente. Creio que esses pontos são indissociáveis das relações criativas e educacionais, especialmente tratando--se do trabalho de formação vocal de atores tão vinculada à vida e à humanidade. Portanto, optei por *revelar* para *encorajar* a experiência e o ato de deixar-se ser guiado por ela, afinal, segundo minhas crenças, serão as experiências de cada um que determinarão suas escolhas.

Por isso o que se segue pede uma linguagem diferente da que vem sendo utilizada até o momento. Aqui mergulho no devaneio e me ancoro em metáforas. Falo poeticamente. Tento transmitir a atmosfera com que trabalho nas salas de aula e nos ensaios. Busco agir sobre o leitor mais que explicar coisas. Busco afetar. Busco o coração, a paixão, a comoção. Sou subjetiva na minha objetividade. Sou objetiva na minha subjetividade.

Traço um relato também dividido em três partes antecedidas por esta abertura e por uma introdução em que aqueço o ponto de vista. Na primeira parte está "A Carta Magna: O Tempo, o Rei". Nela relato a trajetória geral do processo criativo, descrevendo os procedimentos de pesquisa. Por isso serão vistos os prazos e as etapas de trabalho. Narro no sentido inverso: parto das decisões finais sobre o espetáculo, depois o coro, seguido pela cena coletiva, para chegar ao ator na criação dos solos, de onde tudo começou.

Na segunda parte, "A Carta Chave: O Ás de Ouro da Autoria", me debruço sobre o processo criativo e sua correlação com o trabalho vocal. Para isso comento as experiências dos atores

A PROVA DOS NOVE 129

baseadas nas minhas dificuldades, facilidades, desejos. A essência dos comentários recai sobre o trabalho dos solos.

Na terceira parte, "A Carta Coringa: A Perseguição Camaleão das Ideias", volto o enfoque para mim mesma em direção ao resultado obtido e às metas traçadas. Utilizo-me das expectativas da construção dos finais de cada uma das Cidades para isso.

Em resumo, neste relato do experimento busco tocar na verdade dos fatos, e para isso nada melhor que inventar uma história na qual não sabemos identificar os limites entre verdade e mentira. Pois ao contar qualquer experiência estamos reinventando-a. E qualquer *contar experiências* contém uma redução dos fatos.

Nessa história, uma das personagens mais importantes sou eu, a escritora, a personagem principal é o elenco, e a personagem predileta, a energia.

Que se icem as velas, que se aqueçam as turbinas, a viagem vai começar.

AQUECENDO O PONTO DE VISTA

> *Uma raiz dorme de boca aberta* [...] *Ela está pronta para sugar a medula do mundo*[2].

Achei fascinante essa *imagem-ideia* de sugar a medula do mundo ao dormir de boca aberta. Dormir é algo muito desprotegido e desprevenido. É muito perigoso dormir de boca aberta. Afinal em boca fechada não entra mosca, e então se percebe: nem biscoito. E assim sendo, se ficarmos de boca fechada também não entrará a medula do mundo. No meu espírito mais pretensioso e ambicioso, no fundo desejo *tocar a medula do mundo* através da minha obra, na minha vida. Essa é uma pulsação impressa em mim que sempre julgo muito grande e deixo ficar apenas me rondando como um *impossível*. No entanto, ao ler e ver essa imagem fui fisgada por um cúmplice que também desejou sugar (ele), tocar (eu), a medula do mundo.

2   Maryse Choysy, Le Thé des Romanech apud G. Bachelard, *A Terra e os Devaneios do Repouso*, p. 236.

O que simbolicamente me remete a medula do mundo no meu trabalho? Então, é por aqui que começo.

É preciso sempre entender sob qual perspectiva trabalho.

Quero Tocar a Medula do Mundo

O que entendo por medula do mundo? A essência dos seres humanos que estão à minha volta, trabalhando comigo. Esse universo imenso que é a interioridade de cada um e como essa interioridade se expressa no mundo e sob interferências do mundo, e como intencionalmente gerar a comunicação de expressões do mundo no corpo humano do ator. *Tocar na medula do mundo* para dar voz ao mundo. Ao mundo na sua essência pulsante, na sua raiz produtora de todas as expressões que estaremos lá representando ao *sermos* em cada segundo cênico. Tocar a medula do mundo é encontrar a expressão sincera de cada indivíduo e de cada grupo de indivíduos na nossa sociedade.

Ouço os *chamados* que me fazem direcionar meu olhar para esse ou aquele ponto, planejar essa ou aquela estética, essa ou aquela estratégia. Mas sempre que vou para o campo de ação minha intenção é interativa com o outro, que é o ator que escolhi ou o grupo de alunos que me escolheu, ou o grupo de alunos que me foi designado pelo destino, ou seja, pessoas com quem divido as minhas ideias e com quem compartilho desejos e destinos afins, caso contrário não estaríamos juntos. Não tenho *a verdade* dentro de mim, porém tenho a *minha verdade* dentro de mim. E em termos de *minha verdade* isso significa que tenho um movimento interno que pede expressão e cuja direção envolve o *aglutinar direções de outros afins* que desconheço. Sempre tenho um ponto em mim que abro para o *total desconhecido de mim mesma* e para o *total desconhecido do outro*. Talvez por isso meus projetos mais *vitais* não conseguem se encaixar em textos prontos. É difícil encontrar escrita a dramaturgia que me satisfaça. Em quase todos há a criação do texto em conjunto com a criação da obra. Dessa forma, busco artistas e incentivo meus alunos a serem artistas que queiram investigar isso e entrar nessa trajetória de oferecer seus materiais, suas *medulas* à obra, ao mundo. Cabe então a mim simplesmente aceitar o que me vem do outro e de mim mesma já que no fundo minha intenção primeira é provocá--lo e provocar-me para saber o que vem dele, o que vem de mim e irmos juntos destrinchando e reconstruindo isso tudo poeticamente.

A primeira pessoa que me perguntou se eu não tinha ambição foi um ator carioca, quando conversávamos e eu falava muito animada das coisas que fazia aqui na Bahia, e ele falava das coisas que fazia por lá, e então ele me surgiu com esta: "Você não tem ambição?" Fiquei espantada com a pergunta. Considerava-me a pessoa de 25 anos mais ambiciosa do mundo e sentia culpa por tamanha ambição e... Como ele não havia percebido?! Respondi em estado de perplexidade: "Tenho, claro!" Ao que ele respondeu: "Mas ficar na Bahia..." E eu, na minha ingenuidade, impulsiva disse: "É... eu quero conhecer o mundo". E então percebi que ele dizia que se não estivesse no eixo Rio-São Paulo não teria projeção nacional, sucesso. Seria isso sinônimo de ter ambição?

A segunda vez foi com a equipe do Royal Court Theatre. Eles estiveram na Bahia para um projeto do qual fui organiza-dora. Conversávamos sobre os planos de vida, os trabalhos, as perspectivas e me perguntaram se não queria ir para Londres, sair da Bahia, e com a pergunta veio: "Você não tem ambi-ção?" Novamente me senti estranha, me considerava a pessoa de 39 anos mais ambiciosa do mundo, agora com menos culpa e menos petulância. Como eles não haviam percebido? E nova-mente identificava como sendo ambição a forma de sucesso baseada na possibilidade de carreira internacional. Eu olhava para eles e me perguntava: será que até agora ninguém perce-beu que a minha grande ambição é *tocar a medula do mundo*?

Quando fiz meu primeiro curso de teatro, com intuitos pro-fissionais, respondi à pergunta, "O que é o ator para você?", da seguinte maneira: "Um laboratório de experiências humanas." A essa altura era apenas uma pessoa de dezenove anos e nem conhecia Artaud com seu "cadinho de fogo e verdadeira carne".

Porque o teatro não é essa parada cênica onde se desenvolve virtual e simbolicamente um mito, mas esse cadinho de fogo e de verdadeira carne onde anatomicamente pela trituração de ossos, de membros e de

132 A VOZ ARTICULADA PELO CORAÇÃO

sílabas os corpos se refundem, e se apresenta fisicamente e ao natural o ato mítico de fazer um corpo[3].

Cada vez mais me certifico de que só é possível *tocar a medula do mundo* através da arte no seu impulso vital de criação da beleza na interpretação das ações objetivas e subjetivas que o mundo nos oferece.

Então, é preciso que se enxergue todo o meu trabalho quer como diretora, quer como atriz ou educadora, sob essa perspectiva. Obviamente que meus procedimentos podem servir a outros meios e fins, e nem mesmo sei se eles me levarão à *medula do mundo*, mas eles nasceram e nascem a cada instante de alguém que vislumbra *tocar a medula do mundo*, dar *voz ao mundo* e com essa *voz do mundo* produzir *beleza*.

A CARTA MAGNA: O TEMPO, O REI

> *Há um momento para tudo e um tempo para todo propósito debaixo do céu.*
> *Tempo de nascer, e tempo de morrer;*
> *tempo de plantar, e tempo de arrancar a planta.*
> *Tempo de matar, e tempo de curar;*
> *tempo de destruir, e tempo de construir.*
> *Tempo de chorar, e tempo de rir;*
> *tempo de gemer, e tempo de bailar.*
> *Tempo de atirar pedras, e tempo de recolher pedras;*
> *tempo de abraçar, e tempo de se separar.*
> *Tempo de buscar, e tempo de perder;*
> *tempo de guardar, e tempo de jogar fora.*
> *Tempo de rasgar, e tempo de costurar;*
> *tempo de calar, e tempo de falar.*
> *Tempo de amar, e tempo de odiar;*
> *tempo de guerra, e tempo de paz.*[4]

Saber administrar o tempo é considerado, hoje, um bem de valor inestimável. Na área da educação sou levada a refletir sob a perspectiva da reengenharia do tempo proposta por Rosiska Darcy de Oliveira, ou seja, pensar o tempo com mais respeito e dignidade frente às necessidades afetivas e efetivas do ser humano.

3   O Teatro e a Ciência, em A. Virmaux, *Artaud e o Teatro*, p. 321.
4   *Eclesiastes* 3, 1-8.

A PROVA DOS NOVE 133

Buscar uma relação com o tempo caracterizada pela humanização da humanidade.

De outro ponto de vista, escuto Jorge Larrosa, em suas notas sobre a experiência e o saber de experiência, falando da necessidade de sairmos do ritmo que produz o acúmulo de informação para nos permitirmos ser atravessados pela experiência. Isso demanda *perder tempo*. Ele incentiva esse *perder tempo*. Ler se permitindo o devaneio, criando o espaço que só o tempo proporciona para tocar e ser tocado. No campo pedagógico, sempre estamos às voltas com a regência dos ciclos de cada período de aulas com a missão de associar o tempo, chamado então de carga horária, ao ritmo coletivo e individual de desenvolvimento dos alunos. Há várias dimensões do tempo para serem equacionadas, seja em um semestre, em um ano, ou em cursos de curta duração. Há um ciclo que se completa em si e outro que expande a experiência provocada pelas aulas que reverbera ao longo da vida de cada aluno. São como os frutos e suas estações: a preparação da terra, o plantio, o cuidado em si, a relação com o ambiente e suas intempéries e a colheita.

Do outro lado da balança estão os programas de ensino que cada vez mais solicitam planejamentos com propostas, objetivos, metas e resultados a serem alcançados no *menor tempo possível*. Escuta-se o eco da civilização lembrando que *tempo é dinheiro*, que não se deve *perder tempo*, que é preciso *correr com o tempo* e *ganhar tempo*. Mas ganhar ou perder tempo para quê? Sob qual perspectiva proponho analisar o tempo que me foi dado, e que de certa forma eu mesma propus, para a realização desta pesquisa?

Por essas razões, ao analisar seus dados quis dilatar o tempo para mergulhar na proposta bíblica de capturar os tempos do ciclo completo de cada etapa. Procurei ser regida pelos afetos. Afetos de afetar. Aqui está uma parte da nossa respiração, vida! Portanto, voz! Isso me levou aos caminhos que atravessaremos agora. São passagens cujo nome e imagens título buscam provocar sensações de *dar tempo ao tempo*, de estar com *a corda no pescoço*, de reconhecer *a hora H ou o dia D*, de equilibrar-se entre *o pensamento que calcula e o pensamento que medita*. Tudo feito na tentativa de, quem sabe, alcançar que *a voz do Tempo ressoe na voz de quem joga o jogo*.

Lanço aqui mão da minha estratégia de abordagem. Uma herança cultural passada de avô para pai e netos.

Desde criança gosto das brincadeiras que têm na palavra o seu centro de ação. É assim que busco recursos lá na infância. Tentemos escutar a voz da criança com seu saber de experiência, ao dimensionar o tempo. Veja como é simples: O pai pergunta ao filho de mais ou menos seis anos: "Quantas horas tem um dia?" E o filho responde, com outra pergunta: "Um dia com brincadeira ou um dia sem brincadeira?"

Sirvo-me, como nas palavras entrecruzadas, do avô que provoca os netos à mesa do jantar, lançando charadas que ninguém acerta a resposta, mas que todos riem muito numa sequência de pergunta, alvoroço, silêncio, resposta. E nem sentem o tempo passar:

AVÔ: Quem é o Rei da horta?
AVÔ: O Re(i) Polho,
AVÔ: E o Rei do tecido?
AVÔ: O Re(i) Talho,
AVÔ: E o Rei das imagens bonitas?
AVÔ: O Re(i) Trato.

Dando tratos à bola, capturo Gilberto Gil que reverencia o tempo como um rei. Ponho-me a pensar meditativamente que o rei que orquestra esta pesquisa seja gente de natureza bem humana. Percebo-me boba desta corte. Com clareza de propósito quero o Tempo como *Reigente* orquestrando a convivência que nos é imposta pela lógica da civilização que mede o tempo no relógio e jamais na qualidade da brincadeira. É quando a lógica dos tempos mais que modernos faz com que o reino seja regido pelo *impera-dor*.

Agora, contextualização feita, invoco a presença do Bobo da Corte Mor, Charles Chaplin, capaz de driblar qualquer Grande Ditador com sua perspicácia afetiva, cardíaca e humana, como anfitrião e juiz desse jogo de vidas!

Que se distribuam as datas. A sorte está lançada!

O Tempo-Rei, Nosso Rei-Gente, e Seu Incondicional Rival, o Re(i)Lógi(c)o-da-Civilização, Nosso Impera-Dor

> *O caminho da vida pode ser o da liberdade e da beleza, porém nos extraviamos. [...] Criamos a época da velocidade, mas nos sentimos enclausurados dentro dela. A máquina, que produz abundância, tem-nos deixado em penúria. Nossos conhecimentos fizeram-nos céticos; nossa inteligência, empedernidos e cruéis. Pensamos em demasia e sentimos bem pouco. Mais do que de máquinas, precisamos de humanidade. Mais do que de inteligência, precisamos de afeição e doçura. Sem essas virtudes, a vida será de violência e tudo será perdido.*[5]

Gosto e preciso de datas. Elas servem para direcionar os meios com os quais vou trabalhar. Elas me ajudam a direcionar os momentos de escuridão e de luz. Ajudam-me a perseguir ideias ou transmutá-las ou abandoná-las. O Tempo é um rei que reverencio. Num aspecto subliminar ele me lembra que a perfeição que idealizamos não existe, e a perfeição de que ele me faz lembrar é de outra ordem, de outra qualidade de natureza. Ele me faz lembrar que tudo é apenas mais um passo para seguir adiante no processo de desenvolvimento e evolução. Assim caminham as galáxias. Dessa forma me ajuda a admirar minhas conquistas e a aceitar minhas falhas. Mas Eu-Boba e o Tempo-Rei sabemos que todo o tempo em que estamos no jogo estou inteira com todas as minhas potencialidades e os meus limites. Acredito que a sinceridade com que nos colocamos nas ações, afinados e afiados com nossos quereres e necessidades, determinam muito do resultado que alcançamos e da maneira como essas relações acabam por se estabelecer.

No caso, a relação Tempo-Rei e Eu-Boba é uma grande dança que se instala com o Relógio da Civilização que anteontem foi medieval, ontem moderna, hoje pós-moderna. Mas Nós-Bobos com relógios da civilização em punho sabemos que o tempo criativo pertence a um tempo sem tempo no Tempo: o tempo do agora. O instante exato em que o olho olha e vê, o pulmão respira, a vizinha bate na porta, um frio percorre a

---

5 C. Chaplin, *O Grande Ditador*.

espinha. O tempo do agora não se manipula, mas se É com todos os outros tempos em si.

A realidade externa e a realidade interna do nosso tempo criativo individual e coletivo obviamente não seguem o tempo imposto pelo relógio da civilização, o tempo de evolução e maturação de uma ideia, os diferentes tempos dos diferentes corpos, para deixarem-se tomar pelo mundo que lhes vêm dos estímulos que lhes são dados. Num paradoxo comparativo sabe-se que uma criança começa a andar depois dos nove meses e *jamais* aos dois meses. Portanto, por mais que digam que há uma guerra sinto que na verdade é uma grande dança, com pontuação rítmica, dramas, exaltações, alegrias, *allegretos*, bailados, tangos, valsas, *raps*, pausas, barulhos, barulhos, barulhos, silêncios, silêncios, silêncios. Esse é o aspecto filosófico da relação com o tempo no processo criativo e pedagógico: tirarmo-nos para uma dança, dançarmos conforme a música e quando tivermos uma brecha, pedirmos ao Rei-Gente da orquestra uma música especial.

O "Se" e o "É" em Xeque-Mate
Ou O Pensamento Que Calcula e o Pensamento Que Medita

Pensar é um ato, sentir é um fato.[6]

A dança ou o diálogo entre o *pensamento que calcula* e o *pensamento que medita* inspirada em Nancy Unger (2001), em seu livro *Da Foz à Nascente o Recado do Rio*.

Vamos ao prático, percebendo o pensamento que calcula. Comecemos pelo joguinho "meu corpo é minha cidade" associado ao "meu corpo habita uma cidade". Preciso combinar tempos. Se a minha cidade, que é meu corpo, quer leite e está sem leite, na cidade em que meu corpo habita o leiteiro passa às sete da manhã. No dia a dia natural dos fatos tenho algumas opções. Citarei duas.

Primeira: acordar minha cidade e ir encontrar-me com o leiteiro.

---

6   C. Lispector, *A Hora da Estrela*.

Segunda: combinar com o leiteiro para ele deixar o leite na porta (mesmo correndo o risco de ser roubado, porque, todos sabem, na cidade em que minha cidade que é meu corpo mora existem ladrões de leite). Pergunto-me: prefiro acordar e pegar o leite ou descansar um pouco mais e correr o risco de ser roubada? A situação vai determinar. Se estiver tranquila e disposta a acordar, e o leite é muito importante pra mim, levanto e, tenha certeza, o leiteiro vai me encontrar. Se estou muito cansada e o leite não é tão importante vou descansar um pouco mais. Se o leite é muito importante e estou muito cansada, vou tentar levantar mesmo assim. Se conseguir, ótimo, se não conseguir, a importância do cansaço ganhou da importância do leite. Teremos sede de leite, mas meu sorriso vivo estará presente.

Mas tem o dia em que não se sabe por que o leiteiro não vem. O que terá acontecido? Encontrou uma amante ou simplesmente *o amor de sua vida* e ficou namorando? Ou ainda está namorando até esta hora? E o meu leite? E se ele morreu ou foi atropelado no caminho? Isso parece mais fácil de perdoar, uma fatalidade. Não será o amor também uma fatalidade que nossa civilização nem sempre quer aceitar? E se e se e se? O fato é: temos que providenciar outro leite para aquele dia ou passar sem leite e aguardar a cara do leiteiro no dia seguinte, esperando que ele venha. Como receberei o leiteiro no dia seguinte? Serei capaz de perdoá-lo a falta do leite? Minha cidade inteira fez protestos e cobrou de mim, a prefeita, que houvesse leite circulando por todos os órgãos? Como terei convencido os órgãos de que o problema seria apenas por um dia? Será melhor inventar a história da amante ou a do atropelamento? Qual delas será mais fácil para os habitantes da minha cidade, que é o meu corpo, perdoar? Preciso conhecer muito bem essa cidade que é o meu corpo, para apaziguar os ânimos, porque imagina se no dia seguinte o leiteiro chega feliz da vida porque algo de muito bom aconteceu com ele e eu sou capaz de matá-lo, pois me faltou com o leite no dia anterior. Imagina se minha cidade só sabe perdoar atropelamentos! O que será do leite nos dias que se seguirão à morte do leiteiro não pelas rodas de um carro, mas pelas minhas próprias mãos, uma fatalidade? Essa é a forma como o meu pensamento que calcula

138   A VOZ ARTICULADA PELO CORAÇÃO

funciona. Opções plausíveis e inúmeras conjecturas em torno delas que são capazes de me levar à loucura.

Paralelo a tudo isso está o pensamento que medita. Pensamento mais enraizado nos sentidos. Ele me permite estar nos fatos sem perguntas e sem anseios de resposta. Com ele, me aproprio dos fatos. Através dele observo como as coisas acontecem, sinto como reajo a cada conquista e frustração, espero, empurro, desvio o caminho, invento histórias, driblo realidades e mantenho a única ponte que de fato me sustenta: a sinceridade comigo mesma e com a minha cidade. Talvez seja difícil falar desse pensamento ou explicá-lo. Vou então contar como percebi sua existência em mim na relação direta com o meu trabalho.

Encontrando os Óculos Perdidos Sobre a Própria Cabeça Ou Uma Passagem no Tempo

> *A Voz de um certo alguém que canta como o que pra ninguém[7].*

Quando estava no Royal Court Theatre, participando como diretora do curso de verão de dramaturgia[8], tinha como missão dirigir uma *leitura-encenação* de uma autora inglesa. Deram-me um texto totalmente poético e de difícil entendimento das metáforas. Na verdade era uma peça escrita para rádio e eles estavam me propondo encená-la. Seria um exercício de dez a vinte minutos dentro do curso e eu trabalharia com a autora e atores profissionais. Foi diante dessa situação que descobri como funciono e hoje consigo designar isso como a relação entre o pensamento que calcula e o pensamento que medita.

Naquela ocasião estava enlouquecida com o texto. Na verdade, haviam me enviado o texto para o Brasil e eu, muito ocupada, não o li. Quando recebi o telefonema de Elyse Dodgson me perguntando se havia gostado do texto, eu menti: "Ah, é

---

7   Fragmento da música "Alguém Cantando", de Caetano Veloso, no disco *Bicho*, de 1977, interpretada por Nicinha, cantora com voz totalmente popular.

8   O teatro conta com um programa de International Residence que visa apoiar a criação de dramaturgias originais. Esse curso faz parte da programação de atividades internacionais do Royal Court Theatre e tem duração de trinta dias.

ótimo!" Ela: "Você gostou mesmo?" Pelo tom com que ela falou percebi que havia algo errado, mas me mantive na minha mentira: "É... acho que vai ser bacana." Ela: "Eu fiquei preocupada porque, você sabe, a gente escolheu pra você um texto que foi escrito para o rádio e eu fiquei com medo de você não gostar, mas é um desafio. Como você lida bem com o teatro físico, pensamos em você para encená-lo." Eu: "Ótimo. É uma boa ideia." Ela, como se adivinhasse a minha mentira: "Mas se você quiser mudar me liga e eu procuro outro." Eu: "Não... fique tranquila, é bom ter desafios!" E continuei no meu corre-corre. Quinze dias depois estava saindo do ensaio do Teatro Castro Alves para comprar uma mala, colocar as coisas dentro e ir para o aeroporto. Quase perdi o avião. No voo abri o texto e enfim o li.

Li e fiquei em pânico. Não entendia nada. Pensei primeiro que era uma questão de língua. Li novamente. As personagens eram A e B. Não consegui identificar sequer se eram dois homens ou duas mulheres. Li novamente. Pareceram-me duas mulheres e o ambiente poderia ser um hospital, talvez. Mas seria um hospital para que tipo de doente: mental ou físico? Li novamente. Duas mulheres num relacionamento amoroso, pode ser, certamente é um relacionamento amoroso forte, intenso, perturbador, radical. Tomei um café e depois fui ao banheiro. Ah! Podem ser mãe e filha. Uma exerce um poder muito forte sobre a outra. A imagem de uma das partes finais do texto se instalou em mim com muita força: três homens de pijamas ao final do corredor, um em uma cadeira de rodas e os outros dois como que com muletas e objetos de hospital, faziam um som e agiam como se tocassem numa banda de jazz. Guardei o texto, pensando: "Meu Deus, o que eu faço com isso!?" Dormi. Naquele momento não havia nada a fazer, ou o melhor a fazer, dormir.

Desembarquei em Londres. O curso começou. Chegou o dia em que durante um almoço de confraternização seríamos apresentados aos nossos autores e diretores: os diretores estrangeiros (no meu caso) a seus autores ingleses, e os autores estrangeiros a seus diretores ingleses. Estava ansiosa na fila para pegar comida, quando uma das meninas da organização me mostrou, do outro lado, na outra fila, uma senhora de uns cinquenta e poucos anos e disse para mim: "Aquela é a sua autora."

Olhei para ela e pensei: "Pôxa, podiam ter me dado uma autora mais bonita, mais jovem, tá todo mundo com gente jovem e eu…" Foi quando ela se virou e começou a andar em direção a alguém e eu vi, e arregalei os olhos com espanto pelo achado: ela mancava. Caíram então todas as fichas. Óbvio que é uma personagem com um defeito físico na perna. Respirei aliviada. Só depois do almoço fomos apresentadas formalmente. Até esqueci que ela não era nem jovem nem bonita. Olhava para ela simplesmente encantada.

Marcamos nossa primeira conversa. Nos dias que se seguiram pedi a pessoas que me ajudassem no entendimento do texto, mas todos simplesmente liam e me diziam: "Não entendo como você vai fazer isso."; "Não dá pra te orientar."; "É, minha amiga… é meio estranho…" Li o texto mais algumas vezes. O dia do encontro chegou. Fiquei excitada e sabia que deveria fazer muitas perguntas para que ela me explicasse o texto. Sentamos numa mesa com um café e algumas torradas e começamos a conversar. Ela me perguntou de onde eu era e eu contei. Depois começamos a falar da vida no Brasil e da vida em Londres, e aí começamos a falar simplesmente da vida. Ela me contou sobre o defeito dela na perna e como tinha sido sua infância. Contei da minha infância e da relação que tinha com minha mãe. Falamos de morte, de sexo, sobre a beleza física na atração sexual, de amor, de sonhos de vida, de casamento. Houve um momento em que, enfim, tocamos no texto. Foi quando ela disse que havia muitos anos que escrevia, mas nunca tinha conseguido escrever sobre o seu problema físico e que esse texto era a primeira tentativa nessa direção, e foi criado para o rádio. O marido dela, que era músico, compôs uma trilha toda orquestrada, mas ela nunca poderia imaginar esse texto num palco. Falei um pouco das imagens que me atraíram no texto. Contei que a impressão que tinha era dessa sociedade em torno da personagem, em que os desejos e as formas de amar estavam tão marcadas e para a qual se teria que andar como quem desliza (*Glide* era o título da peça). Então ela olhou para o relógio. Britanicamente, nossa *uma hora de conversa* tinha chegado ao fim. Ela virou-se para mim e disse: "Você já escolheu o elenco?" Eu disse: "Não!" E levantando-se para sair: "Se você quiser, pode pedir mais de duas atrizes."

Eu: "Como?" Ela: "Você tem direito a até cinco atores, caso você queira." Eu: "Ah… é?" Logo depois de ela ter saído me sentei e olhei para o texto que estava em cima da mesa. Não havia tocado nele. Não havia perguntado sobre nenhuma das minhas dúvidas. E pensei de onde ela havia tirado a ideia de que eu gostaria de ter mais atores do que as duas atrizes? Imediatamente me vieram à mente os três homens em sua imaginária banda de jazz.

Quando chegou o dia de escolher o elenco, me sentei com a produtora de elenco e disse: "Eu quero duas mulheres, uma mais velha e outra mais nova, e três homens." Ela: "Como? Mas são apenas duas personagens." Eu: "É… mas a Meredith disse que eu poderia ter mais atores se quisesse." Ela: "A Meredith disse isso?" Eu: "É… Ela falou que cada diretor tinha o direito de ter até cinco atores." A produtora respondeu que teria que falar com Elyse. Eu fiquei na sala, aguardando. Enquanto isso, sua assistente me perguntava: "Que tipo de homens você quer?" Eu: "Três homens diferentes com habilidades do teatro físico e pelo menos um que saiba ou entenda de música. Não quero homens bonitos, quero de idades diferentes, bem normais, cara de cotidiano." Elyse abriu a porta: "Meran, você está pedindo três homens a mais." Eu disse: "É." Ela: "Pra quê?" Na hora respondi com certeza absoluta algo que não havia pensado com muita clareza: "Para representar a sociedade masculina ao redor das personagens." Ela fechou a porta. Abriu de novo e disse à produtora: "ok!" Virou pra mim: "Boa sorte!"

Estou contando tudo isso para chegar aqui, na noite anterior ao primeiro dia de ensaio. Cruzava com os outros diretores e todos estavam preparando o trabalho do dia seguinte. Uns já sabiam passo a passo como iam atuar. Um outro estava indo para o quarto fazer a decupagem final do texto. Eu também fui para o meu quarto trabalhar. Mas não conseguia fazer nada. Pensava uma coisa, outra: "Então vou dividir o texto. Mas ainda nem o entendo direito. Vou pensar em jogos que posso fazer." Tentava iniciar uma lista, mas não escrevia nada. Fiquei em pânico e me sentindo culpada e incompetente. Como eu não conseguia preparar o primeiro dia de ensaio? Aí empaquei e fiquei irritada comigo mesma e disse: "Vou dormir." Deitei. Deitada, pensei: "É melhor eu meditar um pouco para pelo

142   A VOZ ARTICULADA PELO CORAÇÃO

menos preparar meu espírito para a empreitada de amanhã." Então fiquei de pé e fiz dois exercícios: um de equilíbrio energético, em que se leva a consciência para determinadas áreas do esqueleto, em especial à coluna vertebral, e o outro, uma meditação evolvendo a expressividade e o equilíbrio dos chacras. Durante esses exercícios em que não se buscam respostas mas sim *fazer contato com*, duas coisas me vieram. Uma delas era de que precisava começar o trabalho de maneira física. Caso começasse por leitura de mesa estaria fadada ao emperramento intelectual. E essa é a prática dos atores ingleses, o que significava que, ao mesmo tempo, precisaria estar aberta caso eles insistissem em começar pela mesa. A outra é que, como sempre que estou meditando ouço músicas, minha meditação tem um fundo musical interno. A música que de repente surgiu em mim foi na voz regional e popular de Nicinha: "A voz de alguém quando vem do coração de quem mantém toda pureza da natureza, onde não há pecado nem perdão, onde não há pecado nem perdão[9]."

Gostei do que se instalou em mim após a meditação e ao me deitar estava pronta para dormir um sono mais tranquilo. No dia seguinte, ao subir com os atores para a sala de ensaio, a encontrei preparada, com a mesa e as cadeiras. Nos sentamos e começamos a conversar. Vinte minutos depois estávamos afastando a mesa e as cadeiras, e fizemos uma análise física e ativa do texto em que os homens, numa dinâmica de jogo, sopravam como um ponto o texto para as mulheres.

Foram dois dias de trabalho intenso e muito rico para a realização de uma leitura dramática. Para se ter ideia, foi o único grupo que conseguiu apresentar-se sem o texto na mão. A partir da tarde do primeiro dia a autora acompanhou todo o processo. Ao final do segundo dia de ensaio haveria a apresentação pública para a classe de dramaturgos, críticos e diretores londrinos. Faltavam dez minutos para abrirem as portas para o ilustre público entrar. Fazíamos os ajustes finais e então me veio, de não sei onde, a vontade de fazer o final com a música da meditação. Isso modificaria a encenação no seu último minuto. Meu coração foi parar na boca. Comecei a suar frio.

---

9   Fragmento da música "Alguém Cantando", op. cit.

O pensamento que calcula dizia que era impossível. A iluminadora fazia o ajuste final. Tudo pronto. Fiquei muito inquieta com a ideia e o impulso de mudar o final. Fui ao banheiro. Meu coração continuava batendo forte e descompassado. Minhas mãos suavam frio. O pensamento que medita via os atores de modo diferente àquele que já havia sido marcado e ensaiado. Ao invés de irem para os lados, eles deveriam parar e olhar para um ponto acima da cabeça da plateia, e eu já estaria em baixo, por trás da arquibancada, onde ninguém me veria e lançaria, por trás de todos, a canção numa voz de rezadeira nordestina. O pensamento que calcula lembrava que só havia uma apresentação. O pensamento que medita escutou a informação: a informação do pensamento que calcula, do coração que batia e da mão que suava frio. Voltei. A produção informou: "Cinco minutos para abrir as portas." Reuni o elenco e disse: "Vamos mudar o final." Eles: "Como? Agora?" Eu disse: "É simples, eu vou cantar uma canção em português. O final será assim." Expliquei tudo e cantei a música para eles, traduzindo o significado. Pedi que tivessem em mente na ação final da cena que o significado de que toda aquela trajetória vivida pelas personagens era para simplesmente abrir o coração a fim de que a voz do coração falasse, com o seu tom de "não há pecado nem perdão", e para que todo o passado, presente e futuro, essa cardíaca sentença da natureza, se instalasse nas relações: não há pecado nem perdão.

Só meses depois percebi o significado disso em termos de minha metodologia de trabalho. Sempre me cobrei atuar com o pensamento que calcula e que organiza. Deixava de lado ou desqualificava o pensamento que medita. Ele estava sempre em segundo plano. Subalterno. Quase inconveniente. Percebi que tinha feito o melhor trabalho naquela noite antes de dormir: gastei uma hora em exercícios físico-energéticos e pude tocar nas questões que me afligiam com uma perspectiva diferente da promovida pelo papel e caneta, e consegui acessar o que era necessário para realizar o trabalho. Passei a qualificar isso. Passei a não ter vergonha nem sentir culpa por estar fazendo de outra forma o que alguns conseguem fazer apenas com papel, caneta e muito raciocínio. Vi que é uma questão de utilizar as nossas potencialidades. O pensamento que calcula é importante e o pensamento que medita também. Estamos mais acostumados a valorizar o que calcula. E hoje me apoio com mais tranquilidade no pensamento que medita e sabe aguardar até que as respostas se desenhem na nossa frente pelo próprio acontecer dos fatos. Conecto-me com as minhas sensações físicas, emocionais e da ordem do espírito de maneira objetiva.

Como fiz isso objetivamente na *Trilogia Baiana*? Estava passando por uma grande crise de saúde e, ao mesmo tempo, vivia uma fase muito mental devido às pressões do curso de doutorado que, para mim, tinham uma proporção enorme. O que fiz? Preparei-me para chegar aos ensaios sempre ativada, física e psiquicamente. Marquei os ensaios para as 9h30 e criei a seguinte agenda para mim: segunda, quarta e sexta fazia aulas de capoeira das sete às nove e terças e quintas Ashtanga Ioga, das oito às nove. Ou seja, chegava para trabalhar numa prontidão enorme e extremamente afiada nos meus objetivos, levada por estímulos que ativavam *certo estado* proporcionado por essas *artes*. Da capoeira me interessava o espírito do jogo. Ela me colocava em prontidão de guerreira e em contato comigo mesma, com meus medos, meu cansaço e me fazia buscar a minha pulsação e a minha ginga para driblar as dificuldades minhas e o meu *adversário*. Meu mestre falava alto: "Tá faltando sentimento, escuta a música, deixa o corpo *ir no gingado*, confia no corpo, olha a harmonia." A capoeira trabalha de olhos abertos focados no outro, no espaço a sua volta. Na Ashtanga Ioga, trabalhava a respiração e a saúde física e mental, a integração no estado de interiorização. Ela é extremamente física e ativa. Os olhos trabalham abertos com focos direcionados a pontos que levam você a si mesmo e massageiam a *visão*, ou seja, massageiam fisicamente os olhos. Assim, esses vão para a ponta do nariz, para o ponto interno de encontro entre os cílios direito e esquerdo, para o umbigo. As duas atividades apaziguavam o espírito, oxigenavam o organismo; acompanhando com a consciência o fluxo do oxigênio pelo corpo, realinhavam o esqueleto, abrindo novas possibilidades para o corpo físico e isso certamente se reflete no corpo mental, no corpo emocional e no corpo espiritual. A capoeira e a ioga de alguma forma me esvaziavam a cada dia para receber melhor o que viria naquele novo dia. A tudo isso acrescentei uma consulta

A PROVA DOS NOVE

145

sempre que precisava com Lia Mara, professora de voz, atriz e fonoaudióloga. Com ela trabalhava a mim mesma na perspectiva da minha própria expressão.

É assim que falo da maneira como administro o tempo durante o trabalho. Tenho dificuldades com ele. Não é simples pra mim, por isso preciso das datas, para criar um foco objetivo que me guie nessa matemática meditativa do duelo entre o Tempo Rei e o Relógio da Civilização.

O Tempo-Rei e Eu-Boba Dançando Com a Corda no Pescoço, Uma Coreografia, Hoje Popular, Criada Pelo Rei-Lógico-da-Civilização

Durante o processo de *Uma Trilogia Baiana* trabalhamos da seguinte forma: de segunda à sexta-feira das 9:30 às 13:30 horas. Os encontros individuais eram realizados à tarde, com mais ou menos uma hora cada. Foram cinco ao todo. As entrevistas também aconteciam à tarde ou à noite. Realizamos três entrevistas, duas em grupos de quatro e a última individual, além de uma avaliação coletiva final após o término da segunda temporada. Tivemos uma média de dois ensaios extra para cada cena coletiva.

Os ensaios começaram dia vinte de agosto e nossa primeira data de estreia era 28 de novembro. Na verdade havia planejado quatro meses de ensaios e só pude iniciá-los no dia vinte, o que os reduziria a três meses e uma semana, uma vez que tive que refazer o elenco inicialmente convidado e, além disso, sabia que passaria quinze dias fora em setembro, no Porto Alegre em Cena[10]. Então, quando começamos a ensaiar duvidava da data de estreia. O pensamento que calcula já havia informado que o tempo estaria apertado. Mas tocamos o barco.

Como viajaria dia treze de setembro precisava deixar tudo encaminhado para o trabalho com os solos. Realizamos então, nos dias 10, 11 e 12 de setembro, o que chamei de Mostra Verde, a nossa primeira mostra interna do que cada um estava

10 A Cia. de Teatro Os Bobos da Corte participou do 10º Porto Alegre em Cena – Festival Internacional de Teatro – 2003, com o espetáculo *A Hora da Estrela* e com os *workshops* O Ator Contador de Histórias e Corpo e Voz em Conexão Íntima, ministrados por mim.

desenhando para seu próprio solo. Era bem verde mesmo: nela podíamos ver o tema, adivinharmos as linhas estéticas sugeridas pelos atores, e algumas personagens já estavam definidas e outras eram apenas dúvidas. Isso permitiria, e permitiu, que a equipe técnica formada por Juliana Rangel (fonoaudióloga), Patrick Campbell (trabalho vocal ligado às canções de trabalho), Rino Carvalho (figurinista, cenógrafo e outras tantas intervenções) e Marcos Barbosa (orientação da dramaturgia) conhecesse, na prática, o que era a proposta de cada um e encaminhasse o trabalho durante as duas semanas em que eu estaria ausente. Minha expectativa era basicamente o trabalho com a dramaturgia, porque o que todos precisavam naquele momento era justamente ver/pensar como articular melhor a sua cena/história para alcançar o fim proposto por seu tema.

Geovane era também o iluminador de *A Hora da Estrela* e viajou no final de semana em que apresentaríamos o espetáculo. Portanto, lá em Porto Alegre previ os problemas que encontraria ao voltar, mesmo não abrindo espaço para que Geovane me contasse o que aconteceu. Mas quando perguntei como tinha sido a conversa com Marcos, nosso dramaturgo, ele engasgou muito e citou algumas coisas, dizendo que queria conversar comigo. Desviei-me do assunto. Separei os trabalhos e ri um bocado, nem sei se de nervoso. Diferentemente de Macabéa, que "ria-se por não ter se lembrado de chorar", talvez eu risse por já ter me cansado de chorar. O fato é que as antenas foram acionadas e, mesmo tentada a ligar para Salvador para saber como iam as coisas, evitei novamente, deixando que a equipe e os atores se virassem sozinhos. Sabia que de longe poderia fazer muito pouco e, depois, a equipe era de primeira.

Quando cheguei, encontrei um caos interno. Os atores perdidos em seus solos, em seus temas, em suas propostas. Todos queriam falar sobre o encontro com Marcos e eu disse: "Antes de saber o que Marcos falou quero ver os solos", e, muito animada, perguntei: "O que vocês prepararam *preu* ver?" Todos retorciam as cabeças como que pedindo desculpas pelo que iriam mostrar, ou se iriam mostrar mesmo. Eu: "Claro que vão mostrar. Quem será o primeiro?" E comecei a ver as cenas no mesmo esquema coletivo de avaliações e observações direcionadas. O que pude constatar é que quase todos modificaram muito pouco do que tinha deixado. Esperava mudanças mais radicais. Na verdade, mudanças estruturais. Esperava encontrar os solos mais estruturados dramaturgicamente. Então, mostradas as cenas, iniciamos no dia seguinte os comentários com a seguinte indicação: "Ainda não quero saber nada do que Marcos falou para vocês, vou comentar pelo que vi e vocês vão comentar pelo que perceberam também do que viram e só amanhã Marcos será o assunto, ok?"

Pode-se dizer que estava ganhando tempo, adiando um problema, mas é mais ou menos isso mesmo. Na verdade tentava perceber, por outros meios, o que se passava. Observava o olhar de cada um, a respiração, a inquietação, a cena, o relaxamento. Tentava deixar que o pensamento que medita tomasse conta da situação porque o pensamento que calcula via claramente que o planejado tempo se havia desprogramado. Pelo que havia *pescado* da rápida conversa com Geovane sabia que concordaria com tudo ou quase tudo que Marcos havia dito, só que ele teria errado no *como* falar. Muitas pessoas não suportam certas palavras, ou determinados tons de fala. E isso pode ser um entrave grande na assimilação de ideias e propostas. E assim foi. Na própria avaliação das cenas iam se delineando as falhas dramatúrgicas. Conversamos sobre desenvolvimento de cena, princípio, meio, fim, clímax, conflito e ausência de conflito, a história cíclica em espiral. Quando o assunto nesse mesmo dia chegou em Marcos, parecia que ele já não era de fato o problema, mas sim as próprias cenas. E então ouvi tudo o que ele disse, através dos ouvidos e das vozes de seus interlocutores, e ia mais ou menos concordando e clareando os pontos, readaptando o que foi dito, reconduzindo. Agora me cabia uma decisão: sabia que os solos teriam que ser trabalhados por mais duas semanas e seria num ritmo que não podia adivinhar ao certo o tempo.

Retomei o trabalho no dia seguinte por exercícios de cunho dramatúrgico: os *porquês* da história através de um jogo cujos *porquês* são depois transformados em ações físicas. Ainda não sabia como retomaria o trabalho com Marcos. Também não quis falar com ele porque achava que ele tinha feito correto e não gostaria que ele chegasse ao grupo como que pedindo desculpas ou tentando expressar-se de outra maneira, pois gosto e sempre quero que as pessoas que trabalhem comigo possam se

148 A VOZ ARTICULADA PELO CORAÇÃO

expressar como querem, como são. É um acordo tácito que se vai formando do ser ao se permitir ser como se é. Faz parte inerente da metodologia. Então fui adiando o telefonema e Jacyan fez o trabalho por mim sem que eu soubesse. Ela disse a ele, segundo ela me contou, meio assim: "Ó, cara, você provocou o maior caos lá dentro." E, quando liguei para agendar a continuidade do nosso trabalho, ele já disse: "Posso ir amanhã." E lá estava de manhã. Enquanto deixava as pessoas em aquecimento, conversei quinze minutos com ele fora da sala, dizendo do exercício que havia aplicado no dia anterior e que eu sabia que ele conhecia porque era do repertório do Royal Court Theatre. Então ele disse: "Podemos fazer esse outro, o dos *verbos de ação*." Aí perguntei: "Você quer que eu conduza ou você conduz?" Aí ele disse algo parecido com um *tanto faz* e, na hora *H*, passei a bola para ele.

Para surpresa minha no desenrolar dos dias tivemos um dos trabalhos mais preciosos, um semicurso de dramaturgia, em que Marcos estava totalmente integrado e disposto a jogar bolinha, a fazer alguns relaxamentos e exercícios que eu conduzia com o grupo. Ou seja, restaurou a harmonia com uma competência ímpar e conduziu a criação dentro da proposta: não fornecer a resposta de bandeja, mas fazê-los encontrarem seus próprios caminhos.

Isso tudo demandou tempo e então o pensamento que calcula se perguntava: "Pra que você inventou de trabalhar com criação de texto? Será mesmo necessário para um ator trabalhar voz que aprenda a construir texto? Olha só o tempo que você está perdendo..." Se por um lado me questionava quanto à minha própria ideia (e isso é um caso para outra pesquisa) por outro já estava no meio do mar e no meio do mar, como você sabe, é só oceano. "Navegar é preciso, viver é impreciso."[11]

Ao mesmo tempo que olhava o relógio, sabia que todo o restante do trabalho dependeria desses solos, dessas personagens e dessas histórias. Era necessário construir isso com o máximo de consistência possível, e isso era no fundo ganhar

---

11 "Navegar é preciso, viver é impreciso" foi uma frase que escutei ao assistir a segunda versão do *Recital da Novíssima Poesia Baiana*, espetáculo de Los Catedráticos (1997). Simplesmente adorei a frase! Quando estava construindo *Extraordinárias Maneiras de Amar* (2001), decidi por finalizar o espetáculo com ela.

A PROVA DOS NOVE 149

tempo. E eu olhava as horas do relógio. Então a providência divina ligou para mim avisando que o teatro havia cancelado as duas primeiras semanas da nossa pauta. Respondi, ainda com o pensamento que calcula: "Absurdo! Então, terei apenas duas semanas de temporada." Fiquei muito irritada. Solicitei mais dias de pauta. Fiz cara feia para o teatro e aos poucos o pensamento que medita foi avisando: "Olha que bacana! E você nem vai precisar inventar uma desculpa para o atraso com os solos. Os quinze dias que lhe foram tirados da programação dos ensaios lhe foram colocados novamente, adiando sua estreia de 28 de outubro para 11 de novembro."

Esperei até a nova mostra interna dos solos para contar que nossa data de estreia havia mudado. Alguns atores não gostaram, mas a maioria respirou aliviada.

Passo seguinte: construir as cenas coletivas. Isso significava escolher as combinações de personagens. Outra viagem no tempo. Sempre precisava fazer escolhas muito importantes em relação ao tempo. Aqui experimentávamos as interações de personagens e me havia colocado uma data para definir essas combinações. Mas experimentava e não sentia firmeza na minha escolha. Fiquei tentada a decidir racionalmente, mas isso parece me atrapalhar mais; gosto de ter a certeza das escolhas pela ação, mas a ação ainda não tinha me revelado a resposta. Olhava as horas no relógio. Conversava com o Tempo Rei. O pensamento que calcula brigava com o pensamento que medita. Adiava mais e mais o dia da resposta. Pedia paciência às pessoas. Tentava convencê-los de que uma boa decisão faria o processo caminhar mais fácil depois. Dizia: "Amanhã eu trago", e no dia seguinte trazia mais combinações para experimentar. Até que me reuni com Marcos e Rino e juntos decidimos. E foi uma decisão sobre a qual tinha certeza.

Gosto muito quando a resposta se desenha na minha frente. Isso me dá tranquilidade para trabalhar. É como desenvolver a coragem para andar no escuro. Parece que quando a luz entra, as dúvidas desaparecem. Minto, uma dúvida havia em mim. Não presenciei uma improvisação em que a *Cidade Expressa* estava situada num salão de beleza e as personagens se conheciam. Marcos e Rino me contaram que foi muito boa, mas não gostava muito da ideia. Depois de assumirmos as cidades com elenco de personagens e situação eixo para cada uma delas, na qual a *Cidade Expressa* seria em um salão de beleza, improvisamos com esses objetivos. Trouxe para a *Cidade Expressa* outra possibilidade. Assisti a cena do salão de beleza e não gostei. Repetimos novamente. Não me convenceu. Então propus a Marcos que conduzisse para a ideia de Suicídio na Praia, com o final na festa de 2 de fevereiro. Gostei mais. Restava saber o que todos achavam e o que Marcos achava. Venceu essa ideia. A *Cidade Real* ficou no cemitério e a *Cidade Fantástica*, mesmo situada numa estação de ônibus, continuou um caso à parte.

Justo no momento da criação das cenas coletivas perdi o dramaturgo: sua defesa de tese precisou ser antecipada. Outro golpe do tempo. Contudo, a criação das cenas da *Cidade Real* e da *Cidade Expressa* se deram no tempo previsto, mas a Fantástica se deu num tempo *fantástico*. Nela, nada dava certo. Os atores faziam coisas ótimas quando improvisavam e depois rejeitavam seu próprio material de improviso. É um caso que merece um *estudo de caso*. Foi através desse *estudo de caso* que fazia a cada dia com a *Cidade Fantástica* que comecei a delinear com mais clareza a estrutura de coro. Sim, pois foi nesse período que Luciano Bahia, diretor musical, começou a frequentar os ensaios e trabalhar coisas específicas com os grupos das cidades que não estavam trabalhando comigo na criação das cenas coletivas. No entanto, novamente estendi prazos.

Assim que as cenas coletivas ficaram prontas, realizamos a primeira Mostra Pública, na sala cinco da Escola de Dança, dez dias antes da data prevista da estreia. Convidamos amigos e toda a equipe técnica e apresentamos as três cidades na seguinte sequência: Fantástica, Expressa, Real. Essa mostra foi um verdadeiro divisor de águas. Pela primeira vez, pessoas, que não acompanhavam nada do processo, assistiram. Também eu, pela primeira vez, vi as três cidades unidas com seus solos e cenas coletivas. Ainda não tínhamos cenário nem figurino nem a estrutura do coro definida. Apenas havia criado uma abertura para a *Cidade Expressa* que tinha um final coletivo, com a música de Iemanjá, e a *Cidade Fantástica*, que tinha um grande número de intervenções. Organizei essas intervenções no espaço e em todas as cidades o elenco ficou sentado em torno da cena, como mais tarde veio a ser no espetáculo.

A PROVA DOS NOVE

Fiquei muito atenta a como eu reagia diante do *ato de mostrar*. Percebia o que me incomodava mostrar àquelas pessoas. Percebia o que queria fazer diferente, e ia aos poucos tendo o termômetro do que havíamos criado. Surpreendi-me com muitas das reações. Senti que as pessoas se emocionavam com coisas que não poderia supor, ou que desconfiava da capacidade de *tocar* da cena. Apesar de serem amigos, estávamos com um público muito seleto e de pessoas críticas. Ouvi os comentários com muita atenção.

Saí satisfeita da mostra. Estávamos no caminho certo. Era preciso entrar na estrutura espetacular. Essa foi a minha conclusão. Novamente olhei para o relógio. O tempo era curto. Era preciso criar a participação do coro para as três *Cidades* e a dinâmica de ensaio de coro é bem diferente da que vínhamos trabalhando até então. É como se o trabalho de criação dos atores tivesse terminado e tivesse chegado a hora de entrar a mão da direção na estrutura das *Cidades*, ou seja, na criação do coro como eixo da estrutura espetacular. Isso ficou claro para mim principalmente pela *Cidade Real*, a qual havia deixado sem nenhuma interferência de coro até a mostra (exceto nos solos de Iara e Fábio). Quando essa cidade foi colocada junto das outras ela ficou aquém. Gostava dela sem coro, e pensava em deixá-la assim, mas, ao fazer parte da *Trilogia* e estar com as outras duas cidades, ficava faltando algo. Então, por alguns dias, a *Cidade Real* me tirou o sono.

Já havia me questionado quanto à data da estreia, mas muitos eram os fatores que me faziam não olhar de frente o assunto. Estávamos num desgaste muito grande com a falta de pagamento; a verba da Fundação Gregório de Mattos não havia sido liberada. O elenco estava insatisfeito com isso. A produção se fazia de forma dolorosa para mim, pois eu tinha que desembolsar dinheiro de um cartão de crédito e, com isso, precisava estar fisicamente presente na compra de materiais. A insegurança do pagamento e as atividades da produção, a pauta do teatro e os outros compromissos já assumidos pelos atores para depois do nosso cronograma me tiravam a confiança de propor um adiamento da estreia. Já havia sondado o teatro para aumentar a pauta para janeiro, e isso vinha sendo uma negociação longa e ainda indefinida. Para mim não valeria a pena reduzir o número de apresentações, pois também considero esse período um período de aprendizagem. E defendo isso como proposta metodológica nos meus princípios norteadores. Só diante do público muitas coisas tornam-se conscientes e o *estado* em que o ator se apresenta é diferente, alterando muito de sua atuação e percepção. As necessidades com as quais o ator tem de lidar são outras. Isso é muito importante no trabalho da interpretação e diretamente no trabalho da voz.

Mas ao assistir à mostra vi que teríamos um bom produto se nos dedicássemos com mais tranquilidade à construção da estrutura espetacular. A *Trilogia* sofria e sofre das virtudes e das debilidades de um texto criado por atores. A moldura na qual enquadraríamos os significados e signos seria muito importante. Importante para o espetáculo em si, que havia *recebido* um prêmio de um edital e, portanto, tinha um compromisso com a qualidade final do produto, e importante para a elaboração do próprio elenco sobre o valor do significado na obra teatral: o significado de seus solos individuais e suas cenas coletivas no significado do todo. Esse processo sugere o construir e despertar a consciência artística da obra. Portanto estávamos diante da missão de construir um significado coletivo para cada cidade e das três cidades como um conjunto com consistência simbólica e *afetiva* (não consigo encontrar outra palavra).

Novamente o diálogo entre o pensamento que medita e o pensamento que calcula. Meu sentimento interno me indicava que precisávamos adiar. Mas adiar para quando e a que outro custo? Nesse momento falei com Jussara ao telefone para avisar que não havia conseguido a passagem para que ela viesse fazer o que chamava de *coreografar o coro*. Havia na minha concepção a ideia de que o trabalho vocal realizado pelo coro fosse associado a uma ação física estética/poética em que o ator precisasse coordenar todos os aspectos da voz, como volume, intensidade, articulação, afinação etc., a uma ação física individual e coletivamente. Então o coro estaria também *emoldurando* as cenas não só com a voz. Essas são coisas que o Tempo, que não é dinheiro, deixou para outro projeto. Jussara me falou com sua típica determinação: "Adia! Se você está sentindo que é pra adiar, adia." Esperei a confirmação da pauta de janeiro para tomar qualquer decisão. A sensação de adiar e não ter a

A PROVA DOS NOVE

pauta seguinte era muito angustiante e sabia que o grupo não iria
suportar a espera. Também eu não a suportaria. Aliás, ouvia-me
muito atentamente e sabia que algo se esgotava. Era preciso levar
esse *material* ao público. Conversei com Luciano Bahia, diretor
musical, pessoa fundamental para a decisão de adiar. Ele disse
que também preferia trabalhar com mais calma e sua agenda
permitia o adiamento. O recesso para Natal e Ano Novo me deixava inquieta. Muitas pessoas viajariam. Eu tinha um medo de
dispersão energética. A questão era adiar até janeiro ou apenas
uma semana em dezembro: do dia onze para o dia dezenove.
Jussara novamente, por e-mail, me lembrou: "Uma semana, se
trabalhada com objetividade e com a energia bem ativada, pode
significar um mês." A verba da Fundação Gregório de Mattos não
saía e pela data já não sairia mais em dezembro. Os dados para
o pensamento que calcula eram os seguintes: "Só haverá espaço
para ensaios no palco e para montagem de luz na semana de
onze de dezembro. Para a semana seguinte só haverá o próprio
dia da apresentação, ou seja, dia dezenove."

A matemática era simples e quase sem opções. Já não
teríamos mais salas de ensaio. Para janeiro ainda teríamos que
gastar tempo reaquecendo o espetáculo. Também avaliava o
relaxamento que ocorre quando se adia; é como uma tensão
desperdiçada. Trabalhou-se com um foco que conduzia toda
a energia para um desfecho. Era preciso manter aquela pulsação como que afrouxar só um pouquinho a corda para respirar
melhor, mas manter a mesma intensidade e força. Essas eram as
sensações do pensamento que medita. Então, propus o seguinte:
manter o cronograma de ensaios de palco colocando as cidades no espaço e realizando a montagem de luz como havíamos programado, fazendo, das datas de apresentação, ensaios
abertos. Assim faríamos uma cidade por dia: sexta, sábado e
domingo, concentrando nossos esforços na finalização de cada
uma delas. Essa espécie de ensaio geral com a tensão da presença do público nos prepararia para ensaiarmos e realizarmos
os acabamentos das cidades na semana seguinte de volta à sala
de ensaio. Assim fizemos.

Entrei para essa empreitada como uma verdadeira guerreira. Cuidei de livrar-me de tudo que pudesse me tirar vitalidade. Cuidei de imprimir uma qualidade boa ao meu sono.

Cuidei da alimentação de forma mais regular. Abria as ventas como um animal em alerta.

Na época em que criávamos as cenas coletivas, também estendi o tempo mais do que o previsto, e tinha uma certeza: aqui ainda dependo dos atores no sentido da criação do material, das improvisações e do texto, mas no passo seguinte será mais fácil, porque o centro da criação estará comigo e com os técnicos. Ledo engano; essa era a etapa que dependeria da energia coletiva. O ator não trabalhava mais em função da sua cena ou da sua cidade, mas da cena e da cidade do outro. Mais do que nunca eu dependia deles, não sob o ponto de vista criativo, mas da prontidão, da atenção, da precisão técnica quer da sustentação da energia, quer da capacidade de responder ao que era solicitado. Por outro lado, aquilo que haviam criado individualmente começava a ter interferência de fora, do outro. Entrei no universo das resistências coletivas que são muito mais ferozes que a resistência individual. A guerreira que se preparara para lutar na criação teve que travar a grande guerra contra a sua frustração interna delineada num aspecto totalmente infantil. Essa era a minha hora de *brincar de criar*, de meter a mão na massa, e o que encontrava era resistência, resistência, resistência. Via-me tomada por uma raiva bem infantil do tipo: "Enquanto eu fui jogando o jogo deles, enquanto eu aceitava tudo o que eles propunham e ia lapidando e organizando esse material para chegar o mais próximo do que cada um queria estava tudo bem, agora que é a vez deles aceitarem o que é a minha proposta e chegar aonde eu quero, não dá, é ruim, falta disponibilidade." Lidar com meu temperamento de menina magoada, ferida e rejeitada foi um exercício e tanto. E graças aos meus 42 anos, não fiquei empacada na arrogância da jovem coberta de razões dos 22 anos, nem na birra da criança dos doze anos que quer tomar a bola e acabar com o jogo. Eu, mais boba aos 42 que aos doze, agradeci em silêncio ao Tempo e venerei o Rei. O Relógio da Civilização despertou, tocando o terceiro sinal. Estreamos dia dezenove com os espetáculos ainda frágeis, mas com a energia coletiva em cima, o que mantinha acesa a chama da vitalidade da Obra.

A PROVA DOS NOVE

A Hora "H", O Dia "D", ou Seja, Agora ou Nunca, Ou Eu-Boba em Obediência ao Tempo num Pacto Silencioso Com o Relógio da Civilização

> Coragem grande é poder dizer SIM[12].
>
> Pensemos, também, no pano de boca na frente do palco: quando ele se abre, torna-se um campo de expressão, do aplauso, do sucesso, mas também o é do fracasso, pois quando você se expressa, também expõe seus medos e expõe-se ao fracasso. E por isso, muitas vezes, não nos expressamos. Por medo de fracassar. Quando, na verdade, a expressão mais pura não comporta nem teme o fracasso ou o sucesso. Por isso, Beckett diz: "É preciso aprender a fracassar cada vez melhor." É um paradoxo maravilhoso. Essas duas forças nos movem, nos atingem em cheio na sua polaridade.[13]

Há momentos de escolha que são determinantes e paga-se o preço de cada escolha. É preciso ter a coragem da escolha. Com a *Cidade Expressa* sabia que estava jogando a estreia em risco e que estenderia para a temporada o *ajuste* do espetáculo.

Nela fizemos um cruzamento dos solos. Eles foram intercalados. Todos estavam em cena ao mesmo tempo e o foco se dirigia a um ou ao outro. Esse processo foi o mais difícil da montagem final das cidades. Era difícil porque estávamos *na corrida contra o tempo*. Difícil porque era complicado para os atores abrirem mão de seus solos para *reparti-lo* com os outros em função de uma espetacularidade ou de um significado maior. As resistências eram grandes de Mariana e Manhã, bem pequena de Flavinha, e nenhuma de Márcio. Márcio foi o meu apoio real para que a cena se desse dessa maneira. Então tivemos que ter vários tempos andando juntos: o tempo da interpretação de cada um, o tempo de dissolver resistências, o tempo de encontrar as melhores marcas para entrecortar os solos, o tempo para assimilar os cortes na interpretação individual e o tempo para assimilar os cortes na interpretação coletiva e do espetáculo na estruturação com o coro. E os tempos de assimilar na interpretação, quer do ponto de vista individual

---

12 C. Veloso, Nu Com a Minha Música, *Outras Palavras*.
13 L. Marfuz, A Luz e a Escuridão no Palco e na Vida, *Elos*, p. 45.

dos solos quer do ponto de vista da coletividade no espetáculo, tiveram de ser realizados durante a temporada. Eles estrearam executando marcas no sentido coletivo. A interferência do coro e dos outros no solo era muito marcante. Mas o principal movimento que precisou da temporada para amadurecer foi o de apreender o significado do todo. Havia um hiato na interpretação de cada um que era "o que fazer quando o outro estiver em foco?" Algumas coisas foram pontuadas, mas foi só na execução das apresentações da temporada que eles foram sintonizando os canais, conhecendo o tempo um do outro, se ouvindo melhor em cena para poder tirar partido do que estava acontecendo com o outro e com a cena do outro para estimular a sua própria personagem e conduzi-la à ação seguinte.

Tudo isso foi um grande aprendizado para esse grupo. Ao final eles comentavam como foi importante começar a ouvir o outro em cena, a se contaminar com o que era produzido coletivamente.

Para mim era importante em termos espetaculares misturar os solos. A temática deles era uma temática difícil e a linguagem que usavam não era tão digestível como as outras. Eles falavam do que a gente não quer falar nem ouvir, e de uma forma que poderia ficar dura ou piegas para a plateia. Ao mesmo tempo eu gostava da ideia de que esses mundos vivem vizinhos um do outro. Todos nós temos no apartamento ao lado alguém que talvez esteja fritando na cama com insônia. Esse aspecto da cidade também me dirigia para esse caminho.

Fiquei com medo de eles não alcançarem, até o fim da temporada, o tom do espetáculo. E foi um prazer muito grande no último dia de apresentação, quando passei pelo camarim e dei as últimas instruções como quem entra em campo para um jogo. Disse a Márcio: "Lembra de abrir a voz no momento dos murros na porta, trabalhe com a estrutura do esqueleto." Pedi a sincronia da música novamente entre ele e Flavinha e então ouvi as explicações muito rapidamente de como estavam acontecendo as coisas. Márcio dizia: "Flavinha, ainda está chegando cedo." Ela: "Mas eu já ralentei, eu não sei qual é a hora exata, não dá pra saber." Márcio: "Se guia pela música de Mariana. É quando Mariana acaba de cantar que eu cheguei." Flavinha, como num achado: "Ah, é..." Tempos da cena. Eu novamente para Márcio: "Lembra de esperar a última sílaba de Flavinha para depois cair no chão." Manhã pergunta pra Márcio: "Eu entro em *cincopras cinco ou dez pras cinco?*" Márcio: "*Quinze pras cinco.*" E assim a última apresentação do espetáculo foi no ponto. Foi uma das coisas que mais me deixou contente. Eles conseguiram chegar *no* ponto. Com precisão técnica e abertura emocional. Ao final dessa noite, Manhã disse sentir-se ligada ao estado poético de que eu tanto falo, ao estado da comoção. Foi uma cidade que precisou se ouvir. Seria muito frustrante se ao final da temporada eles ainda estivessem titubeando, desacreditando, duvidando, se desencaixando. E, afinal de contas, com eles fui cirúrgica, interferi na característica espetacular e eles alcançaram a medida da proposta.

Dar Tempo ao Tempo

> *Meu coração não se cansa de ter esperança de um dia ser tudo o que quer*[14].
>
> *O que a gente pode, pode, o que a gente não pode explodirá. A fonte da força é neutra e de repente a gente poderá*[15].

Márcio foi escolhido para estar no elenco pela potencialidade que senti nele ao ser meu aluno. Havia um obstáculo real para o seu desenvolvimento como ator: a voz. Dificuldades de articulação e colocação da voz. Observando-o em sala de aula vi que precisaria de um trabalho como o meu para decolar nesse aspecto. Por que como o meu? Acredito que o eixo da questão dele esteja na possibilidade de se expressar livremente sem a pressão das críticas à sua volta. Um trabalho que seja carinhoso, firme, e o aceite na sua totalidade. O que houver de técnica, vencida essa barreira, ele dará conta. Mas não adianta uma fonoaudióloga, apesar de o caso dele pedir a fonoaudiologia. Se não houver um impulso por trás direcionando-o para a sua dimensão artística e incentivando-o a ser capaz, ele enfrentará sérias dificuldades para desenvolver seu trabalho.

14   C. Veloso, Coração Vagabundo, *Domingo.*
15   G. Gil, Realce, *Realce.*

158 A VOZ ARTICULADA PELO CORAÇÃO

Essa minha intuição se confirmou na primeira entrevista em que ele disse:

eu tenho uma espécie de trava assim... é um grupo[16] que há cinco anos eu trabalho mas eu falo pouco nas reuniões. [...] Não consigo me expressar com aquelas pessoas que eu conheço. Acho que tá todo mundo me julgando assim... porque todo mundo é muito culto assim... todos passaram em primeiro lugar no vestibular. Eu fico assim: "Meu Deus! Eu sou o burrinho daqui!" Eu acho que se eu falar alguma palavra errada... eu fico meio... receoso nas reuniões de falar. Agora tá até menos mas... tem isso assim de... dependendo do lugar que eu esteja vou medindo como é que eu devo me expressar ou não. Se eu devo me expressar ou não. Escolho bastante.[17]

Em nossa primeira conversa sobre o solo, Márcio relatou que queria fazer um trabalho minimalista. Poucos movimentos, mais intimista. Gostaria de falar das perdas, da solidão. Da pessoa que não sabe perder. Criou uma personagem homossexual no momento em que o relacionamento amoroso acaba. E fez dessa personagem alguém que não saía do lugar, que falava para dentro, que não tinha nada a dizer a não ser duas ou três frases repetitivas.

Investiu-se na articulação e projeção. Juliana Rangel começou a trabalhar específica e individualmente com ele. Deixo nas palavras dele o comentário.

Na questão de articulação que...trabalhando com Juliana tá muito bom assim... é... começar a perceber as coisas mesmo claramente assim... é aqui que tá errado; é aqui o ponto; nas vogais (onomatopaicamente tatata) abre mais, abre menos. E você percebe que tava errando ali e embolando porque não abria muito a boca ou então porque minha língua não batia lá no lugar certo. Trabalhando isso e vendo que tá dando resultado já. Eu falei isso pra Juliana que eu já tô sentindo me entendendo melhor.[18]

16 Márcio Nonato é integrante do Grupo Dimenti desde a sua formação em 1998, a partir da montagem de O Alienista, de Machado de Assis. Dirigido por Jorge Alencar, o grupo Dimenti vem consolidando o desenvolvimento de uma linguagem baseada na pesquisa de formato, dos clichês estéticos e da corporeidade do cartoon. Grupo de Teatro Dimenti, disponível em: <www.dimenti.com.br>. Acesso em: 18 jun. 2013.

17 Márcio, Entrevista I, concedida à autora. Foram realizadas quatro entrevistas com os atores durante o processo, a título de avaliação. Todas elas foram gravadas.

18 Márcio, Entrevista II, concedida à autora.

A PROVA DOS NOVE 159

Mas as coisas continuavam emperradas. Até que um dia, numa improvisação, ele encontrou "a porta". A porta da sala de ensaio. Esse foi o ponto de apoio externo que o ajudou. Criou toda a cena em relação direta com a porta. Ela virou o eixo da ação. Através dela conseguiu concluir o texto, encontrar a voz da personagem, ter volume expressivo na voz e saiu do paradeiro, da clausura em que havia se colocado. Havia outro detalhe: tinha feito a cena quase toda de costas. Incentivei isso também. Era um bom desafio, ele tem muitos problemas de articulação e fazer a cena de costas significaria que teria que articular melhor. Ele mostrou a cena internamente e ficamos todos contentes com o resultado. No entanto, eu sabia que não haveria porta no cenário. Sabia que pelo que estávamos construindo seria muito difícil inventarmos uma porta cenograficamente e contextualizá-la para uma cidade. Mas deixei e até incentivei a porta. Todos os outros atores já se perguntavam se haveria porta no cenário, menos ele. E então um dia, ao final do ensaio, ele me perguntou e, com muita simplicidade, respondi: "Acho que não." Ele ficou branco. Perdeu o chão. Retrucou atônito: "Como não?" Eu disse: "Acho meio difícil, né, Márcio?" Ele: "E a minha cena?" Respondi, num tom brincalhão e provocativo: "Ah, sei lá, a gente transfere de espaço, dá um jeito, não se preocupe com isso não." Ele: "Como não me preocupar. Ah... Você tá brincando..." Aí eu ri, passamos o braço na cintura um do outro e atravessamos "a porta", abraçados, deixando para trás a sala de ensaio. Podem me perguntar: "A receita é falar brincando?" Novamente, não há receita. Acredito na sinceridade. Quando olhei o espanto de Márcio, em algum ponto também me perguntei: "Será que ele conseguirá sem a porta?" Numa fração de segundo em mim também se instalou a dúvida. No mínimo me perguntei como iria fazer. E percebi que não tinha resposta nenhuma a dar. Por outro lado, trato tudo com simplicidade. Evito transformar as coisas em grandes problemas, seguindo a receita do dito popular: o que não tem remédio remediado está.

A nossa mostra interna seguinte foi realizada para Jussara, que estava em Salvador para o Ateliê de Coreógrafos, assistir e tecer comentários. Pedi a Márcio para tentar fazer a cena sem a utilização da porta. Ele disse: "Não dá. É impossível.

Meraaaann..." Então foi feita com a porta. Ele fez a cena muito bem. Ao final, Jussara foi taxativa: "Se tirar a porta é melhor tirar a cena. Essa cena sem porta não existe." E praticamente deu a Márcio todo o aparato da necessidade da porta. Para mim, a porta já tinha cumprido sua missão. Ele tinha uma personagem, tinha uma história, tinha um estilo de interpretação, tinha a voz projetada no espaço e articulada. A porta poderia ser dispensada, mas a insegurança ainda estava muito presente e percebi que Márcio ainda precisaria de algo externo e muito concreto como apoio. Deixei-o com a porta.

Conversamos com Rino, nosso cenógrafo que acompanhava de perto todo o processo, envolvendo-se com a criação dos solos, com a direção, com a dramaturgia. Era muito íntimo do que nos acontecia. Inventamos possibilidades, entre elas a de um andaime que delimitaria o apartamento da personagem. Investigamos o assunto. Márcio foi amadurecendo ideias. Repensando a cena, aos poucos, sem pressão. Então, quando definimos quem eram as personagens das cidades, Márcio foi inserido na *Cidade Expressa*. Nela as quatro personagens solo tinham suas cenas em apartamentos. Por isso, para a *Cidade Expressa*, pude oficializar peças de andaime em cor vermelha, para delimitar cenografi-camente o apartamento de cada uma das quatro personagens solo. Assim Márcio continuou a ter um elemento externo que desse suporte às suas ações e se sentiu mais amparado cenica-mente. As outras cidades tiveram como cenário apenas o palco nu, variando a combinação das cores vermelho, azul e branco (cores da bandeira da Bahia) entre figurino, chão e fundo.

Rino, que na vida profissional também é coreógrafo e diretor teatral, ajudou Márcio a redimensionar sua cena para o espaço do andaime. Objetivamente trabalhou no sentido de expor mais a cara de Márcio. Isso foi bom. Márcio se apoiou mais ainda na dança, no excesso de movimentos, na fisicalização de cada ação. Isso ajudava na voz, apesar de distanciá-lo do seu objetivo inicial, que consistia na ação minimalista e na interpretação intimista. Então, quando já estava tudo seguro e assegurado, Juliana começou a trabalhar com ele mais objetivamente a expressividade do texto. Eu fui, aos poucos, limpando os movimentos e deixando-os mais humanos, conquistando momentos intimistas dentro da cena, mantendo a qualidade vocal. Tirava as tensões dos movimentos que interferiam na colocação da voz na relação direta emoção-movimento-voz. Em termos de resultado *visível* de conquista de trabalho vocal durante o processo, ele talvez tenha sido o mais significativo. Foi necessário respeitar os tempos, dar tempo ao tempo. Abertura e objetividade, abertura e subjetividade. O trabalho integrado meu e de Juliana foi muito responsável por isso. Nossa parceria juntava a fonoaudiologia com o teatro de maneira sensível, sincera, colaborativa e carinhosa. Nós duas contávamos com uma qualidade de Márcio: muito atento a tudo. Ator com muita prontidão e disponibilidade. Até quando Márcio está reticente se lança "pra ver qual é".

Ao final, ele foi aceito. O pessoal da companhia de teatro da qual ele fazia partegostou muito. Ele ria ironicamente para mim e dizia: "Parece que eu estou existindo no teatro só depois da *Trilogia*. É uma piada isso, eu não entendo... Todo mundo comenta."

Em seguida entrou como meu aluno na disciplina Expressão Vocal i, na Escola de Teatro. Exatamente a disciplina em que se cria um solo de quinze minutos. Fez o projeto e começou a trabalhar. Também criou uma ideia que o deixava amarrado ao inventar um estereótipo. O tema era a dependência química através das drogas dos remédios. Trabalharia com bulas de remédios. Na sala de aula, estava se atrelando a um texto de três ou quatro frases. Pedi que trouxesse um texto das bulas à parte, que descreve as contraindicações; um texto sempre curioso. Sentia nele uma instabilidade como se na sala da escola de teatro ficasse mais difícil aquela coisa que fazíamos nos ensaios da *Trilogia*. Ou talvez estivesse passando pela pressão de quem acertou uma vez? Quantas hipóteses poderíamos levantar para a sua instabilidade e insegurança, mas no fundo só importa a percepção que ele mesmo tem de tudo isso. Tivemos nossa primeira conversa individual. Tocamos nos pontos importantes para o desenvolvimento da ideia. Entramos na estruturação de possibilidades de roteiros e desenvolvimento da temática. Mas desde esse encontro ele não voltou mais às aulas e acabou por abandonar a disciplina para se dedicar à dança.

O pensamento que calcula e conjectura pode elaborar muitas questões e suposições, por exemplo, a respeito da atitude de

Márcio ao deixar as aulas: Quanto tempo será necessário para que ele possa novamente voltar a um processo como o que experimentou em relação à sua voz? Quanto tempo ele levará para digerir o que lhe aconteceu? Como é a reação externa a ele e como ele internamente está reagindo a isso? O pensamento que medita abraçou Márcio quando ele veio avisar que estava deixando a disciplina, foi assistir ao espetáculo de dança, gostou de vê-lo assistindo à mostra pública na escola dos colegas de turma da disciplina que havia abandonado, gostou de ouvi--lo perguntar se já tinha notícias do próximo projeto "O Ator Com o Outro – Contando Causos da Bahia". O pensamento que medita sabe: novamente dar tempo ao tempo.

Assim trabalho com o tempo na relação com o ator: espero até o último momento. Trabalho com estímulos, com exercícios e jogos que lhe permitam chegar ao objetivo desejado técnica e artisticamente. E só no último instante dou soluções minhas para os problemas. Assim esperei, até o último instante, para fisicalizar e colocar no espaço a personagem de Geovane, para sugerir a Cátia que cantasse, para marcar e pontuar as falas da personagem de Rafael com o manuseio das facas, para pontuar as diferenças na fala de Flavinha: acorda, acorda, acorda através da acentuação de sílabas.

Trabalhando dessa forma, tenho conseguido que a maioria das soluções seja alcançada pelos próprios atores. No caso de Iara isso se deu com a cena inteira. Quando me apresentou a cena que já estava ótima, percebi que a repetição e definição das marcas finais haviam deixado a voz dela chapada num *choro chato*. Conversei, mostrei o que estava acontecendo, e ela se ouviu na cena enquanto eu mostrava: "Olha aí a voz de choro de novo, tá tudo no mesmo registro", e a encaminhei para voltar a se conectar com o imaginário, o *pra quem* da cena, e aí ia mostrando: "Olha como foi para o agudo, como ficou mais suave aqui, mais agressivo ali." Aí, parei e disse: "É isso que você precisa fazer." Da vez seguinte que mostrou a cena, disse: "Nada a declarar. Tá pronta. Sabe repetir? Sabe o que está fazendo? Mostra de novo. Ok."

A PROVA DOS NOVE

A Voz do Tempo na Voz de Quem Joga o Jogo do Teatro

> Mestre é aquele que consegue achar soluções para cada tipo de pessoa. O mestre é uma pessoa que não tem soluções fixas[19].

Não sei se o que vou dizer aqui é uma conclusão ou a inscrição de um princípio que esteve no começo de tudo: sempre que um aluno chega para mim angustiado porque percebeu uma limitação na voz e quer resolver logo o problema, faço uma pergunta que eles respondem sem entender muito o sentido: "Quantos anos você tem?" E escuto a inquietação de quem quer uma solução imediata na resposta: "22". Aí lembro a ele: "Você levou 22 anos construindo essa tensão ou esse padrão, né mesmo? Seja um pouquinho generoso com você. Não dá pra resolver 22 anos de um dia pro outro. Concorda?"

Esse é um assunto para estar presente em todo o trabalho vocal: a disposição para lidar com o tempo. O tempo do processo individual, quer pelo ponto de vista do professor diretor ou orientador, quer pelo do próprio ator ou aluno.

A CARTA-CHAVE: O ÁS DE OURO DA AUTORIA

> Tao é um princípio. A criação, por outro lado, é um processo. [...] Isso é tudo que existe: princípio e processo, o como e o quê. [...] O Princípio e o processo são inseparáveis. Todo processo revela o princípio subjacente. Isso significa que posso conhecer o Tao. Posso conhecer Deus[20].

Quando comecei a cursar as aulas do doutorado, fui invadida por uma recordação que, inquietantemente, tornou-se uma recordação recorrente. Era como se tivesse tocado numa parte da memória que quisesse se manifestar e ficava batendo à porta, pedindo passagem. Que se abra a porta, que se dê passagem. Ei-la.

Eu, sozinha no pátio da escola, fim de tarde, após uma aula sobre o átomo, esperava que meus irmãos viessem me buscar.

---

19 Osho, *Criatividade*, p. 75.
20 J. Heider, *O Tao e a Realização Pessoal*, p. 1.

164 A VOZ ARTICULADA PELO CORAÇÃO

Tinha sete anos e estava impressionada. Eu era formada daquelas *coisas* invisíveis. O átomo, composto de prótons e elétrons, formava o meu corpo. Então, lembrei que eu era morada para outros seres, inclusive as amebas e outros bichinhos. Foi então que de repente me veio a imagem do sistema solar estampada em um livro...Nossa! Quase igual à estrutura do átomo! A similaridade entre a imagem do sistema solar e o átomo me fez me perguntar se no caso *nós* e o sistema solar, não seríamos os átomos de um corpo muito maior, e se *nós*, como as amebas que habitam nosso corpo, não seríamos habitantes desse *corpo muito maior*. A sensação gerada por esse *insight* quando eu tinha sete anos ficou marcada fisicamente em mim. Fiquei muito impressionada e tive um claro *sentimento de verdade* com isso. Nunca comentei esse fato com ninguém. Era como se isso fosse uma *maluquice* minha, mas que eu *sabia que era verdade*: "Eu devo ser um sistema solar para uma ameba e o sistema solar deve ser apenas um átomo para um corpo muito maior."

Hoje traduzo essa sensação como de *pertencimento ao todo*, ao corpo maior do universo, sendo o meu corpo, ao mesmo tempo, um *habitat* para outros seres. Essa maneira de percebermo-nos habitantes e *habitat* tornou-se um motor filosófico concreto na *Trilogia*. Dentro da pesquisa e da escrita dessa obra, existe a certeza da busca de integração dos nossos corpos e dimensões: física, energética, emocional, mental, espiritual, aspectos do universo interno e aspectos do universo externo. Na *Trilogia*, de maneira inconsciente, isso se refletiu na raiz do processo que teve início com uma frase roubada de Jussara Miranda, "meu corpo é minha cidade", à qual eu completei, "meu corpo habita uma cidade".

É a partir desse *mergulho cósmico* que podemos dar entrada na essência da proposta metodológica que compõe esse trabalho, cuja frase de Bachelard é um excelente primeiro degrau: "Para sonhar melhor este texto, substituamos a conjunção *ou* pela conjunção *e*. A conjunção *ou* infringe as leis fundamentais do onirismo. No inconsciente, a conjunção *ou* não existe."[21]

Essa relação linguística me remeteu ao desenho que fiz para simbolizar o projeto de pesquisa na disciplina Processos de

21   G. Bachelard, op. cit., p. 232.

Encenação. O desenho é uma superposição de duas imagens. A primeira é um conjunto de círculos concêntricos simbolizando que cada coisa do processo de trabalho está contida na outra. O círculo maior é o *Cosmo* e o círculo menor o *Umbigo*, o indivíduo. A voz, enraizada no corpo, ressoa com exuberância em *ondas concêntricas* que vão do *Umbigo* ao *Cosmo*. A voz, dessa forma, faz o movimento de dentro para fora, em direção ao outro, com força criadora no espaço.

A segunda imagem é uma espiral ascendente cuja ideia é a evolução. Pensei no aspecto do crescimento/desenvolvimento humano em que nos repetimos em nossos padrões como num andar em círculo. A possibilidade evolutiva que temos é a de passar por esses mesmos pontos de repetição de padrões do círculo através da espiral, ou seja, no momento em que entramos no território da repetição estaremos num ponto acima, ou simplesmente num ponto diferente do anterior. Assim poderemos observar diferentemente: ver com outros olhos, sentir com outra pele, ouvir com outros ouvidos e, a partir daí, modificar de alguma maneira a atuação diante daquele padrão.

Ao superpor os desenhos, represento a ideia da proposta metodológica no trabalho vocal do ator em que esses muitos níveis são exercitados de maneira integrada, caminhando em espiral evolutiva de um nível a outro. Nessa perspectiva, a proposta é incluir sempre. As palavras são: inclusão, aceitação, integração, soma das diferenças. A Consciência trabalha em parceria com o Inconsciente. Em vez de olhar para a Consciência como uma estrutura controladora e para o Inconsciente como uma estrutura rebelde, selvagem, sugiro olhá-los, respectivamente, como uma estrutura libertadora e como um manancial de riquezas a serem exploradas e reveladas. Assim a *Consciência* funciona como parte da estrutura que permite a abertura e o contato da percepção de maneira diferenciada possibilitando, inclusive, a manifestação dos conteúdos do Inconsciente de maneira mais consistente. Para que isso aconteça, precisamos nos servir da *lógica dos sonhos* apontada por Bachelard, ou seja, do $E + E + E + E$. É importante lembrar que a *consciência* trabalha de maneira tranquila com essa lógica. A *razão* é que sente dificuldade de integração. A *razão* funciona, na nossa cultura, pelo princípio da exclusão: *isto OU aquilo*, ou seja, $OU + OU + OU + OU$.

166 A VOZ ARTICULADA PELO CORAÇÃO

E no jogo do micro e do macro no universo, de ser eu a cidade e eu habitante de uma cidade, eu morada para amebas, eu *micropartícula* do átomo-sistema-solar, com que medida me dirijo à ação cotidiana de criar, e de criar no teatro? Desses corpos tão contidos um no outro, tão dependentes um do outro, como assumir essa conjunção *E* no processo de trabalho em que o *entorno* pede a hierarquia de poderes?

Uma das possibilidades é reconhecer e incentivar o princípio subjacente a todo processo e presente em cada um de nós: o Tao, o Deus, o criador, o autor, que nos faz, a todos, poderosos. Nós, habitantes e *habitat*.

Tornar o outro e a si próprio o ator-criador do qual muitas portas precisam ser abertas. Quem terá a chave? Qual será a chave?

Que se abra a porta, que se dê passagem.

Quem é o Dono da Bola em Jogo?
Primeira Porta: Para a Entrada da Energia. A Qualidade da Energia Que a Autoria Proporciona. SIM.

> *O herói não é um sujeito. O termo energia nada diz, exceto que existe a força. A energia [...] Obedece a leis cegas, locais, e a acasos.*
>
> [...]
>
> *O desenvolvimento não é uma invenção dos humanos. Os Humanos são uma invenção do desenvolvimento. O herói da fábula não é a espécie humana, mas a energia*[22].

Com frequência me vejo questionada sobre a autoria das minhas direções. No debate sobre a *Trilogia*, Ricardo Fagundes, que foi meu aluno em Expressão Vocal I e II, me perguntou: "Onde está a sua mão nisso tudo?" Ou Jussara quando lançou: "O que fica? O que Meran escreveu ou o gesto espontâneo do ator?" Ao primeiro respondo: "Minha mão está em tudo." À segunda digo: "Escrevo através do ator e o ator escreve através de mim. Fica o que resulta das nossas misturas: nossa escritura." No entanto nada é assim tão fácil. Certamente essas

22 J. Lyotard, *Moralidades Pós-Modernas*, p. 60.

A PROVA DOS NOVE 167

perguntas foram direcionadas à diretora Meran. Mas a diretora Meran também é a pedagoga Meran, a professora de voz Meran, e se chegou a esses outros lados de sua personalidade artístico-técnica-profissional é porque existe a atriz Meran. Essas *múltiplas personalidades profissionais* já produziram muitos conflitos internos e externos capazes de abrir e fechar portas. Já coloquei o *dedo na cara* do mundo para ter o direito de *ser assim*. Já abaixei a cabeça para o mundo pedindo desculpas por *ser assim*. Hoje me sinto diante de uma *sina* e encontro conforto no eco vindo de Grotowski:

Nosso direito como seres humanos deveria começar com nossos atos ao invés de declarações para nós mesmos ou autorreconhecimentos. Somos como árvores: não temos que nos preocupar com a direção em que o destino, o clima, os ventos, e a tempestade estão mudando, ou se a terra será fértil ou estéril; o simples fato de nosso nascimento nos obriga a responder ao desafio da vida, e a respondê-lo do jeito próprio da natureza, que nunca se apressa e nunca hesita. Se nossa semente cair sobre pedra, tanto pior. Mesmo isso não nos livra da nossa obrigação; se nos recusarmos, sob qualquer pretexto, a executar os atos exigidos de nós seremos como uma árvore lançada na fogueira e destruída. E isso estará bem. Esse fogo não é uma ordem social, ele se inflama dentro de mim no momento em que traio, de uma forma ou de outra, minha obrigação de ser humano vivo, a obrigação de desempenhar ações. A pior ameaça à sobrevivência do ser humano jaz em minha própria esterilidade; e essa esterilidade é nada mais que a fuga da criação[23].

Pois é... a questão da autoria... esse talvez seja um assunto chave no meu processo de criação. Um princípio. Várias vezes corri o risco de cair na tentação de abandonar esse princípio, de corresponder à expectativa social em torno dos fatos relacionados à autoria num processo tão rico e dinâmico como é a criação teatral. Uma pressão sem opressor visível atuando sob a forma como gosto de trabalhar. Lembro que comecei a dirigir por *incidente* e sempre houve em mim um *desejo de diretor sonhado*. O diretor dos meus sonhos saberia conduzir-me à evolução como atriz, me provocaria, promoveria espaço para o meu desenvolvimento pessoal e artístico, acompanharia meu processo, pediria de mim um pouco além do que eu já sei que posso

---

23 J. Lyotard apud L. Wolford; R. Schechner (eds.), *The Grotowski Sourcerbook*, p. 107. (Tradução nossa.)

dar, apostaria no meu desconhecido. Teria paciência com os meus erros e minhas dificuldades porque sem elas, como subir um degrau na escada que leva a mim mesma? Outro detalhe importante: sempre vi o ofício do ator como criativo e artístico. Através dele sempre quis me expressar, fosse em qual personagem fosse, em qual estética fosse. Então, construí-me uma atriz que quer ser respeitada na sua inteligência e sabe que é inteligente, na sua sensibilidade e sabe que é sensível, na capacidade de elaboração de seu material e sabe que é capaz de. Sempre tive a generosidade de oferecer-me a um diretor e sua obra porque ali também estava a minha obra e sempre fiz valer por isso.

Quando comecei a dirigir, quis ser a diretora que eu sonhava para mim como atriz. Hoje me pergunto se há atores que querem mesmo esse tipo de diretor! Afinal, que ator é esse que quer, que necessita, de um diretor como o dos meus sonhos?

Mas antes de dirigir a atriz já era uma educadora, e nos processos de criação com os alunos já se via esse viés da personalidade pedagógica e artística dos ofícios de atriz e diretora. E foi no programa do espetáculo *Uma Trilogia Baiana*, no espaço aberto às dedicatórias, que pela primeira vez escrevi: "Aqui alcancei algo que me custou anos de vida: a *Meran-artista*, a *Meran-educadora* e as inúmeras *Merans-inquietas* se revelam cúmplices, íntimas, grandes parceiras. Portanto, assim como tem sido na vida, dedico-me."

Na raiz da minha pesquisa coloco o tipo de ator que me interessa formar: aquele a que chamo *Ator-Criador*. O que parece aos meus próprios ouvidos uma redundância porque quem pôde imaginar, algum dia, um ator que não fosse criador? A primeira vez que escutei isso foi assim: "Ator não tem que criar nada, é peão de obra." A segunda foi uma espécie de *exclamação* nascida em mim diante de certas coisas difíceis de entender da Inglaterra: quando estava fazendo um curso, solicitaram que os participantes erguessem a mão para identificar quem era ator, depois quem era *performer*, depois contador de histórias, depois *clown*. E eu saí levantando a mão a todo momento, e não entendia qual a diferença entre o ofício do ator e essas outras *profissões*. Só mais tarde, perguntando aos amigos, entendi que ator é aquele que interpreta o texto de um autor e segue a direção com total fidelidade ao autor, portanto, é um intérprete.

A PROVA DOS NOVE 169

O *performer* é aquele que se envolve com a ideia, quer seja do autor ou do diretor ou até dele próprio, e não apenas interpreta, mas participa da criação. Achei isso uma loucura, mas fui entendendo. Fui percebendo também, como diretora e professora, aos poucos, qual era o ator que se lançava às questões propostas quer de *interpretação* quer de *criação* e aquele que esperava que o diretor lhe dissesse tudo o que tinha que fazer. Aquele ator que tomava para si a responsabilidade de criar a personagem e aquele que entregava essa responsabilidade para o diretor. Percebi, por outro lado, os diretores que temiam a participação dos atores em seus processos criativos. Era capaz de ver uma guerra de poderes instalada na relação *ator-diretor* no campo da criação da obra, quer sob essa perspectiva que chamo *interpretação* quer pela perspectiva de *criação*. E essa me parecia a mais imbecil das guerras, a mais improdutiva, a mais estéril. Quem é o dono da obra encenada? O autor, o diretor ou o ator?

Isso se refletiu na modificação feita nos programas dos espetáculos da Cia. de Teatro Os Bobos da Corte, onde aparece: "Criação – Os Bobos da Corte". Então as funções exercidas dentro dessa criação, mesmo quando a ideia e a concepção são minhas. Considero, e trabalho dessa forma, que a obra final é fruto de uma criação de todos, nas suas funções. A encenação é diferente das coisas isoladas, da minha ideia, ou da do cenógrafo, ou da dos atores construindo personagens, interpretando e interagindo entre si para gerarem a ideia proposta. É um campo muito rico de criação. Um dos encontros criativos mais mágicos que conheço. O papel do diretor é conduzir ao eixo final de códigos e significados e orquestrar os procedimentos de toda a equipe em todos os níveis da criação, mas a criação propriamente dita é feita em conjunto com a participação de todos.

Para responder especificamente sobre se o que fica no resultado final da obra é o que eu escrevi ou o gesto espontâneo do ator, vou falar um pouco do processo de criação. Dificilmente chego para um ator e digo qual o gesto que ele deve fazer, e muito menos os tons de voz que deve usar. Estimulo a criação da personagem. Vou conduzindo-o através de exercícios de dinâmicas de tempo e espaço, de ação física e vocal, por caminhos que lhe possibilitem encontrar o corpo, o ritmo, a gestualidade, ou seja, o núcleo de ações da personagem. São jogos em que ele vai estabelecer referenciais para a fisicalização de ideias ou, ao contrário, vai experimentar ações que lhe alimentem as ideias e a percepção da personagem.

Esse é o processo mais longo. Pontuo o que gosto. Observo como o ator vai percebendo e se aproximando da personagem. É um trabalho bem delicado de percepção, quer para mim, quer para o ator. Muitas vezes, a função é tornar consciente experiências que se revelaram, mas não alcançaram a consciência, quer no plano físico, mental ou emocional. Invento histórias para dar suporte ao que o ator vai criar, assim como invento histórias capazes de referendar o que foi experimentado por ele. Vamos sempre num diálogo muito sincero e ao mesmo tempo muito carinhoso. É terrível para o ator, ou para o diretor, quando as coisas parecem não andar, ou quando o que se produz não corresponde à expectativa. É difícil o momento em que as resistências aparecem, quando as ideias não se cruzam. Então é tudo muito delicado.

É preciso caminhar passo a passo, para criar esses referenciais da personagem, essa fisicalização: corpo, voz, imaginário, estrutura de pensamento da personagem, o ritmo, a respiração, o olhar, o *pra onde olha*, o que vê, como age e reage diante dessa ou daquela situação. E assim vamos juntos desenhando a personagem através das cenas, das relações entre personagens, das relações da personagem com seu universo particular, o seu território secreto. Gosto sempre de levar o ator a um local que nem sempre está no texto, onde a personagem guarda seus segredos, se sente à vontade e pode fazer tudo o que quiser sem ser censurada por ninguém. Aí essa personagem revela alguma coisa ao ator que ninguém mais sabe, algo que é quase um segredo entre o ator e a personagem. Intimidade. Cumplicidade.

Após esse caminho fica mais fácil marcar as cenas quando chega o momento de fazê-lo. Então entro com ajustes gestuais, vocais, de ritmo, de composição cênica. Por exemplo, posso desejar tornar uma cena mais lenta que o normal dela, e faço isso. Posso dilatar e ampliar um dos gestos, posso inserir um gesto de uma cena anterior na cena seguinte. É uma composição que começa a se instalar mediante um vocabulário criado a partir da busca do gesto espontâneo do ator, do gesto vinculado à percepção dele guiada por mim. Isso tudo conduz a uma forma que possui elementos claros de uma linguagem.

No *tai chi* se diz: a forma informa o corpo – o corpo conforma a forma – a forma transforma o corpo – o corpo reforma a forma. Tem-se uma forma e *mergulha-se* nela e então todo o processo se dá.

O ponto do ator é o antes da forma criada. É preciso primeiro encontrar a *forma*, ou seja, aquilo que chamamos de vocabulário que irá formar a partitura, depois então criamos a partitura das ações físicas e vocais da personagem para, enfim, iniciar o processo de repetição, e assim chegar ao momento em que "o ator não canta mais a canção, é esta que canta no ator". É um processo longo e demanda tempo.

Na *Trilogia* começamos pela criação dos solos. E antes dos solos era necessário se encontrar o tema eixo de cada solo. Fizemos isso na prática, abrindo espaço para o inconsciente e o subconsciente *fazerem a festa*. Os jogos chamavam pela presença do indivíduo em si mesmo na qualidade de sua interação com os outros, como grupo. Jogamos com o jogo da memória, trabalhamos com a criação de histórias coletivas e com um exercício guiado pela metáfora "meu corpo é minha cidade"[24]. Esse era um tipo de relaxamento aplicado depois de um verdadeiro estado de exaustão. Nele se fazia uma visita com a consciência por áreas do corpo, guiada pela voz interior. De cada área visitada deixava-se nascer uma imagem, uma sensação e, por fim, uma palavra, que era pronunciada em voz alta. Ao final da *visita* escolhia-se um nome ou apelido para a *cidade-corpo* e uma área do *corpo-cidade* onde instalar a placa *Bem-Vindo a... Nome da cidade*. No momento seguinte, cada um apresentava ao grupo a cidade que visitou, de maneira metafórica e poética, ao seu estilo bem pessoal, buscando usar as palavras encontradas na *visita* ao corpo. A estratégia poética era a da terceira pessoa, ou seja, *esta cidade* ao que deveria ainda evitar o pronome pessoal, ou seja, *minha cidade*. A poesia foi construída no ato, sem tempo prévio para preparar o que iria apresentar. Era preciso se deixar levar pelo momento

---

24 Frase de Jussara Miranda, coreógrafa gaúcha, com quem trabalhei no Ateliê de Coreógrafos Brasileiros – Ano I – 2002. Ao ouvi-la fui afetada por sua imagem e ela, imagem-frase, marcou de maneira decisiva e intuitiva minha maneira de agir metaforicamente sobre os corpos dos atores.

172   A VOZ ARTICULADA PELO CORAÇÃO

na interação com o grupo e permitir-se ser surpreendido. Depois cada um escreveu a poesia improvisada o mais parecido possível com o que havia dito. Eu fiquei surpresa com o resultado.

Todos esses jogos iam permitindo que algo reverberasse em cada um de maneira perceptível, que o inconsciente ganhasse espaço e forma, até o dia em que teriam uma sessão individual comigo para cada um me contar e definir qual o tema que gostaria de abordar e de que maneira. Isso significaria definir *o que* e *como*. Para surpresa minha, de doze atores, sete escolheram como tema geral a solidão. Como imaginar que a *terra da felicidade*[25] iria girar em torno dessa temática!?

Chegar ao tema nas dimensões do *o que* e do *como* é chegar a uma descoberta de si. O processo de Iara foi muito curioso em relação à definição do *como*. Ela é um exemplo de como o inconsciente trabalha com o E + E + E nos conduzindo a algum lugar novo. Para isso é preciso driblar a ansiedade por respostas rápidas que nos acalmem, que satisfaçam a nossa razão e inquietação imediata. Deixo com Iara a narrativa agora:

O que mais me admira no trabalho de Meran é a passagem, quase que imperceptível, de simples exercícios de aquecimento para grandes momentos de criação. Tanto que não sei distinguir claramente a partir de que ponto do processo começamos a criar, pois, logo no início, fomos sutilmente mergulhando no nosso imaginário, buscando, através dos nossos corpos e da nossa memória, o que tínhamos de mais valioso para revelar. Tudo então foi aproveitado, direta ou indiretamente, no momento de construção dos nossos solos. Para objetivar, vou considerar, como ponto de partida dessa construção, a escolha de um tema: solidão.

Como transformar em cena um tema tão vasto? Solidão de quem, onde, quando e como? Antes de resolver essas questões, fomos alimentando esse tema, com exercícios de livre associação de palavras, com músicas e outros tantos exercícios de improvisação. Mais uma vez, já estava criando sem perceber, já tinha uma bagunça de material que depois seria utilizado no meu solo, às vezes até na forma original. Mas logo a necessidade de uma personagem para materializar e especificar o tema começou a aparecer. Então voltei a me deparar com tais questões. De que forma a solidão me toca? Na hora de definir em que me deter, dois tipos de solidão vieram à tona: a primeira, uma solidão aparente, *escrachada*, que é a solidão do mendigo. Lembrei-me de um cara que

---

25   Maneira como é conhecida a cidade de Salvador, quase como um apelido. Salvador antigamente também era chamada de: a Cidade da Bahia.

me emociona pelo seu vazio. Ele fica sempre no mesmo lugar (em uma rua de Itapuã), abandonado, com a mesma roupa suja, barba e cabelo crescendo, embolando a mercê do tempo, e fumando um cigarro, soltando a fumaça e olhando para o vazio. Pensei em fazer meu solo a partir dessa imagem, porém outra inquietação me fez duvidar: me tocou também outro tipo de solidão, mais sutil e camuflada, mas não menos dolorosa, que é a solidão da mulher. Mais especificamente, a solidão das mulheres que vivem uma relação de aparência, de suposta felicidade com seus maridos, mas sequer conhecem o prazer numa relação a dois. Não têm a oportunidade de expressar seus desejos e vivem sós, mesmo cercadas de gente.

Conversando com Meran, para finalmente definir a personagem, revelei a vontade de fazer um mendigo, pelo simples fato de que seria instigante a construção dessa personagem. Porém, observando meu discurso, ela percebeu que a questão da mulher me tocava mais profundamente. Nesse impasse, ela me sugeriu que eu trabalhasse com as duas propostas. O que parecia uma solução tornou-se um problema, pois nas minhas improvisações surgiam um e outro, tornando o discurso incoerente. Como a cada formação de partitura nós mostrávamos o resultado para os colegas, essa incoerência começou a me incomodar, pois ninguém entendia o que eu estava propondo. Para ser compreendida, fui mesclando, ainda mais, uma questão com a outra, até elas se fundirem e se tornarem coerentes. Assim, surgiu uma personagem: uma mendiga com questões relativas à mulher e ao abandono na rua. É claro que tive que abrir mão de algumas coisas e criar outras. E, para mim, esse é o *grande barato* do processo: a possibilidade de desapegar de velhas ideias, abraçar o que a linguagem cênica permite e deliciar-me com o que surge, sem uma programação racional[26].

Para mim é muito importante que o ator se sinta meu parceiro na criação, que queira me fornecer suas ideias, suas percepções, intuições, seus absurdos, suas incoerências e suas coerências, seu bom senso e o seu fora de senso. Ao mesmo tempo busco criar um espaço interativo em que ele também aceite o meu bom senso e o meu fora de senso, em que nossas lógicas individuais possam estabelecer uma lógica coletiva própria.

Mas há o momento em que nos deparamos com a pergunta: o que fazer quando os caminhos da improvisação acabam não chegando aonde se quer? No caso da *Trilogia*, o ator nos solos era o primeiro responsável pela elaboração artística.

---

26 Todos os atores escreveram um relatório sobre a experiência vivida em *Uma Trilogia Baiana*. Este trecho é do relatório de Iara.

174   A VOZ ARTICULADA PELO CORAÇÃO

Geovane me assustou nos primeiros dias de trabalho. Ele já havia sido meu aluno em Dicção Teatral I e me lembrava dele como uma pessoa com um grande potencial vocal, mas desconectado do corpo. Imaginei que já estivesse em novo estágio a essa altura, uma vez que já estava praticamente formado pela escola e tinha acompanhado Os Bobos da Corte como iluminador nas temporadas de *A Hora da Estrela*. Surpresa: estava muito tímido. Suas improvisações não tinham foco no olhar. Estava sempre de costas e chegou a preparar uma cena inteira de costas e no canto, ao fundo à direita, com voz inaudível, articulação imperceptível, ação física sem nenhuma direção cênica no espaço. Além disso, em nosso encontro para falar sobre o tema que iria abordar no seu solo, pouco consegui entender do que realmente se tratava. Trouxe a ideia de criar uma personagem morta e trabalhar com a total descrença na vida. A ideia dele era falar como a vida é inútil. Para ser sincera, não entendia direito o que ele queria dizer com tudo isso... era sobre a morte... sobre a vida... algo como "a gente se preocupa com as coisas, mas de nada serve se preocupar porque tudo vai acabar na mesma..." Notei que ele estava sem referencial estético, de linguagem.

Havia vários problemas de dramaturgia na cena, mas vamos nos ater às questões da personagem relacionadas a corpo e voz. Geovane tinha dois tempos na cena: um que era o tempo presente, em que a personagem estava morta e preparava a festa de aniversário da filha que iria chegar da escola. O outro era o tempo passado: em *flashback* ele relembrava cenas que antecederam ao aniversário da filha por meio das quais ele revela ter se encontrado com a ex-mulher, matado a filha e depois se matado. Geovane não conseguia nem através da dramaturgia nem da encenação deixar clara a história. A sua grande dificuldade era a fisicalização da personagem e o uso do espaço. Na voz, estava também chapado; a voz gritava o texto. Durante os processos de trabalho fizemos coisas específicas para isso, em especial o exercício de irradiação, que fez com que se produzisse muita coisa boa em termos da fisicalização da personagem, mas ele não conseguia incluir essas coisas boas quando arrumava a cena e a elaborava artisticamente. Sempre que o pegava trabalhando estava com o caderno, anotando e lendo coisas e *incrementando* o roteiro. Dizia pra ele: "Vai fazer a cena! É fazendo que você vai resolver isso." Mas ele continuava cada vez mais pensando a cena, atuando com papéis em torno de si. Quando eu perturbava muito, ele, enfim, largava os papéis e começava a agir no espaço. Ele sabia tudo da cena, mas não sabia fazê-la, encená-la. Quando mostrou internamente a cena, todos comentaram as mesmas coisas.

Sempre fazíamos pequenas mostras internas após os trabalhos do dia com uma observação direcionada pela plateia, que era o próprio grupo. Nessa dinâmica se trabalha *com* audiência e *como* audiência. Todos com o caderninho na mão anotavam suas observações, cada dois observando um determinado aspecto. Assim, assistia-se à cena sob as perspectivas técnicas: da articulação, da projeção, registrando-se o gráfico de colorido da fala; da estrutura da narrativa, anotando-se a clareza na revelação e construção de personagens; do desencadear da história e os momentos em que o espectador se desliga da cena ou quando a cena deixa de tornar-se interessante; do coração, com observações do tipo gosto, não gosto, sou tocado por esse ou aquele momento, me encanta isso, me perturba aquilo.

Quando Geovane apresentou a cena para Jussara, esta virou para mim e perguntou durante a apresentação: "O que é isso? Quem ele é?" Eu não respondi. Ela ficou meio irritada comigo e perguntou novamente: "A personagem é um médium ou um esquizofrênico?" Eu disse a ela: "Pergunte ao ator." Ela me olhou mais irritada ainda. No fim da cena, ela disse a Geovane que, por ela, ele deveria fazer apenas a cena do aniversário da filha. Ser um homem que enche bolas, usar bolas de verdade e não de *vento*, e ir enchendo e amarrando as bolas ao seu próprio corpo até ficar superlotado de bolas e a filha não chegar nunca. Disse que aquela história toda era sem propósito e que nem ele nem nós tínhamos cacife para falar desse assunto. Então que era melhor deixar pra lá.

Foi um silêncio só na sala. Eu só escutei e pedi a próxima cena. As pessoas todas ficaram com os olhos arregalados para mim. No final de tudo, quando já saíamos do ensaio, ele se virou para mim e perguntou: "E aí, Meran?" Eu disse: "É... a cena não está comunicando: a gente tem que dar um jeito nisso." À Jussara talvez faltasse a referência do que guiava o processo, ou seja, mais importante do que achar uma solução cênica que funcionasse era necessário encontrar a maneira cênica de dar expressão e comunicação a uma ideia, promover o encontro da necessidade expressiva do ator com a linguagem teatral. Era importante que Geovane pudesse concretizar sua ideia o mais próximo possível do que ela era.

Achei que quando entrássemos na cena coletiva com o auxílio dos outros, ele iria decolar um pouco mais. Nada. Para entrar na cena tive que literalmente *empurrá-lo* para dentro da improvisação. A *Cidade Fantástica* foi a que mais deu trabalho para os atores e as respectivas personagens se entenderem. Todos tinham muita resistência e dificuldades de interação, quer no plano das ações físicas, quer no campo das ações verbais e de dramaturgia. Graças a Deus havia a personagem Dona Maria dos Sonhos criada pela atriz Tânia, capaz de agregar pessoas e personagens com bom humor!

Uns quatro dias depois Jussara me falou: "Geovane não está instrumentalizado para fazer o que ele se propõe." Então soube que caberia a mim dar uma diretriz para o corpo da personagem e administrá-la no espaço.

Chegou o dia do seu encontro individual comigo, quando iríamos ajeitar a cena. Sabia que teria que marcá-lo rigorosamente. Minha primeira frase para ele foi: "Quero marcar sua cena toda, você deixa?" Ele disse: "Vamos lá!" Aí respirei aliviada. Marquei a cena inteira nos detalhes. Dei a ele o corpo da personagem, o gesto a cada palavra, para onde direcionar o olhar, a dinâmica do espaço e tempo. A condução foi do tipo: "Aqui, primeiro baixe os calcanhares, depois os ombros, só então descruze as mãos e aí então fale. Olhe para cima e diga, olhe para as mãos, depois esfregue as mãos, gesto para frente outro para trás etc." Foi assim com toda a cena. Gastamos dois dias. E eu pedia rigor absoluto nas marcas, tipo: "Errou! É primeiro olha, depois fala, depois larga, depois esfrega as mãos, dizendo..." Retirei toda a encenação do tempo passado em que a personagem se encontra com a ex-mulher e quando briga com a filha. Esses momentos ficaram todos concentrados no texto, portanto, na voz. Sabia que ele reagiria bem em termos de interpretação verbal, que encontraria as intenções. Já o tinha visto perto disso, sem problemas maiores de colocação ou projeção. Era uma questão de entendimento da ação física com a

A PROVA DOS NOVE

ação vocal. Fui desenhando algumas coisas na voz também, mas só para criar o ponto de referência e de apoio para que o resto decolasse. Com a repetição da ação física ele ganhou colorido na fala. Para surpresa minha, na primeira mostra pública na Escola de Dança ele foi extremamente preciso e estava com a articulação do texto perfeita. Respirei aliviada e a cena funcionou. E melhor, no depoimento dele, ao final, escreveu:

Esse processo da *Trilogia* me fez colocar em prática várias das teorias teatrais que apenas estudei e jamais soube como utilizá-las sistematicamente. Me fez entender a importância da intuição e da confiança no ator e me utilizar delas como instrumentos num processo criativo, mas acima de tudo me fez vislumbrar o mar de possibilidades que a arte cênica dá para o ator e entender a sua força[27].

Quais São as Regras do Jogo?
Segunda Porta: A Porta dos Prazeres, a Dinâmica do Jogo

No mundo indígena tinha mais Eros. O que significa isso? Significa que os índios sabiam brincar melhor do que os brancos. Na vida indígena nunca houve separação abrupta entre trabalho e lazer, por exemplo. No mundo indígena o trabalho não está associado à amargura, embora, fisicamente, às vezes seja pesadíssimo. Mas quem tem a oportunidade de ver os índios trabalhando no sistema deles, pode ver que o trabalho é alegre porque eles estão juntos. O mero fato de estar todo mundo junto cria alegria. Eles fazem piada enquanto trabalham, riem, conversam, brincam[28].

A improvisação teatral é uma arte que eu não conheço, e estou indo investigá-la em sua história. Mas eu vejo, eu sinto, eu entendo que esta arte deve ser restaurada, trazida novamente à vida, revisitada; somente ela trará de volta o teatro vivo – o teatro dos jogadores[29].

Guio todo o processo, em termos práticos, através de improvisações estruturadas em dinâmicas de jogo. Às vezes, para mim é difícil explicar esse processo com as improvisações e com as

---

27 Trecho retirado do relatório de Geovane.
28 L. Dias; R. Gambini, *Outros 500*, p. 19.
29 Jacques Copeau apud A. Frost; R. Yarrow, *Improvisation in Drama*, p. 25.

coletas de material das improvisações porque, de fato, improviso com os atores em termos de jogos propostos. Chego com uma proposta e vou adaptando-a de acordo com o que desejo colher, ativar, conquistar, e de acordo com o que eles me oferecem de informações. Utilizo mais o próprio corpo do ator e o espaço cênico: isso solicita uma participação maior da imaginação. Poucas vezes uso inicialmente algum material.

Todo o processo de aquecimento também é feito em estruturas de jogos. Uma das coisas que faço muito é uma transição bastante fluida do processo técnico de aquecimento para o processo técnico de procedimentos artísticos e criativos. A maneira de aquecer corpo-voz-imaginário e depois colocá-los em função de algo artístico é talvez um dos bons segredos do meu processo e que eu não sei contar direito, mas sei fazer. É como um respirar junto. Há jogos que fazem parte do meu repertório, mas é na escolha do momento de usá-lo que reside a magia.

Por exemplo: posso trabalhar só com os impulsos do corpo em direções no espaço e a isso acrescentar som. Fazer a diferença entre a liberação de som e a produção de som. E aí vou acumulando informações: impulso + som + pausa + texto.

A fluência verbal é algo que está sempre nos meus procedimentos. Por quê? Porque sinto falta de administrarmos melhor essa conexão entre os impulsos corporais e os impulsos vocais, que vêm da parte do cérebro mais instintivo, com a fala que vem de outra região do cérebro. E se não trabalhamos isso no mesmo patamar da *irresponsabilidade de lançar um movimento ou um som, de lançar uma palavra, um pensamento*, que não sabemos direito de onde vem e com o que provavelmente vamos nos assustar ao ouvir e reconhecer como nosso, algo fica em defasagem.

Tudo isso informa muito sobre o nosso funcionamento integrado. Então faço muitos jogos de livre associação de palavras, de frases, de *contação* de histórias, de realizar ações físicas cantando uma música, depois falando o texto da música, contando um sonho e assim busco acionar regiões diferentes. Sente-se com facilidade como a *ignição* arranha na troca de um procedimento pelo outro, e só o tempo e a prática vão ajudar a organizar esse pensamento integrado ao corpo e expresso na fala.

Iara praticamente criou todo o solo dela a partir da seleção de material de improvisações. Ela chegou a dizer na primeira mostra: "É só um misto dos exercícios... ainda não sei... nem tem personagem." Todos construíram seus solos a partir dos exercícios. Alguns de maneira mais individual e solitária, outros aproveitando mais material vindo dos trabalhos em cooperação com o outro. Ao utilizar nos jogos a estrutura de suporte, o parceiro ajuda a sair do padrão viciado de linguagem. Como, por exemplo, o jogo dos bonecos humanos. É muito simples, todos sabem, pode começar pelo impulso por uma das áreas do corpo ou pode ser de manipulação mesmo de parte a parte do corpo. A diferença é que incluo a conexão com o sentimento e a sensação que aquela imagem provoca, e com a improvisação do texto saindo daquela imagem/personagem. Brinco com a frase de Michelangelo quando olhou para sua escultura e disse: "Fala!"

Operando na perspectiva com a qual trabalhei na *Trilogia*, na qual o interesse era de que cada um encontrasse a sua temática, a sua personagem e a contextualizasse, nas improvisações não utilizava nenhuma indicação de *quem*, *onde* ou *o quê*. Sempre sugestionava, através das ações e de focos de atenção, a que o próprio ator ativasse o imaginário com o qual estava trabalhando e se deixasse levar pela sua imaginação. Iria provavelmente visitar lugares diferentes e viver muitas personagens e situações e, aos poucos, algo iria ficar mais forte. Algo iria começar a povoar o ator de maneira mais constante. E então nasceria sua temática, acordando ou discordando com a experiência, mas haveria o momento de escolha.

Após serem definidas personagens e situações, trabalhava com improvisações em que o *ator-foco* sabia *onde* estava e o *ator-de-suporte* se encaixava de acordo com o que lia da improvisação do outro. Detalhe: trabalho nas improvisações com quase nenhuma combinação prévia, os atores tendo que *se combinar* pela escuta em cena, pela percepção do outro, das ações, do olhar, da pele, no faro.

A outra coisa que trabalho muito nas improvisações é a escuta da voz interior. Praticamente toda a primeira fase do processo de trabalho se desenrolou em algumas semanas em que o foco era ouvir e obedecer à voz interior, tanto na condução dos estímulos e dos impulsos quanto na direção do sentimento poético de cada um. Depois teve início a fase de elaboração e das combinações.

180 A VOZ ARTICULADA PELO CORAÇÃO

Jacyan conta que a ideia que teve da gravidez no jogo cênico ou mesmo do possível aborto veio de um exercício dos bonecos. Escute na voz dela a descrição do jogo:

Um manipula o colega, e este se deixa *moldar* até uma posição qualquer. Nessa posição, parado, a *marionete* tem que improvisar um texto, qualquer mesmo, nascido da sensação daquela *foto*. Exercício manjado, *super* comum. Mas aqui o diferencial, mais uma vez, é a orientação de Meran: *molde* o seu colega numa posição que seja *potencialmente criativa*, que sugira situações, que desperte nele a criatividade[30].

Normalmente eu precisava pontuar dois aspectos durante esse jogo: o primeiro era que se instalasse no boneco o foco do olhar. O boneco está olhando em que direção? O segundo, em se instalando o foco do olhar, o escultor, ou ator de suporte, deveria se manter fora do ângulo de visão da escultura, para que o imaginário pudesse agir e fazer decolar a imaginação do ator-boneco. No dia em que Jacyan-boneca foi manipulada por Mariana--escultora esta a colocou:

de pé, pernas afastadas, uma das mãos entre as pernas, outra na testa. A cabeça e o olhar para baixo, na direção do sexo. Olhos arregalados, boca aberta. Tinha tudo pra ser uma dor de barriga, mas eu imaginei uma grávida cuja bolsa tivesse estourado. A expressão facial, de perplexidade, sugeria que essa bolsa não tinha que estourar agora. (Jacyan)

O texto de improviso liberado por Jacyan, instalada nessa imagem, foi muito forte, e isso a impressionou. Quando chegou na hora de construir a personagem para o solo, essa imagem voltou e ela a utilizou. Então é mais ou menos assim que as coisas vão acontecendo: no jogo, na brincadeira. A própria Jacyan fala que provavelmente Mariana e ela estavam brincando no momento do exercício, e Mariana quis colocá-la numa posição engraçada e ridícula, mas o que veio foi o *trágico*, o possível aborto. E assim definiu, semanas depois, que a personagem da cena seria essa: uma grávida cuja bolsa estoura na hora errada. Há um equívoco comum em relação à improvisação que é a sensação do *posso tudo*.

---

30 Trecho retirado do relatório de Jacyan.

Com Rafael aconteceu algo interessante sobre o gesto espontâneo, sobre a improvisação e a necessidade de marcação para o jogo das facas na cena. Algo que envolvia todos os componentes da cena e esbarrava numa crença ou num desejo dele, que acabava dificultando o seu desempenho. Seu objetivo era ser *verdadeiro* e *espontâneo*. Rafael foi um dos que abraçou para si a meta da *verdade vocal*.

Sua personagem era um artista de rua que fazia malabares com facas para deixar seu número mais perigoso e atrair a atenção dos transeuntes. Enquanto fazia o malabarismo com as facas, a personagem narrava parte da história de sua vida, aquela na qual se separou da mulher, saiu de casa e deixou, com ela, o filho. Tudo isso movido pelo ciúme, ou ainda, talvez, pela suposta rejeição da mulher ao fato de ser ele um artista de rua.

Rafael construiu sua personagem e a história dela de uma maneira *super* orgânica. Foi um dos atores cujo processo de criação fluiu com mais tranquilidade. Enquanto todos estavam em crise, ele estava bem. Ele chegou a considerar essa capacidade de fluir um problema. Teve um momento em que disse: "Eu não tenho problemas, e isso está me deixando aflito." E eu falei: "Pelo amor de deus, desfrute disso e vá mais fundo nas coisas." Pedia a ele para ter maior esmero com as facas, para treinar o malabares, entre outros detalhes da cena.

No entanto, quando chegou o momento de fechar a cena, a complicação começou. Ele não estava satisfeito. No princípio ele queria fazer vários números de clown ou circenses durante a cena. Apesar dessa vontade, não trabalhava com objetividade nisso. Havíamos modificado o final da cena em que haveria uma roda de fogo uma vez que seria impossível colocar uma roda de fogo no teatro por causa dos equipamentos. Por outro lado, eu achava que ele deveria concentrar tudo nas facas. Jussara e Rino já haviam sinalizado isso também. As facas já eram um elemento interessante o suficiente para dez minutos de cena. Mas o ator queria fazer outra coisa. Inventou uma cena de vender sabonete para criar um outro aspecto do artista como se o número com as facas existisse para que a personagem vendesse sabonetes. De alguma forma estava, ao final, sempre saindo do eixo da história que havia criado e da sua personagem, que era boa. Eu não entendia o porquê disso. Pedia para ele fixar um texto e pontuar a ação das facas com o texto, pois ele sempre trocava os textos, inventava outras palavras, e eu sabia que ele precisava de um texto fixo por duas razões: primeiro, ele estava manipulando facas e não poderia ficar pensando em texto ou ficar sem a certeza da ordem da narrativa, sendo que isso geraria uma instabilidade na ação com o malabares; segundo, com a troca da ordem de determinados momentos ou episódios da história ele perdia a força dramática da cena.

A última vez que ele mostrou a cena internamente, percebi que não fixaria um texto correlacionado com as ações da faca. Não sei a razão dessa escolha. Talvez não houvesse entendido o que eu pedia. Talvez não tivesse a habilidade para pontuar as ações com o texto. O que o impedia de fixar um texto? Ele vivia com o caderninho, escrevendo suas falas. Qual era a dificuldade? Eu não entendia direito. Ele, inclusive, já havia sido meu aluno e tínhamos feito um trabalho muito bom juntos, e uma das coisas que fiz na época foi rearrumar o texto da cena na fala e na sequência dramatúrgica das ideias. Ele já havia percebido uma vez como, às vezes, o fato de se trocar a ordem de uma ou duas palavras pode interferir muito na tensão dramática de uma cena. Também lembrei que naquela época, durante as disciplinas, em todos os momentos de fechar uma cena ele chegava com muita coisa nova querendo inserir de última hora. Aqui era o caso do sabonete.

Bem, marcamos a sessão individual. Percebi que precisava atingir três metas. A primeira era resolver o *sabonete*: achava que o trecho do sabonete só atrapalhava, mas caso Rafael quisesse mantê-lo, queria convencê-lo a deixar essa parte como abertura ou como final, retirando-a do meio da narrativa. Ele era um dos atores cuja cena solo tinha uma *historinha* gostosa de acompanhar. O sabonete só interrompia o fluxo. Isso eu já havia dito a ele, portanto o caminho teria que ser diferente do falar a minha opinião. Iniciamos o trabalho. Ele mostrou a cena do sabonete. Limpamos a cena em detalhes. Feito isso perguntei: "Para que você quer inserir essa cena?" Ele respondeu com os mesmos argumentos anteriores e eu contra-argumentei da mesma forma, com os meus mesmos argumentos. No final, ele me perguntou: "E aí, fica ou não?" Eu disse: "Rafael, eu não gosto. Acho desnecessária, acho que só atrapalha, mas se você quiser, a cena é sua."

A PROVA DOS NOVE

Aí ele disse: "Então tá, a gente tira." Fiquei aliviada pela cena, mas ainda inquieta com alguma coisa que eu não sabia explicar.

Fomos para o passo seguinte: marcar a manipulação das facas com a sequência de ações sendo pontuada com o texto. Precisei de uma argumentação muito grande para iniciar esse trabalho, porque a coisa não andava só no "vamos fazer". Perguntei: "Há quanto tempo essa personagem é artista de rua e faz esse número com as facas?" Ele: "Há muito tempo." Eu: "Quanto? Cinco ou seis anos?" Ele, como que sabendo aonde eu queria chegar: "É... É por aí. Mas eu queria que ele fosse *peba*, não fosse um bom artista, que errasse." Aí eu perguntava: "Ele ganha o pão dele fazendo isso?" Ele: "É!" Eu: "Ele tem que ter um mínimo de habilidade. Essas facas estão ainda como um elemento muito estranho em suas mãos de ator para criar uma personagem que passa o dia manipulando facas. Além disso, para mostrar um artista *peba* você, como ator, terá que ter mais destreza ainda. É um processo inverso ao que você está pensando."

Esse é um engano que se comete com frequência ao se pensar em *verdade cênica*. A verdade surge como fruto da linguagem que requer uma técnica. É verdadeiramente um jogo de *faz de conta*, uma mentira. Se o ator quer fazer uma personagem que manipula mal as facas significa que ele terá que manipular tão bem as facas para que possa provocar o erro do manuseio das facas na personagem a seu bel prazer. Se ele se tornar escravo de seu próprio erro por inabilidade com a linguagem e a técnica, a personagem não terá vida e não atingirá os princípios da verdade.

Bem, Rafael foi *aceitando, meio não aceitando*, mas começamos a fazer o trabalho de marcação: "Morena, como aquela morena sapoti aí ó, é mais perigosa (*girar a faca para o alto, pegá-la e então falar*) que as facas." E assim íamos fazendo detalhe por detalhe do manuseio das facas e das direções de locomoção no espaço. Com isso ia fixando o texto também. Engasgamos num pedaço em que o texto sempre variava. Era um momento em que ele acelerava o ritmo do malabares, andando e falando ao mesmo tempo, repetindo a chegada da personagem em casa, recebendo o *beijo na boca* da mulher. A mesma ação se repetia três vezes, como um dia a dia, e evoluía em detalhes da narrativa. No entanto, sempre que ia repetir a cena trocava a ordem do texto e com isso modificava o ritmo da fala e, com a mudança do ritmo da fala, mudava a pulsação do malabares que ficava instável. Fui fixando as falas com ele. Criamos uma marca que eu adorei: na hora em que falava que a arte era como "uma maldição que cai sobre a gente", ele simplesmente abandonava as facas que caiam sobre ele, então, cabisbaixo, se perguntava se caso houvesse abandonado a profissão a mulher ainda estaria com ele.

Fiquei bem contente com o resultado do trabalho e quando os outros atores da cena coletiva chegaram para o ensaio, mostramos o que fizemos. Jacyan comentou que gostava mais como estava antes, mais *espontâneo*. Fiquei com medo de Rafael jogar fora as marcas. Eu sabia que ele precisava delas. Então olhei sério para ele e disse: "Você vai treinar assim como nós fizemos, e na mostra pública vai mostrar assim, ok?" Ele se assustou um pouco com a minha maneira incisiva de falar. Mas respondeu: "Claro, claro!" No entanto, senti que aquele *mais espontâneo* ficou ecoando nele.

Esse é outro equívoco fácil de ser cometido. O que é espontâneo no teatro? É não ter marcação? É fazer cada dia dentro de um roteiro improvisado? É estar frouxo nas marcas ou na pontuação da cena? É abandonar os desenhos espaciais, os textos e os gráficos de intenção da fala com os quais escrevemos nossa poesia cênica?

As palavras *espontâneo* e *orgânico* às vezes se tornam perigosas no teatro. Vou abrir um parêntese usando a cena em que a personagem de Mariana dava uma surra de palmadas na personagem de Márcio, desabafando aos gritos um determinado texto. Se fôssemos pela *via orgânica*, as batidas da palmada e a fala se acavalavam e tornavam-se incompreensíveis. Então era necessário utilizar o *artifício* de coordenar as palmadas com o texto, mantendo a *qualidade orgânica* num *faz de conta*, e a isso associar a espontaneidade num ato repetido conscientemente. Trabalho com a espontaneidade do ator através do *prazer* de jogar o jogo do *faz de conta*, de transitar com fluência pelas regras do jogo que inclui a repetição e os artifícios da linguagem e do *prazer* em sentir o eco do jogo no espectador; a comunicação.

Voltemos a Rafael. Ele foi obediente ao nosso trato e fez a cena como combinamos na mostra, no ensaio aberto e na

A PROVA DOS NOVE

estreia. Depois, creio que ele começou a se sentir seguro e confiante demais e, na segunda temporada, voltou a improvisar. Quando fazia isso a cena caía de ritmo, as facas caiam no chão, ele perdia o fio condutor da história. Eu insistia com ele, alertando-o para o fato de que não dava para improvisar assim. Mesmo as pequenas coisas, como mexer com alguém da plateia, fazia com que ele falasse mais de uma vez a mesma coisa, e isso interferia na vitalidade da cena. Ele achava que o artista de rua improvisa, e que não fazia mal. Eu tentava explicar a diferença entre o tipo de improvisação dele e o de Fábio, em que havia realmente interação com a plateia. Aí ele começou a trocar uma marca – aquela da maldição com as facas caindo sobre a personagem – para tentar causar medo no público, subindo as escadas que dividiam a plateia e jogando as facas. Com isso as facas sempre caíam antes da marca. Ele perdia o tempo dramático da ação. Insistia que ele poderia vir a improvisar sim, mas quando alcançasse total domínio da marcação, da manipulação das facas e da narrativa. Só assim ele improvisaria com consciência do *quando* sair e do *como* voltar ao eixo da narrativa e da cena propriamente dita. Dessa forma, mostrava que ele ainda não estava nesse ponto. Mas ele discordava de mim.

Em um determinado momento me *bateu a paranoia* de que ele agia assim porque a marca não havia nascido dele. Era como se fosse uma coisa imposta por mim. Eu me respondia, em *diálogos comigo mesma*, que eu tinha criado tudo em cima dos próprios indícios dele, apenas colocando em ordem o universo que ele manipulava. *Assistindo* à cena na memória, concluía, através da minha voz interior, que toda a marcação estava extremamente *orgânica*. A cada vez que ele se *disciplinava* nela ele ficava *mais espontâneo* ainda, mas ele não conseguia *entender* isso ou *relaxar* nisso ou *aceitar* isso.

Então eu desisti e deixei de reclamar com ele. Ele fazia como queria. Até o dia em que levou uma surra das facas. A cena deu errado do princípio ao fim. Eu entrei no camarim e nem disse nada. Na saída ele se virou para mim e falou: "É... Nossa! Hoje eu apanhei das facas". Eu disse: "É...". Nas duas últimas semanas da temporada ele voltou, por conta própria, a respeitar as marcações.

Ao ouvir as entrevistas, entendi o processo de uma maneira mais clara. Havia como que uma obediência que não quer obedecer, ou uma rebeldia que não quer assumir a responsabilidade de rebelar-se. Associado a isso, observei uma falta de percepção da linguagem teatral em si, dos elementos de improvisação e de algo que é muito importante: de alguma forma ele não se achava verdadeiro se não estivesse realmente errando e agindo com o impulso do momento, se não estivesse *totalmente entregue*. Sei lá... O que significa estar *totalmente entregue* no teatro?

Nesse sentido, acredito que Fábio foi um ator totalmente entregue ao processo. Através dele posso falar da linguagem oral na improvisação. A improvisação no seu solo era de fato interativa com a criação de texto no momento presente da cena. Isso requer um domínio maior do vocabulário da personagem e uma compreensão melhor de sua estrutura de pensamento. No caso dele havia dificuldades mecânicas para a realização da linguagem da personagem. Ele era um vendedor de ervas e folhas curativas e arvorava-se a ser também um curandeiro. A caracterização trazia à tona a velha história dos *sotaques* com "s", "r", "i" posicionados diferentemente nas palavras. Eis o texto de abertura da cena:

– Para calá a boca ricínio, para lavá a rôpa Omo. Para viagens longa jato, mas para dificius conta, calculadora.
– Tem pera? Tem. Tem uva? Tem. Si tem maçã, intão tá bom.
– Tem mio? Tem. Tem leiti? Tem. Si o mel faz bem, intão tá bom.
– Eu nasci há der mil ano atrás e num tem nada nesse mundo qui eu num saiba dimais.
– Tem pa curá dô no figudo? Tem. Tem sôiu? Tem. Mas tem alegria também.
– Vamô chegano rente boa, povos bom e hospitalero...e vamô discupando o atraso, qui isso é própio deste brasilero.

No entanto, isso era fácil de resolver porque o simples estudo, estabelecimento de regras e adaptação do texto podiam ser feitos mecanicamente. Com todos os quereres acionados, e isso ele tinha de sobra, bastava exercitar e a resposta apareceria. De fato apareceu e Juliana foi responsável pelas conquistas dele nesse campo, direcionando o trabalho em sessões individuais.

Palmas! A Primeira etapa foi vencida! Agora era preciso atingir o padrão expressivo. Mas como assim?

A PROVA DOS NOVE

Quando se parte para a improvisação propriamente dita não se tem ensaio, portanto é impossível marcar os "s" e "i" do que vai ser dito, pois não se sabe o que acontecerá diante do imprevisto. Nessas situações reage-se com o impulso primeiro, e o impulso primeiro que vem no momento do fogo da improvisação é o do ator com seus padrões de linguagem e de associações. Então, para conseguir sustentar as características da personagem numa improvisação interativa com a plateia era necessário acessar o *impulso da resposta*. O ator precisaria ter um grande domínio do universo da personagem, distingui-lo com clareza de seu próprio universo, e, no momento da interação com a plateia, quase que realizar uma tradução simultânea: perceber seu impulso primeiro, o instintivo, e canalizá-lo para as formas e forças ativas da personagem. Eis a dificuldade.

Por outro lado, isso dar-se-ia somente durante a temporada com a presença do público. Chegamos a pensar em ir para a rua exercitar com a personagem nessa interação, mas não foi possível. Criamos estruturas e estratégias de ação na plateia para que a improvisação pudesse garantir um teor de qualidade dramática e de construção de personagem. Lançamos mão dos seguintes elementos para vender as ervas a cada pessoa da plateia abordada: 1. detectar um mal-estar, sintoma; 2. relacionar o sintoma a um mal físico, doença; 3. desvendar a causa espiritual da doença; e 4. apresentar o remédio, a folha, e o modo de usá-la, acrescentando a sugestão de uma mudança de algum hábito comportamental capaz de afetar o espírito. A ordem dos fatores poderia alterar, mas esses elementos é que estariam em jogo. Iniciada a temporada, iniciava-se o exercício.

Fábio passou por vários momentos nessa fase. Às vezes perdia o objetivo da personagem e ficava só com o do ator, que era agradar a plateia, ou melhor, salvar-se. Esse para mim é o erro mais perigoso e o mais fácil de ser cometido: a personagem passa para o segundo plano. Às vezes, também, ele deixava de transformar o espaço da plateia em uma praça, rua ou avenida, ou seja, seu imaginário deixava de ser engatado na realidade virtual da cena, e com isso o público permanecia num teatro vendo um ator representar. Perdia-se o caráter cênico do jogo. Esses detalhes afetavam a sua percepção, que por fim iria refletir na manutenção da personagem e, em especial, na sua linguagem.

188 A VOZ ARTICULADA PELO CORAÇÃO

Era preciso uma instalação de personagem mais consistente. Insisti nisso. Ele precisou absorver uma estrutura de pensamento. Como um curandeiro e vendedor de *folhas* pensa, e como expressa suas ideias e sentimentos? O ator precisaria ser capaz de olhar para um espectador e captar potencialidades cênicas, deixar-se ser afetado pelo espectador na esfera da empatia e interagir como personagem. Era necessário conhecer mais intimamente o universo dessa personagem que não estava no texto escrito: por exemplo, sintomas, doenças, receitas, simpatias, distúrbios emocionais mais comuns nos indivíduos, modos de barganha para o pagamento e troco nos procedimentos da venda das folhas, e por aí vai.

Ele chegou perto de alcançar essas conquistas. Houve momentos em que percebeu ter atingido o alvo, mas essa percepção ainda era fugidia. De um modo geral, ele ficou satisfeito. O resultado no espetáculo era, de fato, favorável, mas fiquei com o desejo de que houvesse maior consciência da dinâmica de manutenção da personagem com maior fluência das ideias e dos impulsos associados à expressão oral. Obviamente isso só pode ser alcançado com o tempo, é fruto de maturidade conquistada através de muitos erros, em vivências no ato de realizar a cena. Ele teve apenas dez sessões para exercitar-se. No final das contas fui para casa feliz depois da última apresentação, pois o crescimento de Fábio durante o processo de ensaios e depois, na fase das apresentações, foi indiscutível. A sua qualidade de *entrega total* era sincera consigo mesmo e com o outro.

*Quem Pode Mais? Nós Protagonistas de Nós Mesmos! –
A Porta Dupla: Da Consciência Para o Inconsciente do
Inconsciente Para a Consciência*

> *Nós não somos protagonistas da nossa história*
> *Não temos o poder de decidir nada*
> *Tudo fica por conta deles*
> *Eles sonham nossos sonhos*
> *Eles... sempre eles*
> *O Brasil é um país de sobremesas:*

A PROVA DOS NOVE

O açúcar, o tabaco, o cacau, as bananas
Deixem pelo menos as bananas![31]

Eu quero ser protagonista da minha história.[32]

Nos meus 42 anos, vejo que não há Alices e muito menos Países de Maravilhas, mas, melhor que isso, há um monte de seres humanos mortais, tortos, com olhos brilhando para serem Alices e construírem Países Maravilhosos. Lanço expectativas sobre eles, e eles lançam expectativas sobre mim. Mais um sinal de que somos humanos e mortais. Será que posso pedir a alguém que atenda às minhas expectativas artísticas? Que acordo é esse que fazemos, diretores e atores? Posso pedir que chegue no horário, que faça o dever de casa, mas que escreva a redação do jeito que eu imaginei? Busco estar presente nas frustrações, decepções, conflitos, alegrias, amores, boicotes, medos, ciúmes, dores e tudo o mais que aparece no caminho e torna, a meu ver, o caminho vivo. O caminho serve como um trânsito da escuridão para a luz, como na reza do Xamã em que se diz: "A luz é um lugar e o escuro um caminho."

Então, busco que luz será dada no caminho. Que Alices seremos? Que País nós estaremos criando com nossas Maravilhas? Quando *chegarmos lá*, certamente será como o nascimento de um filho: a chegada ao mundo de alguém que nunca existiu e por mais que a gente tenha imaginado, sonhado, conversado com, será diferente de tudo isso, será único e terá identidade própria apesar de carregar consigo impressões genéticas quase imutáveis: "Ih! Olha só! Tem os olhinhos do papai."; "Ah, mas a bochecha é igual a da irmãzinha."; "Vixe! E gosta de jiló que nem a mamãe, meu Deus!"; " verdade... Sabia que ia fazer xixi no meu colo e com essa cara risonha e descarada... São os maus hábitos da família... O que eu faço com essa roupa toda suja agora antes de ir pra festa!?"

O grupo em si é como um organismo.

Quase nunca trabalho com a ideia de protagonista. Em *A Hora da Estrela,* a protagonista da obra seria Macabéa, mas

---

31 Oswald de Andrade, *Pau Brasil.*
32 Os Bobos da Corte, *Brasil Pau-Brasil*, com direção de Cecília Raiffer. Sua estreia ocorreu no Teatro Módulo em Salvador, na programação das Terças Literárias em 2002.

o autor Rodrigo S.M., também personagem da obra, conduzia a encenação inteira e Caíca, ator que representava todos os papéis secundários, foi indicado para receber o prêmio de melhor ator. Quer dizer, a ordem estabelecida normalmente para estes critérios foi rompida. Inevitavelmente será necessário olhar para a obra com outros olhos. Isso faz parte de um processo orgânico em mim. Provavelmente realizarei trabalhos com protagonistas claros e evidentes, mas sei que busco revelar a importância de todas as personagens. Trabalho, nesse sentido, num padrão diferente do que normalmente encontro. Daí a minha relação com Alices ser menos constante. Sob o ponto de vista pedagógico busco meios para que todos tenham papéis capazes de promoverem o seu desenvolvimento e desempenho artístico. Dessa perspectiva pedagógica nasceu a ideia de estruturar *Uma Trilogia Baiana* em Solo, Cena Coletiva e Coro.

Hoje tenho comigo uma coisa: busco trabalhar com quem gosto, com quem quero e com quem quer trabalhar comigo. Então esse é o critério número um: *desejo de amor correspondido*. O meu querer em si já é criterioso no que se refere ao aspecto técnico, estético, poético, de percepção intuitiva, de ordem *cármica*. Mas a isso somo a disponibilidade do indivíduo para jogar o jogo. Troco quase todas as excelências por um ator disposto a jogar o jogo, a compartilhar com o outro, a correr riscos de errar e acertar além da conta, a oferecer-se em atos de criação.

Quando encontrei no livro *Budapeste*, de Chico Buarque, a frase "o ator se transveste de mil personagens para poder ser por mil vezes ele mesmo" senti um prazer inenarrável. A *neura* da *Psicologia* e da *Terapia* veio destruir ou confundir algo que sempre esteve presente nos artistas: eles falam *sempre* de si e porque *precisam*. Portanto em um ator me interessa o que há de pessoal, mesmo que transvestido de máscaras. Sinto que quando falo de conexão íntima entre corpo e voz, estou falando da totalidade do ser em sua obra. É difícil encontrar hoje quem queira disponibilizar-se a isso.

Num processo criativo sempre estimulo e acolho os aspectos pessoais que se apresentam. O limiar entre ator e personagem é importante, por isso o jogo, a estrutura lúdica, o lembrar que a nossa criança conhece bem esse jogo: "Aí eu era fulano que não sou eu, e assim posso sê-lo melhor porque sei que não sou eu." É como a criança que sabe que não é o cachorro quando diz: "Aí eu era o totó." E é brincando de ser quem não se é que se aprende sobre si, sobre a vida, sobre o outro. É uma possibilidade de *afinar-se* em *si mesmo*. Quando a personagem é alguém que se parece com o ator, talvez seja muito mais difícil o processo. Nesses casos lembro sempre que é um jogo e que, se é parecido, vamos identificar bem as semelhanças e as diferenças. Eis os verbos de ação: encorajar, acolher, impulsionar, estimular, *tocar-se na medula*.

Por isso para mim é tão importante a atmosfera de trabalho. Nela instalo a possibilidade para que as manifestações pessoais possam acontecer, os equilíbrios e os desequilíbrios possam ser colocados na mesa com muito carinho, respeito, segurança e caminho aberto e estruturado para a elaboração artística. Aqui está a outra chave: é importante vislumbrar a elaboração artística, a construção da poesia, o espaço da expressão e formulação da comunicação. Não há busca de cura de problemas emocionais ou psicológicos, ou enfrentamentos ou desafios de SER, mas o desejo de criar beleza, de colocar nossa beleza no mundo, de refletir nossas dores, angústias, amores, frustrações e temperar tudo com nossos sabores. Quais serão eles? Cada um saberá o seu.

Mariana e Manhã são duas preciosidades com calo nas cordas vocais. Manhã nunca conseguiu ser minha aluna. Entrava para cursar as disciplinas na Escola de Teatro e logo depois as abandonava. Sempre soube que deveria ter algumas dificuldades com a voz, e nas poucas aulas minhas que frequentou, sempre trabalhei com atenção diferenciada com ela. Eu a assisti em *Capitães de Areia* e fiquei preocupada com a relação que estava tendo com sua voz. Mas é aquela coisa, sempre se espera alguém em quem se possa confiar para *pedir ajuda*. Acho que foi isso que aconteceu com Manhã em relação a mim e ao processo que vivemos na *Trilogia*. Ela não foi uma escolha minha.

Um dia estava jantando em um restaurante e ela chegou. Sentou-se à mesa em que eu estava com meus amigos, pessoas que ela também conhecia, e começou a conversar comigo com muita intimidade. Isso era pouco comum. Eu a sentia inquieta e algo me dizia que ela queria *ficar por perto de mim*. Quando ela deixou a mesa para sentar-se com seus amigos, aquela inquietação permaneceu em mim. Antes de ir embora fiz questão de passar na mesa em que ela estava para uma *pequena prosa e dar um tchau* mais afetivo, mais presente. Essa ação era nada mais que eu, na vida, atendendo a um pedido da minha *voz interior*.

Alguns dias depois, Manhã entrou na sala em que estava dando aula de Dicção Teatral II e me pediu para participar como aluna ouvinte. Tive novamente o sentimento de que ela gostaria de *estar por perto de mim*. Por que, para que, ou de onde vinha essa vontade ou necessidade eu não sabia. Sem lhe pedir muitas explicações, disse: "Sim. Já está com roupa pra começar?" Por outro lado, essa era uma disciplina que ela deveria fazer e na qual não estava matriculada, por isso apenas alertei-a para o fato de que ela precisaria cuidar por si mesma das coisas burocráticas se quisesse posteriormente os créditos.

Algumas semanas depois, quando os trabalhos da *Trilogia* iam começar, recebi um telefonema dela pedindo para participar de alguma forma do projeto. No encontro marcado para conversarmos sobre o assunto, entre goles de café expresso eu disse: SIM, para uma participação como assistente. Esse *sim* ainda foi guiado pela sensação de que ela gostaria de *estar por perto de mim*. Resultado: ela participou simultaneamente da disciplina Dicção Teatral II e do processo da *Trilogia* já que aos poucos fui deixando que a assistente participasse dos exercícios de aquecimento e dos jogos criativos.

Nos meus caderninhos encontrei a seguinte anotação:

Fui deixando, e acho que agora ela está verdadeiramente tocando na própria voz. Até então ela havia trabalhado só com *problemas de voz* e os temores que todos engendram nos atores, em especial alguns fonoaudiólogos, sobre o processo vocal e o excessivo zelo com a voz, que pode ser um suicídio para um ator. Aqui ela está podendo trabalhar de maneira mais orgânica essas questões. Também está tendo o acompanhamento de Juliana, que é fonoaudióloga, e parece disciplinada com os exercícios passados por ela. Expressivamente é primorosa, verbalmente é desconcertante e inteligente. Falta algum gás, e um senso maior de coletividade. Vamos ver como vai sendo o processo dela ao longo do caminho. Ela quis cortar as cenas em que falava das unhas vermelhas da mãe e as referências às tias com cheiro de armário! Eu a convencia a deixar. Pra que ficar no meio do caminho? Ou oferece o material e usa ou se é devorado por ele.

O material fornecido por seu inconsciente era fabuloso. A personagem criada por Manhã foi determinante no seu processo criativo e vocal. Nada que eu diga poderá traduzir tão bem isso quanto ela mesma: Para mim não houve convite. [...] Desde que ouço falar sobre os Bobos da Corte, em 1998, que tento me aproximar de suas atividades. [...] A figura do bobo, para mim, seria alguém que fala a verdade para o Rei através de jogos poéticos, jogos teatrais, o único a quem o Rei ouve. [...]

Pela primeira vez me deparei com a minha voz. [...]

Desde a temporada de *Capitães d´Areia*, eu vinha sentindo um desgaste e não conhecia o motivo. [...] No consultório, depois de uma laringoscopia, Juliana diagnosticou um início de calo numa das cordas vocais. [...]

A essa descoberta seguiram-se outras tantas, não menos dolorosas: esse timbre vocal que me é característico seria uma *mímesis* da voz de minha mãe, a minha maior referência vocal feminina, e que eu deveria *reaprender* a falar, experimentando uma região mais *alta*, uma voz mais aguda, *de cabeça*, como costumamos dizer no jargão teatral. Caí em outro buraco. Reaprender a falar? Substituir a minha voz grave, com a qual eu sempre me identifiquei, por uma voz mais aguda que me soava antipática? Fiquei apavorada. [...]

Me dei conta do meu pouco fôlego, e de outras questões ligadas à sustentação das notas, que aí já tinham a ver com a depressão pela qual eu vinha passando, que me deixou sem energia para cantar e sem brilho na voz. Então pensei que desse jeito, o jeito seria me afundar de vez na depressão, pedir demissão (!) do trabalho com Meran, abandonar minha voz num terreno baldio qualquer, e ir seguir uma profissão muda, mas com dignidade, é claro. [...]

Aos poucos, fui direcionando a minha atenção para a personagem que vinha surgindo nas improvisações. Era uma menina de sete anos, cheia de perguntas e vontade de ser adulta. Sem perceber, fui buscando um registro vocal mais agudo. [...]

A personagem trouxe para mim muitos reflexos da minha própria vida, das minhas escolhas pessoais, das minhas relações em família e da criança que eu fui. [...]

Se não tivesse sido um longo e detalhado trabalho de criação e avaliação constante, eu poderia dizer que o resultado foi como mágica. Ao fim dos ensaios não existia só (a personagem) Maria Júlia, existia também Marlene, sua boneca de pano inseparável, seu interlocutor ativo, que por vezes tornava-se vítima da projeção que a criança fazia de si mesma. Era com Marlene que Maria Júlia repetia os gritos que ouvia da mãe, e construía seu espaço e tempo imaginários. [...]

A voz de Maria Júlia resultou em algo próximo do que seria o meu registro sinalizado por Juliana, e o solo, entrecortado pelos solos de outros três atores, nada mais era do que a colagem de exercícios vocais

194 A VOZ ARTICULADA PELO CORAÇÃO

roteirizados pela ideia de que ela estaria sozinha em seu quarto – acompanhada apenas pela boneca –, planejando sua fuga e relembrando situações de seu dia a dia. Esses exercícios evidenciavam a minha pesquisa vocal, e as nuances da voz da personagem, sua relação com as palavras, com a sua própria fala e com os vocabulários infantil e adulto, além de explorar o silêncio e a pausa, conceitos trazidos por Meran ao longo do treinamento, que me impressionaram muito. [...] A pausa é algo precioso, e o silêncio também. O silêncio também é voz. [...]

O prazer da descoberta, da consciência, da criação e da sensação de poder que esse processo me trouxe, é difícil de explicar, até porque se mistura com passagens da vida, das relações e da sutileza que é o contato com o próprio corpo. Sinto-me ávida por continuar aplicando o que aprendi sem demora, já que esse instrumento tem que ser constantemente afinado, e aprender coisas novas. Que venha a próxima etapa![33]

Fui escolhida por Manhã e a recebi como um presente.

Mariana eu escolhi. Ela já havia sido minha aluna em Expressão Vocal I e II. Nas duas disciplinas fez um trabalho brilhante como atriz, mas eu carregava uma frustração secreta comigo: o sentimento de que não havia conseguido tocar em sua voz. Era como se houvesse uma tranca ou uma máscara vocal muito bem instalada. O mais incrível é que no primeiro encontro para conversar sobre o tema ela trouxe, entre outras, a ideia de trabalhar com a criação de uma máscara. Inspirava-se na carta O Louco, do tarô, e na imagem de uma mulher sozinha andando no sentido contrário de uma multidão. Mariana tem um discurso muito inteligente, é sensível, boa atriz, conectada com o tempo e o espaço, no entanto respira precariamente. A enorme cobrança consigo mesma não lhe permite errar, jogar, brincar. Ela joga se o jogo é parte do trabalho, sabe como é? Ou seja, o relaxamento nela é delicado.

Ao começar a trabalhar com ela nesse processo, já sabia por onde queria ir. Um dos aspectos bem básicos e técnicos que eu desejava alcançar era *limpar* o *recurso do ofegante* muito presente nas suas interpretações. Eu ia bem devagar com o andor. Era uma pitada de informação consciente aqui, outra inconsciente ali. Foram semanas até que eu falasse: "Mariana, esse ofegante não me convence. Você faz uso dele sempre, pra tudo." Levaram mais semanas até que numa mostra do solo de Geovane me aproximei

33 Trecho retirado do relatório de Manhã.

dela e perguntei: "Você está ouvindo esse ofegante de Geovane?"
Ela: "Tô." Eu: "Esse ofegante te convence da dor e da aflição da
personagem?" Ela: "Não." Eu: "Você acha que ele precisa desse
ofegante para revelar a personagem ou pode achar um caminho
sem ofegar?" Ela: "É… tô entendendo."

Com isso fomos tocando nessa *máscara vocal*, num ponto
onde ela sempre acreditou que residia sua força vocal expressiva. Quando essa crença começou a ruir, ela ficou meio perdida. Enfim foi fazer a laringoscopia, que acusou princípio de
calo. Nada sério. Coisa que se corrige rápido. No entanto, isso
é um trauma grande para uma pessoa do tipo dela. Nós conseguimos que ela chegasse ao ponto de ir lá, verificar, e continuar
vindo para os ensaios, continuar trabalhando.

Lembro que nesse período marquei uma sessão individual
com ela e mais que rápido ela balbuciou que não poderia, estava
sem voz, não daria para passar o solo. Aí eu disse: "A gente vai
trabalhar em função disso, da sua *falta de voz*. Você não vai precisar estressar sua voz." Quando ela chegou à sessão, voltou a repetir que estava sem voz. Aí eu disse: "Minha intenção é fazer uma
massagem em você. Acho que você tá cansada e uma massagem
vai fazer bem. As massagens que a gente tem feito nos ensaios
estão sendo muito rápidas. Agora a gente tem uma hora pra isso.
Que tal?" Ela disse: "A gente só vai fazer uma massagem?" Eu:
"É!" Ela: "Ah! Que ótimo!" Colocou a bolsa que ainda estava
no seu colo na cadeira e deitou-se no chão.

A massagem utilizava princípios do Jin Shin Jyutsu da circulação energética no corpo. Começamos muito silenciosamente e
aos poucos fomos conversando fiado e mais fiado e rindo e respi-
rando e acabamos por tocar no assunto do espetáculo e do solo.
A atriz conversou um pouco com a diretora sobre as suas afli-
ções na relação com a personagem. Ela saiu bem mais aliviada.

Durante o processo, ela estava em pleno caminho, passando pela escuridão, e as apresentações da *Cidade Expressa*
foram levando luz a ela. Acabamos entregando ao coro a missão de estar ofegante pela personagem. É interessante a maneira
como ela comentou esse aspecto de sua trajetória na *Trilogia*:

> Comecei a ter problemas com a voz constantemente desde o dia
> em que fizemos a mostra para a equipe. Era uma rouquidão constante

196   A VOZ ARTICULADA PELO CORAÇÃO

e angustiante... Eu estava envolvida em outro espetáculo e passei por vários problemas familiares que foram abalando minha estrutura emocional. Eu me sentia derrotada dentro do grupo num momento em que o coro das cidades estava sendo construído com Luciano Bahia, e eu adorava cantar! Passei momentos de completa mudez, anotando tudo que era marcado para não ficar fora do processo. Mas minha vontade era de parar com tudo, ficar em casa e chorar. Juliana estava me auxiliando com a terapia vocal e uma das coisas que gostava de fazer com ela era falar o texto bocejando. Além de me sentir muito relaxada, percebia que o texto propunha a mim outras nuances. Hoje compreendo que via Renata (o nome da personagem) e a situação que ela estava vivendo muito próxima de minha experiência pessoal e era difícil separar toda a emoção do trabalho técnico. Meu desafio consistia em manipular com tranquilidade a emoção usando a técnica, mas isso não foi possível nesse trabalho. A máscara caiu e foi revelada ao público uma faceta muito particular da atriz através do teatro. Isso me incomodou durante um tempo, mas tive que seguir... Hoje faria diferente, eu sei. [...] A minha voz foi parte do processo, parte de uma história particular, porque o todo foi bonito de se ver, de se viver e de se sentir. Agradeço muito a todos porque aprendi com todos o que sou como mulher, artista e baiana[34].

Os processos de Mariana e Manhã me remeteram a uma historinha zen-taoísta e aos momentos da minha vida em que quis, como o sapo TxéRekha, que alguém aparecesse e simplesmente tirasse o *coco* que estava entalado na minha boca sem fazer muitas perguntas, sem dar muitas explicações, sem cobranças futuras, sem recibo de serviços prestados. E mais gostoso do que tirar o *coco entalado* é, ao invés de jogá-lo fora, beber sua água. Talvez esse seja o verdadeiro papel do educador. Por isso deixo aqui na íntegra o texto da historinha do sapo Txé Rekha em seu pedido de socorro a KokoZan, mestre de muitos discípulos, e a PawNokoko, mestre de um único discípulo, o Boundha.

Numa toca à beira do lago PEI do (significa *som estranho*), vivia um sapo chamado TxéRekha (significa *engole tudo*). Era tremendamente feio, cheio de manchas pelo corpo, mas tão esperto que certa vez convenceu Boundha a beijá-lo e, assim, ganhou uma aposta que fizera com PawZan, o crocodilo vegetariano e taoísta...

---

34   Trecho retirado do relatório de Mariana.

Um dia TxéRekha encontrou um enorme coco e tentou comê-lo. Abriu a boca o mais que pôde, mas o coco não passava. Decidiu então hipnotizar o coco e convencê-lo de que era uma goiaba. Colocou o coco numa pedra e ficou horas recitando:

– Relax! Você é uma goiaba. Relax, você é uma goiaba...

Convencido, ele mesmo, de que o coco era uma goiaba, abriu a bocarra e tentou engolir o coco que ficou entalado com metade do lado de fora. Mal podendo respirar foi se arrastando até o ashram de KokoZan.

Ficou parado na frente dele esperando uma solução. KokoZan chamou os alunos e fez um tremendo sermão sobre a gula, apontando, acusadoramente, para o pobre sapo. TxéRekha já expelia lágrima pelos esbugalhados olhos, tamanha era a pressão do coco sobre o céu da boca. KokoZan, imaginando que aquelas lágrimas significavam arrependimento, escreveu uns mantras na areia e disse a TxéRekha:

– Recite-os que o seu karma será limpo e, na próxima encarnação, você nascerá como um jacaré. Se não recitar, nascerá como uma lagartixa!

Desiludido, TxéRekha resolveu suicidar-se. Mergulhou no lago na esperança do coco afundar com ele. O coco flutuou e, levado pela correnteza, foi parar no outro extremo do lago PEI do (significa *cheiro horrível*). PawNokoko lá estava tomando um banho de sol, passando óleo na pele.

Ao ver TxéRekha com o coco entalado na boca, olhos súplices, PawNokoko riu gostosamente, tirou o coco, entregou-o a Boundha, recomendando:

– Abra-o que sua água deve estar doce e fresca.

Aliviado do seu sofrimento físico e espiritual, TxéRekha deu um enorme pulo por cima do corpo de PawNokoko, e cantou em sua homenagem:

– Gula não é pecado mas sim ter a boca menor que o bocado[35].

A *Cidade Expressa*, da qual Manhã e Mariana participaram, deixou em mim um gostinho de água de coco bebida no canudinho, no meio do lixo deixado pela festa de Iemanjá, diante da praia, olhando o mar, desfrutando o alvorecer.

---

35 S.D. Prashanto, *O Dragão Com Asas de Borboleta e Outras Estórias Zen-Taoístas*, p. 66-67.

A CARTA CORINGA:
PERSEGUIÇÃO CAMALEÃO DAS IDEIAS

Sempre persegui minhas ideias até a exaustão. Acredito que é perseguindo a ideia com perseverança, determinação e leveza, que tocamos com segurança na necessidade de sua transmutação e transformação. Se assim for, a transmutação será fruto do momento atual e real da obra e fará parte de sua verdade. É como o nascimento de um gesto, quando se vai até o último instante deste para então nascer o gesto seguinte. Sabemos que podemos deixar o gesto pela metade, ou inacabado, quer no plano físico ou no plano energético, quer nos itens objetivos ou subjetivos da sua execução.

A Meran até os 35 anos era um touro selvagem, e fincava pé de maneira brutal para ver realizados os seus sonhos ou desejos, e isso gerava consequências desastrosas. O espetáculo e as cenas ficavam *quase perfeitas*, mas o *entorno* das cenas corroía de tal forma que fui percebendo que minha obstinação precisava sofrer um ajuste. Hoje o touro mostra-se domado por um domador que evitou domesticá-lo, apenas administrando melhor a condução de sua rebeldia, de suas determinações. Sou menos bruta e autoritária. Busquei assimilar a diferença entre *ter autoridade* e *ser autoritária*. Na hora em que é necessária a minha intervenção mais radical a faço, mas conduzo o processo de forma a tornar esses momentos quase inexistentes, ou permito que existam em doses muito pequenas e todas administráveis.

Aprendi a avançar por onde não há resistência, aprendi a esperar. Às vezes vislumbro algo que está muito à frente da percepção do outro. Se logo interfiro com a minha leitura, interrompo o processo do outro de chegar ao mesmo ponto que eu. Então, espero. Trabalho desobstruindo o caminho, identificando e abrindo passagens secretas, removendo obstáculos, e quando a resistência se vai, quer a minha quer a do outro, é como entrar na casa pela porta da frente.

Na *Cidade Real*, com a personagem de Fábio, o vendedor de ervas, foi assim. Primeiro ele havia criado uma personagem na qual só ele acreditava. Para ele o vendedor não era um charlatão. Para Fábio, a partir do momento em que a personagem vendedor de ervas dissesse ao cliente que em três dias o amor viria se o pedido de amor fosse feito com sinceridade, aquele vendedor estava dizendo a verdade. O vendedor se propunha a deixar a polícia matá-lo caso a sua receita curativa não fosse eficaz. Interessava-me a contradição existente na personagem. A ingenuidade com que a personagem dizia isso e como se lançava nessa direção me fazia ir junto com ela. Era óbvio que não dava para ser como o ator estava falando ou fazendo, tínhamos que encontrar um ponto onde toda essa crença e ação se justificassem. Mas houve um momento em que todos conseguiram convencer Fábio de que sua personagem não passava de um vendedor charlatão, e ele já estava desistindo da sua ideia e caindo num arquétipo fácil e menos curioso. Então saí como uma doida, encontrando mais objetivamente meios de manter o espírito da sua personagem. Houve um momento em que lhe disse: "Só quem não desistiu da sua personagem fui eu." Há no vendedor de folhas algo de ambíguo que ficou no espetáculo, e em contato com o público percebi que as pessoas mais humildes que foram assistir a *Cidade Real* se identificaram muito com aquele homem. Em especial, o público que participou do debate comentou isso.

Então vamos chegando ao fim.

Na construção das cidades quis brincar com as perspectivas dos finais que elas encerram pelo simples fato de serem uma *real*, uma *expressa* e outra *fantástica*. Fiz um plano inicial assim: na *Cidade Real* podemos prever muito do que nos vai acontecer, como se pudéssemos adivinhar o destino. No entanto, quase sempre somos surpreendidos. Então, para o final dessa cidade a ideia era uma interrupção da ação em que certamente saberíamos prever o final, mas ele, de fato, ainda precisaria ser escrito: será mesmo que a menina de rua perdeu o neném? Terá ela sobrevivido? A essa interrupção lancei meu desejo de porvir: vozes desafinadas cantando o hino do Senhor do Bonfim, pedindo a graça divina da justiça e da concórdia. E é só na palavra concórdia que as vozes se afinam. Um desejo de afinação com a justiça divina. Alcancei o final desejado.

A *Cidade Expressa* é feita da nossa fatalidade mais íntima. Qual o destino então que nos aguarda? Impossível prever. Para ela então o final foi planejado a partir da observação sobre a cidade onde a *cidade, que é meu corpo,* mora: Salvador. Somos

A VOZ ARTICULADA PELO CORAÇÃO

abraçados e consolados pelas festas da cidade. Percebi que uma maneira particular do baiano lidar com suas dores é lançá-las ao mar para Iemanjá resolvê-las. Flores carregadas de *pedidos mágicos* são ofertadas para que sonhos sejam realizados. Pouco importa se Iemanjá existe. Nós existimos com vontade suficiente de criá-la e de a ela confiarmos o caminho desconhecido. Sinto que nas festas de largo[36], e em especial a de 2 de fevereiro, é a cidade que nos socorre. A *Cidade Expressa* termina com as personagens se encontrando na Festa de 2 de fevereiro, entregando seus presentes, desaguando seus pedidos e fazendo sua promessas. Eles cantam, rezam, se confrontam e se acolhem. Tive muitas dúvidas até fazer essa escolha. Persegui ideias e encontrei o final desejado.

A *Cidade Fantástica* era a única que eu *tinha certeza* de que *eu* poderia construir o final que quisesse. E mais que isso, a única em que poderia criar um final feliz, com a cor da minha felicidade desejada, afinal essa cidade é fantástica, mora no reino da fantasia, pode-se *fazer o que quiser*. Nela o destino está em nossas mãos. E aqui, depois de elaborar essa constatação, descobri o grande engano. Na *Cidade Fantástica* tive que lidar de fato com a realidade dos assassinos, dos suicidas, dos abandonados, dos desprezados, dos desamparados. Durante a construção dessa cidade fiquei perdida inúmeras vezes. Morri. Ressuscitei. Desisti. Tive que buscar poesia onde ela parecia não existir. Precisei me reencontrar no chão da praça, balançando com a nossa dor. Caminhei a esmo pelas ruas da cidade por entre a água de meninos alagados, buscando liberdade e saúde. Inseri uma frase que, tinha certeza, conduziria a um destino melhor o homem-morto-pai com sua festa de aniversário para a filha morta: "A eternidade é comprida demais para o senhor passar enchendo bolas." Mas o homem preferiu continuar enchendo bolas. A mulher representante da *arte* e da *figura feminina* apenas voltou para sua moldura. Tive tantos planos para ela. Estará ela agora na parede da casa de quem? Dona Maria dos Sonhos propôs ao homem atormentado por seus sonhos: "Será que essa mulher não é a mesma que anda

---

36 "Festa de largo" designava o costume soteropolitano de utilizar as praças como ponto de encontro no dia dos santos e orixás, como a festa de Iemanjá, por exemplo.

pela cabeça de seus amigos?" A resposta foi taxativa: "Não!" E, por fim, conduziu aquele homem à sua *Cidade Zombeide*, um *Pelourinho*. Pelo menos Dona Maria dos Sonhos me presenteou com um conselho dado ao homem de Zombeide: "Quando o senhor encontrar a tal mulher, diz umas coisas bonitas no ouvido dela. Mulher adora escutar coisa bonita!" E me acalmou com a sentença final: "A gente dá a dica, mas cada um faz o que quer." Aqui nem sequer consegui um final.

A *Cidade Fantástica* foi o meu grande aprendizado. Ela representa oficialmente aquilo que é *fruto do nosso imaginário* e me pareceu mais real que todas as outras ou tanto quanto as outras. Hoje olho para Salvador e me pergunto: o que mora nas nossas cabeças que faz essa cidade ser o que ela é? Olho para o Brasil e faço a mesma pergunta. Para o mundo, a mesma.

Foi na labuta com essa cidade que percebi a dimensão do que havia escrito em 2001 no programa do espetáculo *Extraordinárias Maneiras de Amar*: "Acredito na liberação do imaginário, no desenvolvimento do imaginário e através do imaginário, sabendo que o nosso imaginário é uma ponte para o que nos acontece, seja no plano bem pessoal, seja no plano comunitário e global da nossa sociedade."

Com a *Cidade Fantástica* tenho a sensação de ter caminhado pelo que me foi destinado. Assisto a cidade e fico feliz. Sei que alcancei o final possível.

Ela me revela o quanto de trabalho ainda se tem pela frente. Ela me diz da importância do projeto de continuidade da pesquisa: *Contando Causos da Bahia*. Ela me traz de volta a dedicatória que escrevi no programa do espetáculo *Fanny C*[37], de 1983: "A todos aqueles que fazem das tripas coração."

Por coincidência ou não, filmamos os espetáculos nos mesmos dias em que o ator baiano Carlos Petrovich, um símbolo indiscutível de *bobo da corte*, foi assisti-los. Sua morte repentina, pouco tempo depois, arrancou de minha boca o poema de Cecília Meireles em seu livro *Viagem e Vaga Música*: "o mundo

---

37 *Fanny C* foi o terceiro e último espetáculo do Grupo Pessoal D'Ubu do qual fui fundadora e que atuou na Bahia, predominantemente em Salvador, de 1982 a 1984. O espetáculo tinha direção de Valter Fonseca e a vice-direção, a modalidade que criamos, era minha. Nele a dramaturgia era coletiva com esquetes de diferentes autores e cenas cujo texto era criado pelo próprio elenco. *Fanny C* estreou em 1983, na Sala do Coro do Teatro Castro Alves.

202 A VOZ ARTICULADA PELO CORAÇÃO

ficou mais belo, ainda que inutilmente, quando por ele andou teu coração".

Durante todo o processo de construção de *Uma Trilogia Baiana* fui acompanhada pela determinação e necessidade de escrever sobre o meu processo de trabalho. Em todas as crises me lançava às perguntas: para que escrever uma tese? Para que produzir um espetáculo junto com a pesquisa teórica? Por que fui inventar de criar três espetáculos para falar do meu processo? Como alguém poderá aprender alguma coisa lendo *sobre* ele? Sinto que só é possível aprender estando do meu lado ou comigo no processo de criação.

Na medida em que as questões teóricas apareciam, fazia-me as mesmas perguntas: para que falar da verdade? Deus! Tudo já foi dito. Em que enrascada me meti ao propor criar uma proposta metodológica para o alcance da verdade cênica! Quais foram as minhas metas?

Quais foram as minhas metas? Quais foram as minhas metas?

Então percebi uma delas e talvez a mais importante: como fazer alguém, um ator, ter metas? Ou, como colocar alguém, um ator, em contato com suas metas feitas de ideias, desejos, vontades, necessidades, ter metas e perseguir as suas metas com determinação e leveza, com objetividade e subjetividade, com coração, razão e intuição? Dessas perguntasé que nasceu parte da metodologia que hoje aplico no trabalho da Expressão Vocal: propor ao indivíduo entrar em conexão com a sua necessidade de expressão mais sincera e exercitar-se nos meios para realizá-la. Buscar abraçar os quereres que nos coloquem em pé e caminhando.

Quando as *Cidades* ficaram prontas, escrevi o texto final para o programa que revelava o ponto de partida, a trajetória e o lugar alcançado:

Estas cidades foram tiradas do imaginário de cada um. Partimos de uma coisa muito simples: a nossa primeira morada, nosso corpo. Fizemos assim, vasculhamos a nós mesmos com uma frase também simples: meu corpo é minha cidade. Abrimos o portal. Visitamo-nos em nossos silêncios por entre imagens, sons e palavras. Como em toda cidade que visitamos, entramos em territórios desconhecidos a nós mesmos. Surpreendemo-nos, dobramos esquinas para escapar de certos habitantes, fomos invadidos por outros, deparamo-nos com visões, ruídos, canções, vozes, imagens, guerras e recantos de paz. A tudo, ou quase tudo, respondemos. A indiferença passou ao longe. Entrei em estado de comoção em vários momentos ao ver os corpos expressarem-se poeticamente diante desse tudo tão nosso. A simplicidade com que acessamos todo esse material e a sinceridade com que nos deparamos cada um com seu *cada um* e cada um com o *cada um* do outro, é movimento de rara preciosidade. Confirmo aqui uma qualidade humana que, SIM, poderá estar impressa nesse milênio: somos capazes de fazer coisas juntos, partilhar mundos e sairmos sempre mais ricos com as trocas que efetuamos nesse comércio de afetos, impressões, razões, intuições, fatos. *A Cidade Real, A Cidade Expressa* e *A Cidade Fantástica* são frutos de uma enorme rede de colaboração. Agradeço com o coração aberto a cada integrante dessa rede. Afirmo: gosto de ter minha solidão criativa povoada pela solidão criativa do outro.

São essas três cidades, meu próprio corpo, real, expresso, fantástico, que me conduzem à conclusão.

Sim. E...

Uma Trilogia Baiana: Cidade Real, Cidade Expressa, Cidade Fantástica é parte integrante e estruturante de tudo que se realizou aqui. A *Trilogia* desvela em forma estética as bases teóricas e os princípios de trabalho e formação vocal do ator na busca da verdade cênica.

O título da pesquisa, "O Exercício da Expressão Vocal Para o Alcance da Verdade Cênica: Construção de Uma Proposta Metodológica Para a Formação do Ator", conduziu-me por toda a pesquisa. Ao concluí-la, deparei-me com o título deste livro: A Voz Articulada Pelo Coração.

Ao leitor que chegou até aqui comigo eu diria: esquece tudo! Para lidar com o aluno ou o ator é preciso estar vazio, estar no ponto zero, estar diante do desconhecido, do *não saber*. Este é mais que um jogo intelectual, é um jogo de vida, *noves fora, zero.*

Bibliografia

AMARAL, Sônia. *Chi-Kun: A Respiração Taoísta, Exercícios Para a Mente e Para o Corpo*. São Paulo: Summus, 1984.

AQUINO, Niede D'. *Você É a Música: Oito Exercícios Para a Realização das Múltiplas Combinações de Silêncio e Som*. 2. ed. São Paulo: Casa Sri Aurobindo, 1984.

ARMSTRONG, Richard; GOULD, Maria; KRUCKER, Fides. *A Vocal Journey: Conversations With Richard Armstrong*. Toronto: The Writing Space, 1996.

ARTAUD, Antonin. O Teatro e a Ciência. In: VIRMAUX, Alain. *Artaud e o Teatro*. São Paulo: Perspectiva, 2000. (Col. Estudos)

_____. *O Teatro e Seu Duplo*. 3. ed. Tradução de Teixeira Coelho. São Paulo: Martins Fontes, 2006.

BACHELARD, Gaston. *O Ar e os Sonhos: Ensaio Sobre a Imaginação do Movimento*. São Paulo: Martins Fontes, 1990.

_____. *O Direito de Sonhar*. Rio de Janeiro: Bertrand Brasil, 1991.

_____. *A Terra e os Devaneios do Repouso: Ensaio Sobre as Imagens da Intimidade*. São Paulo: Martins Fontes, 2003.

BARBA, Eugenio. *Além das Ilhas Flutuantes.* Tradução de Luis Otávio Burnier. São Paulo: Hucitec, 1991.

BARBA, Eugenio; SAVARESE, Nicola. *A Arte Secreta do Ator: Dicionário de Antropologia Teatral*. São Paulo/Campinas: Hucitec/Unicamp, 1995.

_____; SAVARESE, Nicola. *Anatomia del Actor: Diccionario de Antropologia Teatral*. México: Gaceta, 1988.

BERRY, Cicely. *The Actor and the Text*. New York: Applause Books, 1992.

_____. *Voice and the Actor*. London: Harrap, 1973.

BERTHERAT, Thérèse. *A Toca do Tigre*. São Paulo: Martins Fontes, 1990.

208   A VOZ ARTICULADA PELO CORAÇÃO

_____; BERNSTEIS, Carol. *O Corpo Tem Suas Razões: Antiginástica e Consciência de Si.* Tradução de Estela dos Santos Abreu. São Paulo: Martins Fontes, 1991.

BEUTTENMÜLLER, Maria da Glória; LAPORT, Nelly. *Expressão Corporal e Expressão Vocal.* 2 ed. revista e aumentada. Rio de Janeiro: Enelivros, 1992.

BÍBLIA *de Jerusalém.* São Paulo: Paulus, 2010.

BONDIA, Jorge Larrosa. Notas Sobre a Experiência e o Saber de Experiência. *Revista Brasileira de Educação,* Rio de Janeiro, n. 19, abr. 2002.

BRECHT, Bertolt. *Estudos Sobre Teatro.* Rio de Janeiro: Nova Fronteira, 1978. (Logos)

BROOK, Peter. *O Ponto de Mudança: Quarenta Anos de Experiências Teatrais.* Tradução de Antônio Mercado e Elena Gaidano. Rio de Janeiro: Civilização Brasileira, 1994.

_____. *O Teatro e Seu Espaço.* São Paulo: Vozes, 1970.

_____. *There Are No Secrets: Thoughts on Acting and Theatre.* London: Methuen Drama, 1995.

BUARQUE, Chico. *Budapeste.* 2. ed. São Paulo: Companhia das Letras, 2003.

CAPRA, Fritjof. *The Web of Life: A New Synthesis of Mind and Matter.* London: Flamingo, 1996.

CHEKHOV, Michael. *Para o Ator.* São Paulo: Martins Fontes, 1977.

CHOPRA, Deepak. *A Cura Quântica: O Poder da Consciência na Busca da Saúde Integral.* São Paulo: Nova Cultural, 2003.

COX, Murray; THEILGAARD, Alice. *Mutative Metaphors in Psychotherapy: The Aeolian Mode.* 2. ed. London/New York: Tavistock, 1997.

DIAS, Lucy; GAMBINI, Roberto. *Outros 500: Uma Conversa Sobre a Alma Brasileira.* São Paulo: Senac, 1999.

ECO, Umberto. *Como se Faz Uma Tese.* São Paulo: Perspectiva, 1977.

ELOS: *Estudos da Consciência, Healing, Energia e Crença,* Salvador: Logos, n.1, 2, 3, 2003.

EIZIRIK, Marisa Faermann. *Michel Foucault: Um Pensador do Presente.* Ijuí: Unijuí, 2002.

FEITIS, Rosemary (Org.). *Ida Rolf Fala Sobre Rolfing e Realidade Física.* São Paulo: Summus, 1986.

FELDENKRAIS, Moshe. *Consciência Pelo Movimento.* São Paulo: Summus, 1977.

_____. *Vida e Movimento.* São Paulo: Summus, 1988.

FERRACINI, Renato. Os Pais-Mestres do Ator Criador. *Revista do Lume,* Campinas: Cocen – Unicamp, Lume: Núcleo Interdisciplinar de Pesquisas Teatrais, n. 2, 1999.

FERREIRA, Leslie Piccoloto et al. *Temas de Fonoaudiologia.* 2. ed. São Paulo: Loyola, 1985.

_____. *Trabalhando a Voz: Vários Enfoques em Fonoaudiologia.* São Paulo: Summus, 1988.

FOSSALUZA, D.; PINHEIRO, E. A Independência do Ator: Uma Conversa com Carlos Simioni. *Revista do Lume,* Campinas: Cocen – Unicamp, Lume: Núcleo Interdisciplinar de Pesquisas Teatrais, n. 2, 1999.

FOUCAULT, Michel. *As Palavras e as Coisas.* 8. ed. São Paulo: Martins Fontes, 2002.

FROST, Anthony; YARROW, Ralph. *Improvisation in Drama.* New York: St. Martin's Press, 1990.

GAIARSA, José Angelo. *O Espelho Mágico.* São Paulo: Summus, 1984.

BIBLIOGRAFIA

_____. *Respiração e Circulação.* São Paulo: Brasiliense, 1987.

GALEANO, Eduardo. *As Palavras Andantes.* 4. ed. Porto Alegre: L&PM, 2004.

GARDNER-GORDON, Joy. *The Healing Voice: Traditional & Contemporary Toning, Chanting & Singing.* California: Crossing Press, 1993.

GAYOTTO, Lucia Helena. *Voz: Partitura da Ação.* São Paulo: Summus, 1997.

GIROUX, Sakaé Murakami. *Zeami: Cena e Pensamento Nô.* São Paulo: Perspectiva, 1991.

GOLDMAN, Jonathan. *Healing Sound: The Power of Harmonics.* Brisbane: Element Books, 1996.

GREINER, Christine; BIÃO, Armindo (org.). *Etnocenologia: Textos Selecionados.* São Paulo: Annablume, 1998.

GROTOWISKI, Jerzy. *Em Busca de um Teatro Pobre.* Rio de Janeiro: Civilização Brasileira, 1987.

GUIMARÃES ROSA, João. *Grande Sertão: Veredas.* Rio de Janeiro: Nova Fronteira, 2005.

HEIDER, John. *O Tao e a Realização Pessoal: O Tao Te Ching de Lao-Tsé Adaptado Para a Época Atual.* São Paulo: Cultrix, 1985.

HIRSON, R.S. Mímesis Corpórea: O Primeiro Passo. *Revista do Lume*, Campinas: Cocen – Unicamp, Lume: Núcleo Interdisciplinar de Pesquisas Teatrais, n. 2, 1999.

JOHNSTONE, Keith. *Impro: Improvisation and the Theatre.* London: Eyre Methuen, 1987.

_____. *Impro for Storytellers.* New York: Routledge/Theatre Arts Books, 1994.

JUNG, Carl Gustav. *Memórias, Sonhos, Reflexões.* Rio de Janeiro: Nova Fronteira, 1989.

KARAGULLA, Shafica; KUNS, Dora Van Gelder. *Os Chakras e os Campos de Energia Humanos.* São Paulo: Pensamento, 1991.

KOUDELA, Ingrid Dormien. *Jogos Teatrais.* São Paulo: Perspectiva, 1984.

KUSNET, Eugênio. *Ator e Método.* Rio de Janeiro: Instituto Nacional de Artes Cênicas, 1987.

LABAN, Rudolf von. *Domínio do Movimento.* São Paulo: Summus, 1988.

LARROSA, Jorge. *Pedagogia Profana: Danças, Piruetas e Mascaradas.* Belo Horizonte: Autêntica, 2003.

LECOQ, Jacques. *El Cuerpo Poético: Una Enseñanza Sobre la Creación Teatral.* Santiago: Cuarto Propio, 2001.

LINKLATER, Kristin. *Freeing the Natural Voice.* New York: Drama Book Specialists, 1976.

LISPECTOR, Clarice. *A Hora da Estrela.* Rio de Janeiro: Rocco, 1998.

LOPES, Sara Pereira. *Anotações Sobre a Voz e a Palavra em Sua Função Poética.* Tese de livre-docência apresentada à Universidade Estadual de Campinas, Campinas, 2004.

LOWEN, Alexander; LOWEN, Lislie. *Exercícios de Bioenergética: O Caminho Para uma Saúde Vibrante.* São Paulo: Ágora, 1985.

LYOTARD, Jean-François. *Moralidades Pós-Modernas.* Campinas: Papirus, 1996. (Travessia do Século)

MARFUZ, L. A Luz e a Escuridão no Palco e na Vida. *Elos: Estudos da Consciência, Healing, Energia e Crença.* Salvador, n. 2, nov. 2003.

MARTIN, Stephanie; DARNLEY, Lyn. *The Voice Sourcebook.* Bicester: Winslow, 1993.

210 A VOZ ARTICULADA PELO CORAÇÃO

MEIRELES, Cecília. *Viagem e Vaga Música*. Rio de Janeiro: Nova Fronteira, 1982.

MEYER-DINKGRÄFE, Daniel. *Consciousness and the Actor: A Reassessment of Western and Indian Approaches to the Actor's Emotional Involvement from the Perspective of Vedic Psychology*. Frankfurt/New York: Peter Lang, 1994.

MITCHELL, Laura. *Relaxamento Básico: Método Fisiológico Para Aliviar a Tensão*. São Paulo: Martins Fontes, 1983.

MORENO, Jacob L. *O Teatro da Espontaneidade*. São Paulo: Summus, 1984.

NAKAMURA, Takashi. *Respiração Oriental: Técnica e Terapia*. Tradução de Jamir Martins. São Paulo: Pensamento, 1991.

NEWHAM, Paul. *The Singing Cure: An Introduction to Voice Movement Therapy*. Boston: Shambhala, 1993.

_____. *Therapeutic Voicework: Principles and Practice for the Use of Singing as a Therapy*. London/Philadelphia: Jessica Kingsley, 1998.

NUNES, Lilia. *Manual da Voz e Dicção*. Rio de Janeiro: Serviço Nacional de Teatro, 1976.

OIDA, Yoshi. *O Ator Errante*. São Paulo: Beca Produções Culturais, 1999.

_____. *O Ator Invisível*. São Paulo: Beca Produções Culturais, 2001.

OLIVEIRA, Rosiska Darcy de. *Reengenharia do Tempo*. Rio de Janeiro: Rocco, 2003.

OSHO. *Criatividade: Liberando Sua Capacidade de Invenção*. 2. ed. São Paulo: Pensamento-Cultrix, 2005.

PRASHANTO, Swami Deva.*O Dragão Com Asas de Borboleta e Outras Estórias Zen-Taoístas*. 2. ed., São Paulo: Gente, 1990.

PRISTED, Isis da Silva (org.). *Elos: Estudos da Consciência, Healing, Energia e Crença*. Salvador, n. 2, nov. 2003.

RICHARDS, Thomas. *At Work With Grotowskion Physical Action*. London: Routledge, 1995. Traduzido no Brasil como: *Trabalhar Com Grotowski Sobre as Ações Física*. São Paulo: Perspectiva, 2012.

RODENBURG, Patsy. *The Actor Speaks: Voice and the Performer*. London: Methuen Drama, 1997.

ROLF, Ida Pauline. *Rolfing:A Integração das Estruturas Humanas*. São Paulo: Martins Fontes, 1990.

ROUBINE, Jean-Jacques. *Introdução às Grandes Teorias do Teatro*. Rio de Janeiro: Zahar, 2003.

RUDLIN, John. *Commedia dell'arte: An Actor's Handbook*. London: Routledge, 1995.

SONTAG, Susan. *Contra a Interpretação*. Porto Alegre: L&PM, 1987.

SOUCHARD, Philippe Emmanuel. *O Diafragma: Anatomia, Biomecânica, Bioenergética, Patologia, Abordagem Terapêutica*. Tradução de Angela Santos. São Paulo: Summus, 1989.

SPINELLI, Mauro. *Foniatria: Introdução aos Distúrbios da Comunicação (Audição/Linguagem)*. São Paulo: Cortez & Moraes, 1979.

SPOLIN, Viola. *Improvisação Para o Teatro*. São Paulo: Perspectiva, 1982.

STANISLAVSKY, Constantin. *A Construção da Personagem*. 3. ed. Tradução de Pontes de Paula Lima. Rio de Janeiro: Civilização Brasileira, 1983.

_____. *A Criação de um Papel*. 2. ed. Tradução de Pontes de Paula Lima. Rio de Janeiro: Civilização Brasileira, 1984.

_____. *A Preparação do Ator*. 4. ed. Tradução de Pontes de Paula Lima. Rio de Janeiro: Civilização Brasileira, 1979.

STOKLOS, Denise. *Teatro Essencial*. São Paulo: Ed. da Autora, 1993.

BIBLIOGRAFIA 211

TARKOVSKI, Andrei. *Esculpir o Tempo*. São Paulo: Martins Fontes, 1990.

TULKU, Tarthang. *Kun Nye Técnicas de Relaxamento: Primeira Parte: Teoria, Preparação e Massagem*. São Paulo: Pensamento, 1978.

_____. *Kun Nye Técnicas de Relaxamento: Segunda Parte: Exercícios de Movimento*. São Paulo: Pensamento, 1978.

UNGER, N.M. *Da Foz à Nascente: O Recado do Rio*. Campinas: Editora da Unicamp, 2001.

VIRMAUX, Alain. *Artaud e o Teatro*. São Paulo: Perspectiva, 2000. (Col. Estudos)

WATTS, Alan. *The Book: On the Taboo Against Knowing Who You Are*. New York: Vintage, 1989.

WOLFORD, Lisa; SCHECHNER, Richard (Ed.). *The Grotowski Sourcerbook*. London/New York: Routledge, 1997.

YAKIM, Moni; BROADMAN, Muriel. *Creating a Character: A Physicala Approach Acting*. New York: Back Stage, 1990.

ZUMTHOR, Paul. *A Letra e a Voz: A Literatura Medieval*. São Paulo: Companhia das Letras, 1993.

Páginas na internet

BUARQUE, Chico; SIVUCA, letra da canção "João e Maria", do disco *A Arte de Nara Leão*, 2005. Disponível em: <http://letras.terra.com.br/chico-buarque/45140/>. Acesso em: 11 out. 2009.

GROTOWSKI, Jerzy. "O Perigo das Palavras". Apresentado no Simpósio Internacional Sobre A Arte Como Veículo – São Paulo, set.-out. 1996. Disponível em: <http://teatrosaladistar.com/grimorio/baker-street/exercicio-
-ilustracao#more-161>. Acesso em: 14 jun. 2013.

TEXTO Sobre a Festa de Largo. Disponível em: <http://viajeaqui.abril.com.br/estabelecimentos/br-ba-salvador-atracao-festas-de-largo>. Acesso em: 17 out. 2013.

VELOSO, Caetano. "Alguém Cantando", no disco *Bicho*, de 1977 © Warner Chappell Edições Musicais – 60061154 BRMCA7700174. Disponível em: <http://www.caetanoveloso.com.br/shop_interna.php?id_shop=52>. Acesso em: 17 out. 2013.

Filmes:

CHAPLIN, Charles. *O Grande Ditador*. EUA: Warner Home Vídeo, 1940.

Música:

BUARQUE, Chico; SIVUCA. João e Maria. *A Arte de Nara Leão*, 2005.

GIL, Gilberto. Se Eu Quiser Falar Com Deus. *Luar*. Wea Records Stereo, 1981.

_____. Realce. *Realce*. Wea Records Stereo, 1978.

VELOSO, Caetano. Nu Com a Minha Música. *Outras Palavras*. Universal, 1981.

_____. Alguém Cantando. *Bicho*. Warner Chappell Edições Musicais, 1977.

_____. Coração Vagabundo. *Domingo*. Philips, 1967.

TEATRO NA ESTUDOS

João Caetano
Décio de Almeida Prado (E011)

Mestres do Teatro I
John Gassner (E036)

Mestres do Teatro II
John Gassner (E048)

Artaud e o Teatro
Alain Virmaux (E058)

Improvisação para o Teatro
Viola Spolin (E062)

Jogo, Teatro & Pensamento
Richard Courtney (E076)

Teatro: Leste & Oeste
Leonard C. Pronko (E080)

Uma Atriz: Cacilda Becker
Nanci Fernandes e Maria T. Vargas (orgs.)
(E086)

TBC: Crônica de um Sonho
Alberto Guzik (E090)

Os Processos Criativos de Robert Wilson
Luiz Roberto Galizia (E091)

*Nelson Rodrigues: Dramaturgia
e Encenações*
Sábato Magaldi (E098)

José de Alencar e o Teatro
João Roberto Faria (E100)

Sobre o Trabalho do Ator
Mauro Meiches e Silvia Fernandes (E103)

Arthur de Azevedo: A Palavra e o Riso
Antonio Martins (E107)

O Texto no Teatro
Sábato Magaldi (E111)

Teatro da Militância
Silvana Garcia (E113)

Brecht: Um Jogo de Aprendizagem
Ingrid D. Koudela (E117)

O Ator no Século XX
Odette Aslan (E119)

Zeami: Cena e Pensamento Nô
Sakae M. Giroux (E122)

Um Teatro da Mulher
Elza Cunha de Vincenzo (E127)

Concerto Barroco às Óperas do Judeu
Francisco Maciel Silveira (E131)

Os Teatros Bunraku e Kabuki:
Uma Visada Barroca
Darci Kusano (E133)

O Teatro Realista no Brasil: 1855-1865
João Roberto Faria (E136)

Antunes Filho e a Dimensão Utópica
Sebastião Milaré (E140)

O Truque e a Alma
Angelo Maria Ripellino (E145)

A Procura da Lucidez em Artaud
Vera Lúcia Felício (E148)

Memória e Invenção: Gerald Thomas
em Cena
Sílvia Fernandes (E149)

O Inspetor Geral *de Gógol/Meyerhold*
Arlete Cavaliere (E151)

O Teatro de Heiner Müller
Ruth C. de Oliveira Röhl (E152)

Falando de Shakespeare
Barbara Heliodora (E155)

Moderna Dramaturgia Brasileira
Sábato Magaldi (E159)

Work in Progress na Cena Contemporânea
Renato Cohen (E162)

Stanislávski, Meierhold e Cia
J. Guinsburg (E170)

Apresentação do Teatro Brasileiro Moderno
Décio de Almeida Prado (E172)

Da Cena em Cena
J. Guinsburg (E175)

O Ator Compositor
Matteo Bonfitto (E177)

Ruggero Jacobbi
Berenice Raulino (E182)

Papel do Corpo no Corpo do Ator
Sônia Machado Azevedo (E184)

O Teatro em Progresso
Décio de Almeida Prado (E185)

Édipo em Tebas
Bernard Knox (E186)

Depois do Espetáculo
Sábato Magaldi (E192)

Em Busca da Brasilidade
Claudia Braga (E194)

A Análise dos Espetáculos
Patrice Pavis (E196)

As Máscaras Mutáveis do Buda Dourado
Mark Olsen (E207)

Caos / Dramaturgia
Rubens Rewald (E213)

Para Ler o Teatro
Anne Ubersfeld (E217)

Entre o Mediterrâneo e o Atlântico
Maria Lúcia de S. B. Pupo (E220)

Teatro da Natureza
Marta Metzler (E226)

Margem e Centro
Ana Lúcia Vieira de Andrade (E227)

Ibsen e o Novo Sujeito da Modernidade
Tereza Menezes (E229)

Teatro Sempre
Sábato Magaldi (E232)

O Ator como Xamã
Gilberto Icle (E233)

A Terra de Cinzas e Diamantes
Eugenio Barba (E236)

A Ostra e a Pérola
Adriana Dantas de Mariz (E237)

A Crítca de um Teatro Crítico
Rosangela Patriota (E240)

O Teatro no Cruzamento de Culturas
Patrice Pavis (E247)

Eisenstein Ultrateatral
Vanessa Teixeira de Oliveira (E249)

Teatro em Foco
Sábato Magaldi (E252)

A Arte do Ator entre os Séculos XVI e XVIII
Ana Portich (E254)

A Gargalhada de Ulisses
Cleise Furtado Mendes (E258)

A Cena em Ensaios
Béatrice Picon-Vallin (E260)

O Teatro da Morte
Tadeusz Kantor (E262)

Escritura Política no Texto Teatral
Hans-Thies Lehmann (E263)

Na Cena do Dr. Dapertutto
Maria Thais (E267)

A Cinética do Invisível
Matteo Bonfitto (E268)

Luigi Pirandello: Um Teatro para Marta Abba
Martha Ribeiro (E275)

Teatralidades Contemporâneas
Sílvia Fernandes (E277)

Conversas sobre a Formação do Ator
Jacques Lassalle e Jean-Loup Rivière (E278)

A Encenação Contemporânea
Patrice Pavis (E279)

As Redes dos Oprimidos
Tristan Castro-Pozo (E283)

O Espaço da Tragédia
Gilson Motta (E290)

A Cena Contaminada
José Tonezzi (E291)

A Gênese da Vertigem
Antonio Ararújo (E294)

*A Fragmentação da Personagem
no Texto Teatral*
Maria Lúcia Levy Candeias (E297)

*Alquimistas do Palco: Os Laboratórios Teatrais
na Europa*
Mirella Schino (E299)

*Palavras Praticadas:O Percurso Artístico de Jerzy
Grotowski, 1959-1974*
Tatiana Motta Lima (E300)

*Persona Performática: Alteridade e Experiência na
Obra de Renato Cohen*
Ana Goldenstein Carvalhaes (E301)

Como Parar de Atuar
Harold Guskin (E303)

*Metalinguagem e Teatro:
A Obra de Jorge Andrade*
Catarina Sant Anna (E304)

Função Estética da Luz
Roberto Gill Camargo (E307)

A Poética de Sem Lugar
Gisela Dória (E311)

Entre o Ator e o Performer
Matteo Bonfitto (E316)

Ritmo e Dinâmica no Espetáculo Teatral
Jacyan Castilho (E320)

A Voz Articulada Pelo Coração
Meran Vargens (E321)

Este livro foi impresso em São Bernardo do Campo,
nas oficinas da Paym Gráfica e Editora, em dezembro de 2013,
para a Editora Perspectiva.